法门寺佛学院坚持我国宗教
中国化方向系列丛书

释宽严 主编

关学导引

GUANXUE DAOYIN

张亚林 编

西北大学出版社
·西安·

图书在版编目(CIP)数据

关学导引/张亚林编. —西安:西北大学出版社,2022.7

ISBN 978-7-5604-4953-1

Ⅰ.①关… Ⅱ.①张… Ⅲ.①关学—研究 Ⅳ.①B244.4

中国版本图书馆 CIP 数据核字(2022)第 106529 号

关学导引
GUANXUEDAOYIN　张亚林　编

出版发行	西北大学出版社
地　　址	西安市太白北路 229 号　　邮　　编　710069
网　　址	http://nwupress.nwu.edu.cn　　E-mail　xdpress@nwu.edu.cn
电　　话	029-88303843
经　　销	全国新华书店
印　　装	陕西龙山海天艺术印务有限公司
开　　本	710 毫米×1020 毫米　1/16
印　　张	17.25
字　　数	265 千字
版　　次	2022 年 9 月第 1 版　2022 年 9 月第 1 次印刷
书　　号	ISBN 978-7-5604-4953-1
定　　价	108.00 元

如有印装质量问题,请与本社联系调换,电话 029-88302966。

本书为
法门寺佛学院坚持我国宗教中国化方向系列丛书

编辑出版委员会

学术顾问 张岂之 赵馥洁 刘学智
主　　任 释宽严
副 主 任 姜宏亮 张宪东
秘 书 长 王永平 杜　鹏
副秘书长 张　曼
主　　编 张亚林
编　　委 张亚林 孙德仁 王　乐

本书古籍图片均由听雪轩主人张亚林先生提供

张亚林简介

张亚林,字镜庵,号听雪轩主人,陕西长武人。关学文化学者、书画家。毕业陕西师范大学美术学院。现为中央电视台《探索发现》栏目艺术顾问、中国书法学术研究院副院长、陕西省孔子学会副秘书长、陕西省书法协会会员、陕西省美术家协会会员、陕西国术书画院副院长、正蒙文化关学大讲堂特聘讲师、酒泉市飞天书画院名誉院长。艺术师从徐义生先生,关学师从刘学智先生、赵馥洁先生。

近年来致力于关学文化的研究及相关文献史料的收集、整理、研究。自 2017 年以来。曾多次在关中区对历代关学学人故居、祠堂、墓地等遗迹进行实地寻访和考察。已出版《学脉承继薪火代传——张亚林师生关学主题书法作品集》《诗咏关学哲人书法集》、并拟出版《探寻关学学人之墓》《历代书法家书〈东铭〉〈西铭〉》《关学文献史料汇编》等。

随着增华著锦文千秋关学焕奇芳
立心使命聚群彦造道精神励
万民德镜澄明风圣地慧光照物
古今人濡濡道脉源流远续火传灯
日更新 赞张亚林著《关学导引》
壬寅年端午 赵馥洁书

赵馥洁题张亚林编《关学导引》

题张亚林编《关学导引》

赵馥洁

踵事增华著锦文,千秋关学焕青春。
立心使命期群彦,造道精神励万民。
德镜澄明凡圣地,慧光照彻古今人。
滔滔道脉源流远,续火传灯日更新!

赵馥洁简介:

  赵馥洁,1940年生,陕西省富平县人。现为西北政法大学资深教授,博士生导师,校学术委员会名誉主任。兼任陕西省社会科学界联合会名誉主席、陕西省哲学学会名誉会长、陕西省价值哲学学会名誉会长、中国价值哲学研究学会学术顾问、中国哲学史学会理事、中国实学研究会学术顾问、国际中国哲学会中国大陆学术顾问等职。长期在高校从事哲学教学和研究工作,是当代中国著名的价值哲学和中国哲学史专家,主要学术贡献是开拓性地研究了中国传统哲学价值论,建构了中国传统哲学价值论的理论体系,梳理了中国传统价值观的演变历史。先后主持国家社科基金项目、陕西省社科基金项目、教育部重点项目等多项。出版著作多部,公开发表学术论文200多篇。曾荣获国家教委全国高等学校人文社会科学研究优秀成果二等奖、陕西省社会科学优秀成果一等奖等多项科研奖励。1992年被评为享受国务院政府特殊津贴专家。1995年被国家人事部、司法部联合授予"全国司法行政系统英雄模范"称号。2004年9月被授予"全国师德先进个人""陕西省师德标兵"称号。2010年8月,荣膺"陕西省首届社科名家"荣誉称号。

序　言

陕西有着悠久的佛教文化历史和浓厚的佛学研究氛围,是中华文明的重要发祥地,也是佛教的第二故乡,中国汉传佛教译经、弘法、开宗立派和与国际交流的中心;在陕西,佛教思想与中华优秀传统文化互相融合,形成了中国佛教六大宗派,扶风地处关中平原西部,是西周文化的发祥地与佛指圣域法门寺的所在地,因"扶助京师、以行风化"而得名。

法门寺历史悠久,始建于东汉,兴盛于隋唐,距今已有1800余年历史,因寺内供奉释迦牟尼佛真身指骨舍利而闻名于世。法门寺佛学院是经国家宗教事务局批准,西北唯一的汉语系高等佛学院,以爱国爱教、知恩报恩为院训,以坚持我国宗教中国化方向,培育践行社会主义核心价值观,坚定不移地走与社会主义社会相适应的道路为办学理念,以培养优秀僧才,弘扬佛教文化,服务陕西佛教,引领西北汉传佛教发展为己任。

近年来,法门寺佛学院不断深入学习贯彻习近平新时代中国特色社会主义思想,不断用中华优秀传统文化浸润佛教文化,不断为新时代佛教经典阐释的理论教育建设添砖加瓦。

不忘初心、爱国爱教,欣逢党的第二十次全国代表大会胜利召开之际,为推进我国宗教中国化逐步深入,积极践行社会主义核心价值观,弘扬中华优秀传统文化,不断丰富新时代佛教界的爱国主义内涵,助力中华民族伟大复兴的中国梦,法门寺佛学院积极编撰《坚持我国宗教中国化方向系列丛书——关学导引》,籍此推动中华优秀传统文化的传承与弘扬,学思践悟、真信笃行,深入挖掘关学思想之要义精髓,把理论的力量转化为行动的力量,走好新时代文化自信之路。

　　殊胜因缘，彼此增上。法门寺佛学院必将心怀庄严的使命感与责任感，在各级党委、各级政府的领导下，在自身建设与人才培养的道路上，高举爱国爱教伟大旗帜，发扬六和精神，求真务实、开拓创新，不断坚定文化自信，坚定坚持我国宗教中国化方向的信心和决心，走出一条具有中国特色、陕西特点的宗教院校办学道路，为佛教僧才培育不懈努力，为全力推进佛教教育事业的发展踔厉奋发、笃行不息！

法门寺住持　　　　释宽严
法门寺佛学院院长
2022 年 9 月 16 日

目 录

题　诗(赵馥洁) ………………………………………… 1
序　言(释宽严) ………………………………………… 1

第一章　关学发轫 ………………………………………… 1
第一节　什么是关学 ………………………………………… 1
第二节　关学的形成 ………………………………………… 3
第三节　关学的意义 ………………………………………… 10

第二章　宋明理学中的关学 ………………………………… 13
第一节　"北宋五子"的精神造道运动 …………………… 14
第二节　关学与洛学 ………………………………………… 24
第三节　关学与闽学 ………………………………………… 29

第三章　关学重要概念阐述 ………………………………… 34
第一节　天人合一 …………………………………………… 34
第二节　"六有""四为" …………………………………… 36
第三节　以礼为教 …………………………………………… 44
第四节　民胞物与 …………………………………………… 47

第四章　关学肇始——张载 ………………………………… 50
第一节　张载生平 …………………………………………… 50
第二节　张迪与张戬 ………………………………………… 54
第三节　张载与范仲淹 ……………………………………… 57

第四节　张载的思想 ………………………………… 58
　　第五节　张载哲学在宋明理学中的地位 …………… 70

第五章　宋代关学及人物 …………………………………… 84
　　第一节　主要人物概况 ……………………………… 84
　　第二节　宋代关学的时代特征 ……………………… 89
　　第三节　宋代关学的地位和影响 …………………… 100
　　第四节　宋代关学经典语萃 ………………………… 103

第六章　金元时期关学及人物 ……………………………… 107
　　第一节　主要人物概况 ……………………………… 107
　　第二节　金元时期关学的时代特征 ………………… 113
　　第三节　金元时期关学的地位和影响 ……………… 116
　　第四节　金元时期关学经典语萃 …………………… 117

第七章　明代关学及人物 …………………………………… 118
　　第一节　主要人物概况 ……………………………… 118
　　第二节　明代关学的时代特征 ……………………… 130
　　第三节　明代关学的地位和影响 …………………… 142
　　第四节　明代关学经典语萃 ………………………… 150

第八章　清代关学及人物 …………………………………… 154
　　第一节　主要人物概况 ……………………………… 154
　　第二节　清代关学的时代特征 ……………………… 166
　　第三节　清代关学的地位和影响 …………………… 172
　　第四节　清代关学经典语萃 ………………………… 174

第九章　中华民国时期关学及人物 ………………………… 178
　　第一节　主要人物概况 ……………………………… 178
　　第二节　中华民国时期关学的时代特征 …………… 187

第三节　中华民国时期关学的地位和影响 …………… 190
　　第四节　中华民国时期关学经典语萃 …………………… 192

第十章　关学与书院文化 ………………………………… 195
　　第一节　横渠书院 ………………………………………… 198
　　第二节　学古书院 ………………………………………… 200
　　第三节　关中书院 ………………………………………… 202
　　第四节　宏道书院 ………………………………………… 207
　　第五节　味经书院与崇实书院 …………………………… 210
　　第六节　正谊书院与芸阁书院 …………………………… 213

第十一章　关学学风与关学精神 ………………………… 217
　　第一节　关学的学风特质 ………………………………… 217
　　第二节　关学的思想特色 ………………………………… 225
　　第三节　关学的精神气象 ………………………………… 226

第十二章　新时代下的关学传承 ………………………… 235
　　第一节　关学的现代诠释 ………………………………… 235
　　第二节　关学文化资源的保护与传承 …………………… 244

附　录
　　一、关学源流概略图 ……………………………………… 248
　　二、读图小识 ……………………………………………… 249
参考文献 …………………………………………………… 250
后　记 ……………………………………………………… 257

第一章 关学发轫

第一节 什么是关学

大儒张载(1020—1077)讲学于陕西关中横渠镇(今陕西眉县),并且在北宋新儒学的思潮中创立了具有全国影响的地域性独立学派,史称"关学"。

关于"关学"的概念,南宋初期理学家吕本中(1084—1145)就有所提及:"关学未兴,申颜先生盖亦安定(胡瑗)、泰山(孙复)之俦,未几而张氏兄弟大之。"(《宋元学案》卷六《士刘诸儒学案》)明初由宋濂、王祎主持编纂的《元史》已经将关学与其他理学流派并称为"濂洛关闽"。而首次从张载关学学派传承的角度言"关学",则始于冯从吾的《关学编》。冯从吾说:"我关中自古称理学之邦,文、武、周公不可尚已,有宋横渠张先生崛起眉邑,倡明斯学。"(《关学编自序》)此后《宋元学案》沿用关学这一概念,并将张载创立的关学与周敦颐的濂学、"二程"的洛学、朱熹的闽学并称为宋代四大理学学派。可见,张载关学作为独立的具有全国影响的地域性学派,其影响与地位早在宋、明两代已经完全确立。

从上述内容可以看出,关学概念主要界定为张载及其后在关中流传的与张载学脉或宗风相承或相通的关中理学。张载开创的关学学派有兴衰转合,但并未中断,关学学风一直在传承与弘扬。与此同时,学术界对关学的界定也有不同的看法,大体有两种观点:其一,认为关学是张载及其关中第一代弟子的学说,认为关学是北宋时期"以张载为核心"的一个"陕西地方学派",并且指出"北宋亡后,关学就渐归衰熄"(侯外庐《中国思想史》第四卷上),这一说法紧扣张载及其弟子的学说影响,但忽略了明、清两代关中地区对张载关学的中兴;其二,认为关学是"关中之学",中华民国时期宋联奎主持编纂的《关中丛书》就是在此意义上使用的"关学"概念,仅就关中地域来概括其学而言,周秦汉唐诸子之学范围宽泛,难以有一以贯之的内在特质,并不符合张载所创关学作为一种理学形态的特质。在此意义上,我们可以说,关学绝不是一般意义上的"关中之学",而是指宋代关中出现的新儒学——理学的一个重要的地域性独立学术流派;关学也并不仅仅指张载及其弟子的学说思想,而是在明、清、中华民国时期,关学的学脉与学风都有传承与发展。这也是对"什么是关学"这一基本问题的界定。

张载在北宋新儒学的思潮中创立关学,其学"以《易》为宗,以《中庸》为体,以《礼》为的,以孔孟为法,穷神化,一天人,立大本,斥异学,自孟子以来未之有也"(《关学编》卷一)。张载讲学横渠,弟子门人众多,可考见的弟子有吕大忠、吕大钧、吕大临、苏昞、范育、游师雄、潘拯、薛昌朝等,受学于张载的还有种师道、李复、邵清、田腴、张舜民等,其中吕大钧、吕大临、苏昞、范育对关学的形成与发展起了重要作用。在张载及其弟子之后,关学虽然在师承上没有历史授受序列,但张载关学的学风特质却被其后的关中学人传承下来。

金元时期,关学虽有"衰落",却并未"熄灭"。关中地区在宋金对峙时,一直处于金人统治之下,其后元朝建立,时儒凋零,习儒者少。金、元关学及其走向在许衡来陕后,有所改变。清人柏景伟总结道:"关中沦为金、元,许鲁斋衍朱子之绪,一时奉天、高陵诸儒与相唱和,皆朱子学也。"(《柏景伟小识》)大儒许衡出任京兆提学,他推崇程朱之学,影响了关学此后的学术走向,即从宗张载的关学走向了宗以"濂洛关闽"为代表的理学,受到理学发展的影响,尤为推崇程朱理学。这成为元代关学及其以后发展的新动向。

关学发展至明代得以中兴,张载关学的思想内涵在明代关中士人的精神世界中得以被重新唤醒。其中,明代前中期关学又以河东、三原学派为代表,《四库全书总目提要》记载:"关中之学,大抵源出河东、三原。"明代关学在前中期以王恕、王承裕父子开创的三原学派影响较大。黄宗羲所撰《明儒学案》专列"三原学案",并在王恕、王承裕父子之外,列有马理、韩邦奇、杨爵、王之士等人。三原学派虽以地域命名,缘于王恕、王承裕、马理三位代表人物为三原人,但其他学人在学术传承与学术风格上都表现出相同的旨趣。正如刘学智先生所总结:"三原学派上承元儒之绪,学宗程朱而又修正程朱,到马理、韩邦奇、杨爵、王之士等出,则明显地表现出向张载关学回归的趋向。三原学派表现出的躬行礼教、注重实践、崇真尚实、崇尚气节的特点,与张载关学的传统一脉相承。"①

与三原学派同时并产生重要影响的是河东学派。河东之学由山西薛瑄开创,其后传于兰州段坚,段坚传于秦州周蕙(号小泉),后由周蕙门人薛敬之(号思菴)传于吕柟(号泾野)。吕柟为明代关学的集大成者,冯从吾谓:"关中之学自横渠张子后,惟先生(泾野)为集大成。"(《关学编》卷四)吕柟其学恪守程朱理学,其讲学活动在当时影响很大,《明儒学案》称:"几与阳明氏中分其盛。"足见其学问的影响力。

除此之外,明代关学受阳明心学的影响,逐渐呈现出心学化的思想特质。关中学人南大吉作为阳明弟子,最早把心学传入关中,并在关中宣扬张载之学与阳明心学。此后,冯从吾、张舜典及明末清初的李颙等人在思想走向上亦表现出心学旨趣。可以说,明代中晚期的关学在走向上出现了张、程、朱、王之学合流互动的局面。

清代中后期,学者开始反思阳明心学产生的流弊,出现向关、洛之学回归的趋向。其中以朝邑李元春、三原贺瑞麟等人为代表。清末民初,中国社会面临着近代转型的大动荡,关学亦表现出由传统理学向近代学术转化的动向。其代表人物是柏景伟、刘光蕡等人。而此时传统理学在新学的冲击下,有表现出积极融合新学、顺应时势的,也有表现出以程朱理学抵制西学的,在此意义上,蓝田学人牛兆濂可以视为传统关学的最后一位大儒。②

第二节 关学的形成

关学作为张载在北宋新儒学的思潮中创立的独立学说,其缘起与当时北宋前期的政治与文化息息相关。可以说,处于唐宋思想转型之际的文化思潮孕育了张载关学,而张载关学又在出入释老、返归六经之际试图解决当时的时代问题,从而实现对儒家伦常秩序的重构,推动北宋思想文化走向新的局面。因此,对于"张载关学是怎样形成的"这一问题,我们将从北宋前期的政治与文化入

---

① 转引自刘学智:《关学思想史》,西北大学出版社,2015 年,第 4 页。

② 转引自刘学智:《关学思想史》,第 1—10 页。

手,揭示张载关学形成的内在因缘,并且聚焦北宋前期儒学的发展,以期凸显张载关学所具有的独特价值。

一、北宋前期的政治与文化

理学产生于北宋,就其思想之形成而言,是长期以来儒佛道三教碰撞、融合的产物。但理学为什么会产生于北宋?这就不得不从北宋前期的政治与文化谈起。就政治而言,宋初统治者在统治初期无疑会加强中央集权,针对当时"朝廷之权,散在四方"和"君弱臣强,正统数易"的情况,赵匡胤吸取唐代"安史之乱"的教训,果断削弱武装割据势力,让文武百官参与知州军事,以加强中央集权。据司马光所撰《涑水记闻》载,宋太祖曾召赵普问曰:

> 天下自唐季以来,数十年间,帝王凡易十姓,兵革不息,苍生涂地,其故何也?吾欲息天下之兵,为国家建长久之计,其道何如?

赵普答曰:

> 陛下之言及此,天地神人之福也。唐季以来,战斗不息,国家不安者,其故非他,节镇太重,君弱臣强而已矣。今所以治之,无他奇巧也,惟稍夺其权,制其钱谷,收其精兵,天下自安矣。

宋太祖由此确立"偃武修文"的治国方略。作为宋代立国基本政策的"文治"取向,包含两个方面的意义:一是在政治上转而寻求文人士大夫的支持与合作;二是在文化上注重从儒家经典中探寻"为治之道"。《涑水记闻》所记载的内容对此有所体现:

> 太祖尝谓秦王侍讲曰:"帝王之子,当务读经书,知治乱之大体,不必学做文章,无所用也。"

> 太祖闻国子监集诸生讲书,甚喜,遣使赐之酒果,曰:"今之武臣,亦当使其读经书,欲其知为治之道也。"

宋代国策的文治取向并不限于太祖一朝,其后基本得以延续。至真、仁二宗之际,儒学的复兴开始以理学的早期形态出现。咸平四年(1001)辛丑,真宗下诏,在向州县官学颁赐"九经"的同时,也将"九经"颁发给民间聚徒讲学的书院。王夫之在回顾了"三代之隆,学统于上"、孔子之教"上无学而教在下"之后,指出:"宋分教于下,而道以大明,自真宗昉。"(《宋论》卷三《真宗一》,《船山全书》第11册)这是对真宗旨在使民间教育和私家讲学合法化的文化政策的高度评价。陈亮曾说:"本朝以儒立国,而儒道之振独优于前代。"(《陈亮集》卷一《上孝宗皇帝第三书》)可见,明确将"以儒立国"作为国策,应始于宋真宗,这为后来理学的崛起提供了必不可少的政治环境。总之,宋初统治者在用人政策上有"重文轻武"的趋向,并且在其后政治秩序的建构中,文人士大夫在两宋政治文化中发挥着极为重要的作用,这也为其后理学的产生奠定了良好的政治环境。

除此之外,在北宋政治制度中,台谏制度的完善已然超过汉、唐诸世,其意在于通过鼓励直言进谏加强中央集权。其开文人士大夫的自由议论之风,"自建隆以来,未尝罪一言者",亦即本朝"百年未尝诛杀大臣"。北宋台谏制度的加强,与宋学的崛起表现为一种互相影响、互相促进的关系。喜欢议论政治,积极干预现实,敢于批评时事,本就是先秦以来儒家知识分子的传统。不过,先秦知识分子"不治而议论"的精神虽经过汉儒的传承而传递至宋儒,但范滂等东汉名节之士在党锢之禁下遭遇杀身之祸的惨剧,在宋代绝没有重演。苏轼在《上神宗皇帝书》中所说"历观秦、汉以及五代,谏诤而死,盖数百人,而自建隆以来,未尝罪一言者,纵有薄责,旋即超升",可见宋人议论之盛远超汉唐诸世的原因,除了儒家传统精神的复苏之外,还有更深刻的政治背景。台谏以儒家传统文化的继承者和捍卫者的身份出现,以宣扬儒家经典之微言大义为职责的经筵,自然也就形成了以讲坛为形式的又一阵地,正如以传授儒学为职业的太学在台谏之外充当另一个掀动政潮的策源地一样。而《尚书》《春秋》《论语》《诗三百篇》等,经过汉儒的改造,本已适宜于当谏书使用,有宋台谏兼侍读的制度以及由此促成的"议论多于事功"的风气,进一步把儒家传统文化与现实政治的距离拉近。宋学的一些重要代表人物,如范仲淹、欧阳修、王安石、司马光、"二程""二苏"、张载以及孙复、胡瑗、石介、李觏等,或担任过台谏官,或入侍经筵而论国是,或任学校教授而折衷时事。宋儒变训诂、文章为议论而切于实用,有宋台谏制度的长足发展得益于儒家传统文化的复兴,而宋学的兴起也受北宋大开言路、鼓励台谏,并由此推广到学校、经筵的议论之风的推动。①

随着宋初统治者在选官用人制度上的一些重大改革,北宋的科举制也相应地得以完善。唐代的科举制往往被门阀贵族所操纵,而北宋初期则广开科举,降低门第出身对科举取士的影响,寒门学子只要有真才实学就有可能被取士录用。

---

① 转引自陈植锷:《北宋文化史述论》,中国社会科学出版社,1992年,第51—58页。

其中,最具代表性的就是宋仁宗嘉祐二年(1057)的"龙虎榜",以欧阳修为科举主考官,所中进士者有张载、程颢、苏轼、苏辙与曾巩,所中之人其后对北宋政治与文化的发展都发挥了举足轻重的作用。可见,广开科举取士,成为当时士人学子施展才学的主要渠道。而科举制度的变革也不是一蹴而就的,经历了数个重要阶段。赵宋有国之初,科举考试的办法基本上沿袭李唐,进士以诗赋分等第,明经(诸科)以帖书、墨义定去留。前者是唐人重文辞之风的延伸,后者乃汉学贵记诵之风的遗留。宋初三朝,虽有轰轰烈烈的振兴文教之举,就学术而论,基本上仍是汉唐注疏、辞章之学的延续,原因即在于此。北宋时期科举考试方法改革,比较重要的有三次:第一次是仁宗天圣年间的兼以策论升降天下士;第二次是仁宗庆历年间的进士重策论和诸科重大义;第三次是神宗熙宁年间的罢诗赋、帖经、墨义,专考策论和大义。这三次改革,中间夹杂着北宋中期的范仲淹新政和北宋后期的王安石变法两次重要的政治运动,正好在宋学发展史上划分了由传统儒学复兴导致义理之学开创、再由义理之学进到性理之学这样两个不同的阶段。这三次改革,总的趋势大抵可以用两句话加以概括,即重议论先于声律,以义理代替记诵。每次改革均贯穿了这一基本精神,而后一次总比前一次更加深入,对宋学的推进也就更加有力。这也使得社会形成崇尚文章才学之风,这都为北宋文化的发展以及理学的产生奠定了良好的社会文化基础。

北宋教育改革对宋学的发展也起到了重要的推动作用。北宋教育改革的主要特点是各类学校的兴建。北宋兴学一共有四次:第一次是天圣、景祐时期大量兴办州县学校;第二次是庆历、嘉祐时期盛建太学;第三次是熙宁、元丰时期太学三舍法的实施;第四次是崇宁以后,三舍法由太学推广至州县,学校考选代替科举成为取士的主要途径。从总体上讲,经历了由下而上、再由上而下这样两个螺旋式上升的发展过程。[①] 北宋教育改革对宋学形成与发展的推动,到熙宁年间第三次兴学高潮掀起之时,又进一步表现在教学内容的改革方面。此前胡瑗改革教学法,以义理之学代替传统的记诵先儒经传,之所以首先在苏湖地区试验并取得成功,进而渐次推广到国子监与太学,主要原因便是国子监作为由朝廷控制的候补士官教育的中央机构,在课程设置、教科书的采用等方面远不如地方学校那么自由而富于弹性。孙复在明道、景祐年间上书范仲淹,呼吁修改"九经",主

[①] 转引自陈植锷:《北宋文化史述论》,第120—121页。

要原因之一就是国子经筵对学生没有吸引力。太学盛建,石介、孙复、胡瑗、李觏等相继来太学任教官之后,汉唐注疏已经逐渐被义理之学所代替,但新的统编教材一时又没有形成。从原则上讲,此时国子监、太学与州县学校的法定教科书只是儒家经典的原文。至于解释,则随教官之所见,无一定之教材,只有根据学生听课记录整理的"口义",以及神宗时期开始出现的由教师本人事先写成的讲义。如胡瑗有《周易口义》十二卷、《春秋口义》五卷、《洪范口义》二卷,石介有《易口义》十卷,孙复有《易说》六十四篇,晁说之有《论语讲义》五卷,曾肇有《书讲义》八卷,江与山有《周礼秋官讲义》一卷等。鉴于这种情况,宋神宗令王安石主持编定《三经义》,于神宗熙宁八年(1075)颁于学官,其主要意义在于宋学兴起之后,第一次使各级学校有了统一教材。这无疑对宋学的发展提供了重要的契机与载体。①

除此之外,北宋开国后大兴文教。宋太祖开宝四年(971)刻宋版《佛藏》,共五千四百八十卷。宋太宗时编《太平御览》一千卷,《太平广记》五百卷,《文苑英华》一千卷,真宗时编《册府元龟》一千卷。天禧三年(1019)《大宋天宫宝藏》四千五百六十五卷录成,是为《道藏》的先驱。仁宗时在汴京国子监刻石经,中有《易》《诗》《书》《周礼》《礼记》《春秋》《孝经》《论语》《孟子》。儒家经典的疏义也纷纷涌现。仁宗天圣五年(1027)御赐新及第进士以《中庸》,八年(1030)赐《大学》,此后不断。庆历时期(1041—1048)解经风气一新,推尊孟子、韩愈,士大夫以通经学古、救时行道为己任,学术思潮丕然一变。仁宗庆历四年(1044),令天下州县立学校。这一时期书院也开始发展起来。

上述这些因素共同促成了北宋前期的文化繁荣,讲学和著述的风气一时盛行,为宋学的出现奠定了基础。

二、北宋前期的儒学发展

北宋儒学大抵经历了从准备、草创到繁荣三个发展时期。宋初三朝,是汉唐注疏之学和文章之学的遗留期和宋学的准备期。北宋中期,仁、英两朝,是宋学的草创期。从以孙复为代表的疑传派到以欧阳修为代表的疑经派,疑古思潮的形成和发展,开启了儒学复兴的新局面。随之而起的是以李觏为代表的议古派,

---

① 转引自陈植锷:《北宋文化史述论》,第131—132页。

使宋学与生俱来的怀疑精神进一步成长。拟圣派邵雍、周敦颐等人年代较晚,处于宋学草创期与繁荣期的交接阶段,他们在拟经之作中所体现的创造精神,给宋学繁荣期的到来以更加直接的影响。以王安石为代表的新学,以张载为代表的关学,以程颢、程颐为代表的洛学和以苏轼为代表的蜀学,包括他们之间的种种交往和争鸣,构成了北宋后期宋学的主要内容,标志着义理之学向性理之学的转变和演进。这一转变,由仁宗嘉祐年间肇端,至神宗熙宁时期完成,并蔚为百家争鸣的繁荣局面。尤其是王学和洛学,两者的升沉和消长,差不多构成了南渡前后近百年之间的宋学发展史。①

北宋理学之所以被称为"新儒学",就在于扭转了汉唐以来的儒学方向,并且在儒释道三教相互激荡、融合之下重新确立了儒家的形上价值依据。因此,在唐宋历史更迭之际,学术思想也发生明确的转变。我们知道,六朝以来盛行骈体文,注重文体形式而忽视思想内容,更不会产生社会教化作用。当时士人意识到这样一种为形式而形式的创作方式严重束缚了文学自身的发展。中唐时,韩愈倡导古文运动,反对单纯追求华丽文辞的虚华文风。韩愈说:"所志于古者,不惟其辞之好,好其道焉尔。"(《昌黎先生文集》卷一六《答李秀才书》)这一观念反映在士大夫之间,出现了知识分子崇尚"六经"朴实无华的学风。因此,古文运动虽然是就文学文体而发的一场革新运动,但其已经开宋学风气之先。至北宋初年,石介极力批评西昆体的虚浮文风,推崇韩愈的"文以载道"说。他说:"三纲,文之象也;五常,文之质也。"(《徂徕石先生文集》卷一三《上蔡副枢书》)将文章要表达的内容定位在纲常伦理上。同时期的胡瑗,也对当时虚浮之风多有批评:"国家累朝取士,不以体用为本,而尚声律浮华之词,是以风俗偷薄。"(《宋元学案》卷一《安定学案》)胡瑗开出的药方是"明体达用之学",以此来正风气。由此可见,以"宋初三先生"为代表的思想走向都在推动唐宋之际的思想转型。

与此同时,汉儒的经学形态延续至唐代,是时儒学基本恪守着章句训诂之学。清代皮锡瑞曾指出:"经学自唐以至宋初,已陵夷衰微矣。然笃守古义,无取新奇;各承师传,不凭胸臆,犹汉、唐注疏之遗也。"(皮锡瑞《经学历史》)皮锡瑞所指已经点明汉唐经学存在的弊病。据南宋王应麟所说:"经学自汉至宋初

---

① 转引自陈植锷:《北宋文化史述论》,第183页。

未尝大变,至庆历始一大变也。"(皮锡瑞《经学历史》)可见,义理之学取代汉唐以来的传统经学至北宋庆历年间已经成为一种趋势。北宋初年的"宋初三先生",他们继承了怀疑故训而以新意解经的风气,治学重经义、轻训诂,倡明师道,重明体达用、经世致用,因此,朱熹将开宋代学术风气之先之功归于"宋初三先生"——胡瑗、孙复与石介。尤其是孙复,可以说是专力从事宋学草创的第一人。孙复自44岁开始,退居泰山,讲学授徒。庆历二年(1042)因范仲淹的举荐任国子监直讲。其平生著述颇多,主要有《易说》六十四卷和《春秋尊王发微》十二卷。这些著述,特别强调要抓住"心"和"用"两个主要方面来改造和发展传统的儒学,大抵代表了此后宋代新儒学的发展方向。其实,除此三人之外,还有李觏和范仲淹。尤其是范仲淹,胡瑗、孙复、石介等都是范仲淹门下的贤士,因为有范仲淹的激励、延聘和推荐,"宋初三先生"才在宋代思想史和学术史上产生了重要的作用。在庆历新政时期,由于范仲淹和"宋初三先生"的共同努力,确立了"明体达用之学",此为宋学之先驱。范仲淹"泛通六经,长于《易》",并重视《中庸》和《春秋》,这对于宋学的发展有重要影响;范仲淹与宋学在思想上的联系,更主要的是他首先在宋儒中提出了"孔颜乐处"的问题;宋学精神之所寄在书院,范仲淹重视教育,大力兴办学校,对于宋代书院的兴起有开创奠基之功。① 可见,正是范仲淹、李觏与"宋初三先生"的共同努力,才促使汉唐以来的学风为之一变,从而为理学的产生奠定了基础。

众所周知,理学是儒释道三教碰撞、融合的产物。三教融合的思想趋势促使儒学在吸收佛、道思想的同时,开始了自身的理论创造和体系重建。所谓三教融合,并非抹杀个体存在地将三教融合为一教,而是三教之义理逐渐指向心性。如《性命圭旨》所说:"儒曰'存心养性',道曰'修心炼性',释曰'明心见性'。心性者,本体也。"又说:"教虽分三,其道一也。"(《人道说》卷一)佛教传入中国后,涅槃佛性说影响颇大,以晋宋时竺道生为代表,他提出"一切众生悉有佛性"的佛性说和顿悟成佛说,即用佛性讨论众生是否具有成佛的根据,如此一来就将佛之法性与人之本性联系起来,成为佛教中国化过程中的佛性论的重要突破。至唐代,禅宗进一步将佛教心性论表达为"即心即佛""明心见性"等。而道教的重

---

① 转引自李存山:《范仲淹与宋代新儒学》,《湖南大学学报》(社会科学版)2008年第1期。

玄学也融摄佛教般若学(尤其是中观和三论),推进了道教心性论思想的发展。所以,心性论的问题也成为理学兴起后关注的核心问题之一。事实上,北宋理学家大多有出入佛老、返归"六经"的心路历程。北宋儒学进入繁荣期以后,儒者在对待佛学的态度上发生了三个方面的明显变化:一是知识分子嗜读佛典蔚然成风,二是从一般的反对佛教转向从学术上对释氏进行批判,三是大规模吸取佛学以改造和充实儒学。具体而言,宋代士大夫为学从"六经"开始,后将阅读范围推广到释、老,在大量阅读佛书的基础上再回到儒家经典中来,此乃宋学繁荣期各家知识结构之所通。从程颢、张载两人的《行状》来看,宋儒对自家学问的要求,不仅不以多读佛书为非,反而以熟谙佛教、道教经典为荣。所以宋儒多有出入佛老,返求诸"六经"。但这一返归,对儒家经典的理解与原先大有不同。如张载由读《中庸》而对"天命之谓性"的天道、性命问题产生兴趣,转而穷究佛老之书,最后又回到《中庸》,期间其价值取向已经发生了重大变化。因此,作为这三大变化的直接结果是北宋儒学的发展在庆历、嘉祐之际发生了划时代变化。

第三节　关学的意义

关学作为宋代重要的理学学派,其影响首先体现在理学的学术形态方面。但与此同时,理学对儒家文化有重要的形塑与影响,所以关学产生的意义往往又是超越其作为一种理学学术形态的。从关学本身来说,一方面,它体现了对传统儒学的传承;另一方面,它又表现为具有个性特点的儒学学派。作为儒学中的学派,关学体现了儒学主流的精神,同时又有自己的个性特点,这首先形成于关学的奠基者张载。在性与天道的形而上之域,张载所奠基的关学具体展开为两个方面。其一是"太虚即气"的观念,它主要侧重于天道的层面。从"太虚即气"的观念出发,气只有存在方式上的变化,即聚和散——聚而为物,散而为气,而不存在有和无的问题。这样,以"太虚即气"的观点为前提,对于"如何存在"的关注取代了对于"是否存在"的追问:"如何存在"关乎存在方式,"是否存在"则是对存在本身的质疑。在此意义上,"太虚即气"体现了天道层面形而上视域的重要转化,同时也展现了其内在的哲学意义。

其二,性与天道之中的"性"涉及人性,并关乎对人本身的理解:人性问题归根结底指向对人本身的理解。在人性问题上,以张载为代表的关学一方面承继传统儒学的观念,另一方面又对此做了进一步的推进,后者主要体现在对气质之性和天地之性的区分上。无论是从逻辑上看,还是就儒学的历史演化而言,这种区分的意义都在于对以孟子和荀子为代表的儒家人性理论的某种统合。众所周知,孟子提出性善说,天地之性可以说是上承性善的观念;荀子主张性恶说,气质之性在一定意义上可以说体现了性恶说所肯定的方面。从人性本身来看,它既包含着向善的可能,又需要通过后天的努力来成就现实的圣人人格。性善说主要突出了成仁的内在可能性,性恶说则强调了外在教化的必要性,天地之性和气质之性的提出,可以说在一定意义上整合了以上两重取向:一方面,肯定天地之性的存在,意味着为成就圣人人格提供可能;另一方面,确认气质之性的存在,则表明"变化气质"具有内在的必要。不难看到,在性与天道的层面,从其奠基人张载开始,关学便在儒学的演进过程中提出了具有自身个性特点的观念。

关学作为儒学中有个性化特点的学派,其特点还体现为对理想意识与使命意识的关注。张载提出"四为"之说,或称"四句教",即"为天地立心,为生民立命,为往圣继绝学,为万世开太平"。"为天地立心,为生民立命"之价值取向首先体现了人应当追求的理想,同时又规定了人的使命,即化以上理想为现实。与之相应,以上提法的核心便是理想意识与使命意识的统一。基于"四为"之说,关学从其奠基者开始,即注重理想意识与使命意识的结合,由此形成了其特有的精神境界。

关学值得注意的另一特点,是其务实的精神取向。关注现实,关心治国与平天下,构成了关学的主要精神特点。这一特点体现在学术的取向上,便表现为对礼学的重视。重视礼学和重视经世之学往往相互关联,在儒学系统中,礼与现实生活有着更为切近的关系,与人的践行过程也有着比较直接的关联,从而由注重礼可以逻辑地引向对经世致用的关注。就此而言,务实的取向与对礼的注重相互关联。与关注经世致用相联系的,是注重实践之学。相对于较多地专注于心性之学的学派而言,关学更为肯定实践之学,这构成了关学的主要特点。实践之学同时也是前面提到的务实精神的重要构成,这一特点在关学的后学中形成了重视科学发展的学术取向,韩邦奇、王徵等都对科学技术给予了相当关注,这种学术取向的形成,与关学本身内含的务实思想,无疑也有着逻辑上的关联。

关学不仅形成了自身独特的学术风格,而且这种具有独特个性特点的理论形态同时经历了发展变化的过程。从历史层面来说,关学开创于张载,同时又经历了从北宋、南宋、金、元、明、清,一直到中华民国的衍化,在中华民国时期还有关学最后的代表人物牛兆濂。从时间层面来看,在这样一个漫长的延续、演变的历程中,关学本身也在发生变化,这种变化的呈现方式之一,是关学不断与其他学派的相互交融、相互激荡、相互沟通。以明代关学的代表人物吕柟而言,他一方面表现出对程朱之学的兴趣,有很多自己的心得;另一方面作为关中学者,他又承续了关学的学术传统,从他的学术思想方面可以看到关学与程朱之学之间的相互交融。在一些关学传人中,也可看到关学与心学之间的互动。如南大吉,他既是关学的重要传人之一,又与王阳明有交往,其学问也与心学有某种契合,对阳明的良知学尤为服膺。明末清初的李颙,也既受心学影响,又上承关学。从以上事实可以看出关学与心学的相互融合、相互沟通。正是在关学与其他学派的沟通、互动之中,关学本身也在不断丰富、不断发展。可以说,关学不是凝固的学术形态,而是处于历史发展过程中不断发展的学派。①

---

① 转引自杨国荣:《关学及其意义》,《光明日报》2018年8月25日。

第二章　宋明理学中的关学

关学并非一般意义上的"关中之学",而是指宋代在关中出现的新儒学——理学的一个重要的地域性学术流派。冯从吾在《关学编》中指明"关学"为"关中理学"。因此,作为理学形态的关学,其影响力是通过对整个宋明理学的贡献来实现的。我们由此将张载关学置于理学发展的脉络中,考察张载在"北宋五子"的精神造道运动中发挥的作用,以及作为宋代四大理学学派之一,关学与其他学派的学术交流与互动,从而呈现在学术多元互动维度中的关学的形成与特征。

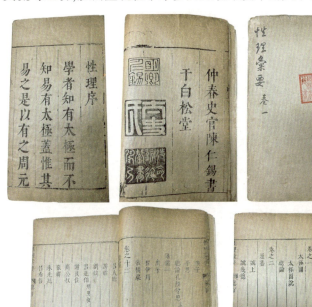

◎《性理汇要》明崇祯五年(1632)版

第一节 "北宋五子"的精神造道运动

经历了北宋初期的儒学复兴,理学真正发轫于周敦颐、邵雍,其后历经张载的发展,至"二程"而完成早期理学的建构,由此展现出连续性的"北宋五子"精神造道运动。他们面对着共同的时代问题,并由此出发成为他们建构理学的重要的学术关怀。

一、周敦颐

周敦颐,字茂叔,原名惇实,后因避讳宋英宗旧名改为惇颐,亦称敦颐。道州营道县(今湖南道县)人,生于宋真宗天禧元年(1017),卒于宋神宗熙宁六年(1073),终年57岁。其父周辅成,宋真宗大中祥符八年(1015)赐进士出身。周敦颐15岁时父亡。仁宗康定元年庚辰(1040),周敦颐24岁,从吏部调任洪州分宁县主簿,开始步入仕途。周敦颐45岁任国子监博士,通判虔州,时道出江州,爱庐山之胜,有卜居之意,因筑书堂于庐山之麓。堂前有一条源自莲花峰的小溪,因远在道州的老家处于濂溪之上,周敦颐便称庐山书堂前的小溪为"濂溪",称其书堂为濂溪书堂,故后世学者称他为"濂溪先生",称他的学术思想为濂学。现行周敦颐的著作,主要是《太极图书》和《通书》。周敦颐思想受到世人的关注主要是因其与程朱学派有关,据"二程"自述,他们青年时曾受学于周敦颐,其后"二程"门人与一般学者根据"二程"对周敦颐的推崇,将其尊为"道学宗师",故后来人们将周敦颐视为宋明理学的奠基者。

大儒黄宗羲曾这样总结周敦颐的思想:"以诚为本。从寂然不动处,握诚之本。故曰,主静立人极。"(《宋元学案》卷一二《濂溪学案》下)从黄宗羲的概括中可以看出,周敦颐的思想突出"诚"与"主静",而"诚"是《中庸》的核心纲领,"寂然不动"是《易传》的重要思想,"主静"则成为周敦颐最重要的工夫论概念。所以周敦颐思想的经典资源就来自于《易传》与《中庸》,表现出诚体与道体的统合。在《太极图说》中,周敦颐开源立本,明确说明了儒家身心性命之学的本根依据和价值之源,从而为儒家围绕生命建构的伦理学说提供了一套完整的伦理本体论。周敦颐的宇宙本体论,以《易传》太极阴阳说为基础,同时借用道家"无极"的说法,又杂糅五行理论,较为明确地说明了万物源起的动力、宇宙的结构与生成过程。《太极图说》曰:"无极而太极。太极动而生阳,动极而静,静而生阴,静极复动,一动一静,互为其根,分阴分阳,两仪立焉。阳变阴合,而生水、火、木、金、土,五气顺布,四时行焉……无极之真,二五之精,妙合而凝,乾道成男,坤道成女。二气交感,化生万物,万物生生,而变化无穷焉。"即是说,太极本无极,乃形上超越之本体,太极动静方有阴阳两仪,两仪进一步变合为五行,二气五行的交感运动,遂有万物生生。人亦本于太极阴阳,所谓"乾道成男,坤道成女""惟人得其秀而最灵"。由此,人之生命跃居于宇宙中心,从而确立起人在宇宙万物中的特殊地位。人与万物,皆为同体而生,拥有共同的本原。故人、物皆有大本之性。所谓大本之性,即作为万物本体的太极之性。而太极之性,在周敦颐那里,实质即阴阳之道体的生生之性。"太极"一词,本是《易传》中的一个概念,《易·系辞传》曰:"易有太极,是生两仪,两仪生四象,四象生八卦,八卦定吉凶,吉凶生大业。"但周敦颐的"太极"并不是本体论观念,先秦儒家亦未自觉以太极为根基建构理论学说。自先秦至两汉,太极多被视为形下之混沌元气。周敦颐则首次基于本体意识赋予太极以新的含义,并绘图立说,突出其契合天德之义。在周敦颐那里,太极作为道体,是与儒家的天道本体同等的概念,因而太极之道,本质即天道。周敦颐的《太极图说》,又名《易说》,本是对《易》生命哲学的发扬,从他对太极之道的阐发来看,太极之道的实质即《易》的阴阳之道。不过,周敦颐重在突出太极的本体地位,阴阳之运动变化则被归为形而下者。对周敦颐而言,阴阳之道内蕴于太极之中,万物之所以产生并变化无穷,正是太极内蕴的阴阳机制作用的结果。所以,周敦颐的太极之理,就其精神本性而言,体现的仍然是《易》哲学的"生生"精神,即"生生之谓易"。故王阳明曰:"太极之生生,即阴阳之生生。"(《传习录》)然而,对于太极生生之理的哲学阐释,并不是周敦颐的最终目的。儒学要旨在于安顿人的身心,作为自觉传承"圣贤之道"的大儒,周敦颐以本体意识建构理论,阐发生命本原,意在说明人之生命的价值和意义,并试图为完善人的生命找到正确的方式和途径,从而提升人的生命境界。

人与万物虽然皆出于太极阴阳,可谓同本同构,但人的生命价值显然有其特殊之处。人作为得天地之秀而最灵者,拥有与万物不同的道德本性和存在使命。这决定了人之生命存在形式的特殊性和完成自我生命的特殊方式。对于人的特殊生命价值的思考,在周敦颐那里呈现为"诚建人极"的思想,此思想是其借助

《中庸》之"诚"的观念而合于仁义完成的,突出了仁义对于人极之立的重要意义,即所谓"定之以中正仁义而主静,立人极焉"。但从价值之本的角度言,"诚"在周敦颐那里则表现为本体论范畴,"诚"构成了人极确立的根本和价值的源泉。故曰:"诚,圣人之本。"又曰:"诚,五常之本,百行之源也。"(《太极图说》)"诚"和太极一样,体现的也是生生的精神。"诚"是天道的本质属性,故曰:"诚,天道也。"周敦颐不仅以阴阳生生之道规定太极的实质,同样以乾坤阴阳的创生性质来解说"诚"之源立。《通书·诚上篇》曰:"大哉乾元,万物资始,诚之源也。乾道变化,各正性命,诚斯立焉。纯粹至善者也。故曰:'一阴一阳之谓道,继之者善也,成之者性也。'元亨,诚之通;利贞,诚之复。大哉《易》也,性命之源乎!"依此,"诚"体之流行,即阴阳创化之过程,体现的是一阴一阳生生不已之本性。而"诚"的这种生生之性,亦是其作为"纯粹至善者也"的根本体现。人性无非是对此"善生"之性的"继"和"成",故曰"继之者善也,成之者性也"。但是,并非人人生来皆能完整地"继"和"成""诚"之品性。由于人生来五性感动未必皆得性命之中正,故需要修养、规范以成就真正的人性和人生。"成人""成圣"是个渐进的过程,故"人极"有个"立"的问题。虽然"诚"开了"人极"之端,但要确立人极,还必须借助某种形式或途径来反身以诚,从而成为真正的"仁"。对此,周敦颐给出的具体方法是"定之以中正仁义"。周敦颐的《太极图说》本名《易说》,故其所曰"中正"当源自《易》理。在《易》理中,"中正"是指爻位居中且处于正位,是"美善的象征"。周敦颐以此喻人当中道、正道而行。若要做到中正而行,现实的做法即是以仁义而行。在周敦颐看来,由仁义行,是保持中道而行、彰显人道的根本,故曰:"立人之道,曰仁曰义。"以仁义为人道根本,是原始儒家的基本观点。但周敦颐并未止于此,而是将仁、义与天地的"生""成"之道联系起来,故曰:"生,仁也;成,义也。"仁是宇宙万物的生机所在,内蕴于每一个活泼的个体生命之中,因而一个真正的仁者,必不会轻慢任何具有天地之"生"之意志的生命存在。周敦颐不锄窗前草之典故,正是其仁心与天之生德相契合而形成的自然心理反映。而这种自然的厚生、爱生意识,也正是一个人具有仁德之风的体现。当一个人意识到自身的生命存在与万有之生命存在具有一体共存的同一性时,儒家的"博爱"理论也就获得了更为深刻的本体论证和支持。所以,周敦颐定之以仁义中正、以诚建立人极的思想,不仅体现出他对人的生命本质和价值特性的思考;更重要的是,他突破了天人之间的自然界限,使人类对自身的思考获得了更为广阔的视野,从而为人类思考自己的命运和提升生命境界提示了根本方向。①

二、邵雍

邵雍(1011—1077),字尧夫,死后赐谥康节,故后人称"康节先生"。其先祖居河北范阳,至其父时移居河南,其父去世后,邵雍定居洛阳。邵雍青年时"艰苦刻厉""寒不炉,暑不扇,日不再食,夜不就席者数年"(《宋史·邵雍传》),初到洛阳时,"蓬荜环堵,不蔽风雨"(《宋史·邵雍传》),他却坦然自乐。时人很敬佩他的洒落胸怀,后来富弼、司马光等退居洛阳,帮助他购置了一所园子。邵雍之所以闻名天下,除了他的思想之外,还因其为人气象。邵雍是以高人隐士的身份置身于王公贵族之间,其又以安贫乐道、不为功名富贵所动的气象赢得了普遍的敬重。所谓"清而不激,和而不流"以及"坦夷浑厚,不见圭角"(《宋史·邵雍传》),正是其为人气象的写照。不过邵雍又不是纯粹的道家隐士,其关怀指向是儒家的。当王安石行新法时,其门生故旧或弹劾、或辞官,纷纷表示出一种不合作的态度,邵雍则劝他们说:"此贤者所当尽力之时,新法固严,能宽一分,则民受一分赐矣。投劾何益耶?"(《宋史·邵雍传》)这正是儒家人伦关怀的表现。所以,邵雍可以说是援道入儒的宋儒先驱。

至于邵雍的理论创造,道家、道教的色彩比较浓重。② 邵雍所谓"元会运世"的宇宙论直接发端于汉《易》的象数学,是将"象"提炼为"数",并把其作为宇宙的始源,以说明天地万物、世道人心的发展。邵雍认为宇宙的无限过程是由十二万九千六百年为周期的单元不断重复循环构成的。在每一周期的单元中,事物都会经历发生、发展,最后归于消尽,而在下一个周期的单元中重新开始。人们

---

① 转引自张舜清:《与道合一:周敦颐生命伦理的精神与境界》,《中国社会科学报》2020年10月27日。

② 邵雍的学术道路缘起于道家、道教,不论在其先天易学还是宇宙论中,都蕴含着道家、道教的意味。邵雍从道教那里摘取《河图》《洛书》和伏羲六十四卦图象,演绎成先天之易。朱熹说:"伏羲四图,其失(说)旨出于邵氏。盖邵氏得之李之才挺之,挺之得之穆修伯长,伯长得之华山希夷先生陈抟图南者,所谓先天之学也。"(《周易本义》)其"先天图"则直接承接道教的谱系,但邵雍的学术特点是将它与《周易》六十四卦相结合,以解释历史上皇王霸伯的更替与发展,这也就蕴含着儒家的经世关怀。

生存的这个阶段乃是整个宇宙无限时间序列中的一个片断。邵雍认为,宇宙的发展有"数"支配其间,因此,"数"实际是宇宙演化的最高法则。这种宇宙论的模式无疑更具有道家色彩。

除此之外,邵雍还提炼出"观物"的思想观念,从其将著作定名为《观物篇》可知,"观物"是邵雍思想的一个重要概念。"观物"包括对自然世界的观察、了解,更指涉人对身在其中的世界的觉解。邵雍说:"夫所以谓之观物者,非以目观之也。非观之以目,而观之以心也。非观之以心,而观之以理也。天下之物莫不有理焉,莫不有性焉,莫不有命焉。所以谓之理者,穷之而后可知也;所以谓之性者,尽之而后可知也;所以谓之命者,至之而后可知也。此三知者天下之真知也。"(《观物内篇》)这种观物之法不是以目观之,而是用心去观,但以心观物并不是指以理性对外部事物进行分析、综合或抽象,而是主体基于一定的精神境界观照事物、看待事物的态度,由此"观物"而达到"因物""无我"。这里也可以看出邵雍对老子"涤除玄览"与庄子"以道观之"的活用,但其特点是与《易传》的"穷理尽性以至于命"结合起来,这才是儒道融合的真正表现。

邵雍在南宋时被称为"北宋五子"之一,与周敦颐、张载、"二程"共同被认为是理学的重要奠基者。他生前与"二程"交往甚多,程颢称他为"风流人豪",很推崇他的人格境界。在思想上,邵雍对《易》的解释,受到朱熹的重视。朱熹还十分看重邵雍关于"性者道之形体"的提法,认为邵雍此时已经有性即理的思想。可见,邵雍的人格境界与思想旨趣对后世理学的发展均有重要影响。

三、张载

张载,字子厚,祖籍大梁(今河南开封),侨寓于凤翔郿县横渠镇(今陕西眉县横渠镇)。生于宋真宗天禧四年(1020),卒于宋神宗熙宁十年(1077)。其曾祖生于唐末,历五代不仕,以子贵赠礼部侍郎。祖父张复在宋真宗时任给事中、集贤院学士等,后赠司空。父亲张迪在宋仁宗时任殿中丞,天圣元年(1023)任涪州知州,赠尚书都官郎中。张迪在涪州任上病故,家议归葬开封。是年张载16岁,弟张戬年仅6岁,均尚年幼,与母亲陆氏护送父亲灵柩越巴山,奔汉中出斜谷,行至郿县横渠镇,因路资不足以及前方发生兵变,无力返回故里开封,遂将张迪安葬在横渠镇南大振谷迷狐岭上,于是全家人便侨居郿县横渠镇。因张载后来长期在横渠镇讲学,所以学者称其为"横渠先生"。张载的弟子大多为关中人,故后世将他所创立的学派称为"关学"。①

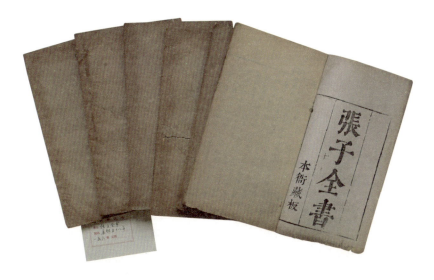

◎《张子全书》康熙五十八年(1719)版

《宋史》张载本传以"尊礼贵德"评价张载之学,可看作对张载学问主体的概括。礼论属于张载哲学的"规范伦理",对于个体修养,他主张"知礼成性""以礼

---

① 张载思想对理学的形成有重要推进作用,下文主要对张载"尊礼贵德""四为句""天人合一"思想作简要陈述,以窥张载思想之旨趣。

成德";对于教育内容,他主张"以礼为教";对于社会风气,他主张"用礼成俗"。作为规范伦理原则,"礼"不仅是实现德性价值的途径,其本身也具有道德价值意义。德论属于张载哲学的"德性伦理",张载既教人以"礼",又教人以"德"。"尊礼贵德"所蕴含的人文价值,主要是"礼""仁""孝"。在张载看来,由"礼""仁""孝"构成的人文价值系统,应成为奠定社会秩序的精神基础。虽然孔子早就提出了"仁""孝"观念,但与早期儒家有所不同,《西铭》是基于宇宙根源(所谓"乾父坤母")说"仁""孝",其新意表现在三方面:一是扩大了"仁"的实践范围。《西铭》提出"民胞物与"的理念,意味着从限于人类说仁爱转变为不限于人类说仁爱。二是扩大了"孝"的实践范围。《西铭》在肯定孝敬生身父母的同时,还把孝行扩大到人类对天地父母的尊崇和敬畏,使"孝"成为信仰的一个重要维度。三是突破了早期儒家强调差等的仁爱观。张载重视仁爱的宇宙根据,并在《正蒙·诚明篇》中提出"爱必兼爱"的大胆主张,以谋求平等之爱。他把宇宙视作一个大家庭,一切人或物都是这个大家庭的平等成员。

在张载的精神遗产中,有四句名言传诵至今:"为天地立心,为生民立命,为往圣继绝学,为万世开太平。"冯友兰将其称作"横渠四句"。第一句"为天地立心"之"心",既不是指"人的思维",也不是指"天地生物之心",而是指人的道德精神价值。据此,"为天地立心"应当指古代儒家圣人具有领悟"天地之仁"的能力,并以"天地之仁"的价值意蕴作为宇宙根据,从而立教垂世,为天下确立以"礼"和"仁""孝"为核心的道德价值系统。第二句"为生民立命",张载把天下民众视作命运共同体,用上一句的道德价值作为民众安身立命的依据,使他们据以掌握自己的命运,赋予生活以意义。第三句"为往圣继绝学","往圣"指历史上的圣人,张载等北宋理学家为挽救孔孟之后"学绝道丧"的局面,在传承孔孟"绝学"的同时,还对儒学做了"六经之所未载,圣人之所不言"的理论创新。第四句"为万世开太平",实现天下太平是周、孔以来儒者所追求的社会理想,也是北宋朝野关注度最高的议题。当时,以欧阳修、范仲淹为代表的政治家都曾向朝廷提出"致太平"的方略。张载不仅关注眼下的太平秩序,而且以更深邃的视野表达了对"万世太平"的关切。"横渠四句"的前三句,意在为社会确立长久的精神文化根基,体现了张载的远见卓识。"为万世开太平"这句话是古代知识分子以天下为己任的经典表述,也是最具中国风格并影响至今的大国和平理念。

钱穆晚年认定"天人合一"观是"整个中国传统文化之归宿处",并深信这是中国文化对世界的重大贡献。先秦的"天人合一"观念,发生了从王权垄断向个人精神价值和生命意义的转型。与这一转型方向一致,张载对"天人合一"观念的发展做出了突出贡献。其表现,一是在历史上首次使用"天人合一"这四个字,明确将其作为一个思想命题,并做了明确的界说:"儒者则因明致诚,因诚致明,故天人合一。致学可以成圣,得天而未始遗人。"(《正蒙·诚明篇》)这一界说,着重从提升精神境界的角度提出实现"天人合一"的途径。二是扩大了"天人合一"思想的经典依据,除《周易》经传之外,他对《中庸》更加倚重,包括《中庸》"自明诚""自诚明"的学说,"天之道"与"人之道"关系的原理等。三是依据《中庸》"诚"者"合内外之道"的表述,把"合内外"确立为实现"天人合一"的基本模式。对天人关系的理解,张载与程颢不同,张载是在承认天人有"分"的前提下,强调扬弃差异,最终实现天人之间的真正统一。四是主张"本天道为用"。其落实需要经由个人修养的实践、社会治理的实践和人类参与自然生成过程的实践等多种途径。总之,"天人合一"命题既具有精神境界意义,也蕴含了古人对社会秩序和自然伦理的诉求。可以说,张载的"天人合一"思想,是儒学史上天人之学的重要理论源头,也是今天阐发"天人合一"命题的重要根据。①

四、程颢、程颐

程颢,字伯淳,生于北宋仁宗明道元年(1032),死于北宋神宗元丰八年(1085),河南伊川人,与其弟程颐并称为"二程",由于他们长期在洛阳讲学,其学派被后世称为"洛学"。程颢年轻时举进士,后任县主簿、县令、著作佐郎。神宗时王安石变法期间,程颢任太子中允权监察御史里行,后改金书镇宁军节度判官、太常丞、知扶沟等职。元丰末哲宗继位,召为宗正寺丞,未行,以疾终,死后葬于伊川,时潞园公太师文彦博题其墓表,称"明道先生",故后世学者皆尊其为"明道先生"。程颐,字正叔,生于宋仁宗明道二年(1033),死于宋徽宗大观元年(1107)。年十四五岁时,同程颢一起受学于周敦颐。18岁时上书仁宗,劝以王道为心,并要求召对,希望面见皇帝一陈所学,却并没有实现。当时,著名学者胡瑗在太学主教,以"颜子所好何学论"试诸生,程颐也作一篇,胡瑗见后大吃一惊,聘为学官。27岁时廷试不中,从此不再参加科举考试。

---

① 转引自林乐昌:《张载对中国古代思想文化的贡献》,《光明日报》2020年5月12日。

其父亲几次得到保荐儿子做官的机会,程颐都让给了族人。治平、熙宁年间,大臣屡荐,他自以为学不足,不愿为官,所以直到50多岁,他仍然没有做过官,是一介布衣,亦称"处士"。

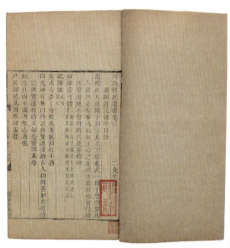

◎《二程遗书》光绪十八年(1892)版

"二程"认为自己的学说接续自孟子以来中断了一千四百年之久的儒学道统,他们以"理"为最高范畴,强调道德原则对个人和社会的意义,注重内心生活和精神修养,形成了一个代表新风气的学派。"二程"为后世所津津乐道的就是确立了以"理"为最高原则的儒家形上价值本体。程颢曾说:"吾学虽有所受,'天理'二字却是自家体贴出来。"(《明道先生墓表》)宇宙之间各种事物虽有不同,但遍存于宇宙一切事物的"理",具体来说主要有四种,即天道、物理、性理、义理。天道即所谓的自然法则,物理是指事物具体的规律和性质,义理指社会的道德原则,性理主要指道德本质。程颐后来提出的"性即理"就是认为人性禀受天地之理。"二程"提出的"天理"说,在思想方法上注意区分形上和形下,并借助《周易·系辞》阐发为:"《系辞》曰:'形而上者谓之道,形而下着谓之器。'……阴阳亦形而下者也。而曰道者,惟此语截得上下最分明。元来只此是道,要在人默而识之也。"(《河南程氏遗书》卷二二上)这就是说,凡是物质的、具体的东西都是属于"形而下"的,是"器";凡是普遍的、抽象的东西都属于"形而上"的,属于"道"。所以说"道"和"理"不是感性的直接存在,而是理性的思维对象,即"默而识之"。总而言之,"二程"的"天理"既指自然的普遍法则,又指人类社会的当然原则,这也为儒家的形上价值确立了天道本体的存在。

在工夫论方面,程颐主张涵养与致知。所谓涵养就是涵养未发,《中庸》说"喜怒哀乐未发谓之中,发而皆中节谓之和","二程"十分推崇《中庸》,尤其重视其中的中和之说,将其视为工夫论的重要内容。按照"二程"的学说,"中"代表一种本然的善,寻求这个"中"的方法就是涵养的方法。他们认为已发只是用,只是感而遂通。心不仅有已发,还有未发,未发即是心之体,即寂然不动。程颐反对"息怒未发之前求中"的说法,他认为"求"即是有意为之,有意为之已经是已发。所以在"思"中只能求得已发之和,而不能求未发之中。因而他主张:"于喜怒哀乐未发之前,更怎生求?只平日涵养便是。涵养久则喜怒哀乐发自中节。"(《河南程氏遗书》卷一八)可见,程颐比较重视未发的存养或涵养。除此之外,程颐还强调"格物致知"。《大学》曾经提出"格物""致知""诚意""正心"等八条目,"二程"十分重视《大学》八条目,将其作为工夫修养论的基础。程颐特别重视对"格物"的解释,他认为:"格,犹穷也。物,犹理也。犹曰穷其理而已也。"(《河南程氏遗书》卷二五)他把"格物"理解为穷理,换言之,《大学》的工夫修养便是建立在格物穷理的进路上,即穷究事物之理。他说:"凡一物上有一理,须是穷致其理。穷理亦多端:或读书讲明义理;或论古今人物,别其是非;感应接物而处其当,皆穷理也。"(《河南程氏遗书》卷一八)格物的目的是掌握天下之理,但并不需要将万物一件件地"格",如此既不可能,也不必要。所谓格物的过程,是从对个别事物的理的认知上升到对普遍天理的认识。程颐对格物的解释,关于格物的对象、范围、方法的论述,后来经由朱熹加以综合发展,成为宋明时期士人精神发展的基本方法。"格物致知"也成为宋明理学重要的命题。

"二程"在本体论与工夫论的基础上,提出"万物一体之仁"的境界论:"仁者,以天地万物为一体,莫非己也。认得为己,何所不至?若不有诸己,自不与己相干。如手足不仁,气已不贯,皆不属己。"(《河南程氏遗书》卷二上)程颢认为,"仁"在根本上是一种最高的精神境界,这种境界就是"与万物为一体""浑然与万物同体",程颢的这个思想与周敦颐提出的"孔颜乐处"一样,都是突出对儒家最高精神境界的追求。"仁"的这种精神境界是要将自己和宇宙万物看成息息相关的联系性整体。在他看来,仁者之所以为仁者,是因为将万物都看作与己相关的存在,人在世界万物的枢纽中心,以一种"同体"的心态感知万物。将世界万物都视作与自己相关联的存在者,这才是值得向往的理想人格境界。程颢所提出的"万物一体之仁"的人格境界与张载所提出的"民胞物与",以及后来王阳明所具体阐发的"万物一体之仁"的思想共同构成了宋明理学"万物一体"的境界论。①

总体而言,"二程"所揭示的"天理",为传统儒学确立了形上依据,弥补了传统儒学的短板,成为撑开理学规模的真正奠基者。与此同时,其所提出的基本概念与范畴成为后世理学的基本内涵,奠定了后期理学发展的基本格局。

第二节 关学与洛学

张载创立的关学与"二程"创立的洛学,是北宋时期两大重要的理学流派,后世将其与濂学、闽学并列为宋代理学的四大流派,称"濂洛关闽"。关学与洛学的关系问题,受到历代学者的关注。争论焦点主要集中于关学是否洛学化。这是一个重大理论问题,需要辨明。因此,下文主要就关学是否洛学化的问题进行辨析。

一、后张载时代关学的传承与关学的"洛学化"问题

张载从熙宁二年(1069)返归关中,身居横渠,以讲学教授为业,时弟子云集,如全祖望所说:"关学之盛,不下洛学。"(《宋元学案》卷三一《吕范诸儒学案序录》)吕本中说:"伊川先生尝至关中,关中学者皆从之游,致恭尽礼。伊川叹:'洛中学者弗及也。'"(《童蒙训》卷上)可见当时关学之盛。然而,熙宁十年(1077)张载逝世后,关学一度失去领军人物,甚至"其再传何其寥寥"(《宋元学案》卷三一《吕范诸儒学案》),关学陷入寂寥不振的境况。在这种情况之下,关学诸弟子如蓝田"三吕"(吕大钧、吕大忠、吕大临)及苏昞、范育等,为求道、传道皆投奔"二程"门下。其中最有代表性的是吕大临,他既是张载的弟子,又是张载之弟张戬的女婿,他后来还成为程氏门下的"四先生"之一。程氏称赞他"深淳近道""有如颜回",吕大临所写《中庸解》,被程颐赞为"得圣人心传之本矣"(《宋史》卷三四〇《吕大临传》)。也许因这一学术趋向,有学者认为关学已洛

---

① 转引自赖尚清:《程颢仁说思想研究》,《中国哲学史》2014年第1期。

学化。

关于关学的"洛学化",南宋吕本中、明冯从吾等人,皆未谈及。《宋元学案》卷三一案语中黄宗羲仅谓横渠"其门户虽微有殊于伊洛,而大本则一也"。"其门户"可能是就其学派分野而言,"大本则一"可能谓其皆为理学之属。全祖望只是说"三吕之与苏氏""曾及程门",亦未说关学已经发生洛学转向。清人柏景伟说:"自宋横渠张子出,与濂、洛鼎立,独尊礼教……然道学初起,无所谓门户也,关中人士多及程子之门。"(《柏景伟小识》)可见当时张载弟子入程氏之门,旨在学道、传道,并无门户之见。

如果要追溯"关学洛学化"说法之源,或许可追到全祖望,他在《宋元学案》中谈及洛学的传播情况时说:

> 洛学之入秦也以三吕,其入楚也以上蔡司教荆南,其入蜀也以谢湜、马涓,其入浙也以永嘉周、刘、许、鲍数君,而其入吴也以王信伯。

(《宋元学案》卷首《宋元学案序录》)

这虽然不是直接说关学洛学化了,但是全祖望言三吕之学是洛学入秦后在秦地传播的产物,意即洛学传入关中后才有了诸吕之学。全氏这一说法很不客观,其在事实上割断了三吕之学与张载关学的联系。

二、从蓝田"三吕"看关学"洛学化"问题

需要进一步辨明的是,在张载死后投入程门的弟子,是否真的已使关学"洛学化"?对此还需从较早投入程门的蓝田"三吕"说起。

史称吕大临"修身好学",无意于仕进,此说大致可以概括"三吕"为学的基本倾向。吕大临为学的历程可以分为关学时期与洛学时期。程颐总结吕大临为学的特点是"深潜缜密",且不盲从。这一点即使是在其跟随张载求学的关学时期,也有所表现,所以张载曾说"吕与叔资美,但向学差缓,惜乎求思也褊,求思虽犹似褊隘,然褊不害于明"(《张子语录·语录下》),意思是称赞吕大临天资聪颖,常有独立见解,但有时未免偏隘。从现存吕大临的著作来看,完成于关学时期的居于多数,如"在吕大临著作中占有极为重要的地位"的《易章句》,"可以断定这是吕大临早年受学于张载时期的著作"。

关键在于,吕大临及诸吕氏兄弟在入洛后与"二程"论学的过程中,其思想上的某些转变是否足以改变关学的学术走向?从现有资料来看,他们基本上忠

实于张载关学的宗旨。表现在：一是坚持了关学"躬行礼教""重礼践行"的传统。程颐说："横渠之教，以礼为本也。"（吕本中《童蒙训》卷上）对于关学以礼为教、以礼为本这一点，吕大临也是充分肯定的，其所说"学者有问，每告以知礼成性、变化气质之道"，就是对张载重礼的肯定。这句话见于吕大临为张载写的行状中。但笔者发现，行状中有一大段肯定和表彰张载学行的话，也见于《蓝田语要》中，而《蓝田语要》主要是记述程颢言行的语录，说明"二程"肯定了张载的这一思想，吕大临后将其写入《横渠先生行状》，说明吕大临也是认可的。吕大临对礼的重要性也有充分的认识，其言："国之所以为国，人道立也；人之所以为人，礼义立也。"（《礼记解·冠义》）并特别强调要把礼与人的德性培养联系起来："德以道其心，使知有理义存焉；礼以正其外，使知有所尊敬而已。"（《礼记解·缁衣》）认为道德是从内心开发人的善性，而礼则是从外部匡正人的行为，二者相互结合，从而使人的德性得以培养。受张载的影响，吕大钧"与兄进伯、微仲、弟与叔率乡人，为乡约以敦俗"（《关学编》卷一），制订了《吕氏乡约》以敦俗。故黄宗羲说："横渠之教，以礼为先，先生条为《乡约》，关中风气为之一变。"（《宋元学案》卷三一《吕范诸儒学案》）范育在给吕大钧所写的《墓表铭》中说：大钧"信先生之学本末不可逾，以造约为先务矣。先生既没，君益修明其学，将援是道推之以善俗，且必于吾身亲见之"，说明"三吕"在投入程门后仍然坚守躬行礼教的关学宗旨，只是吕大临受"二程"的影响，更注重从心性论的内在视野去学礼、知礼和践礼，认为这样才能把外在的礼变成内在的道德自觉。二是承继了张载重气的哲学传统，同时又吸收了"二程"关于理为万物本源的思想。众所周知，张载在世界的本源上是持虚气为本的，而"理"是从属于气的："天地之气，虽聚散、攻取百涂，然其为理也顺而不妄。"（《正蒙·太和篇》）吕大临也肯定气对于生化万物的本源意义："大气本一，所以为阴阳者，阖辟而已。"又说"理之所不得已者，是为化，气机开阖是已"（《礼记解·中庸》）。这里所说，明显是以理从属于气，认为理是气不得已的必然性（规律），其主张基本同于张载。三是在人性论和修养工夫上，张载认为有"天地之性"和"气质之性"，人只有通过"大其心"以"尽心""知性"的工夫，才能"善反其性""变化气质"，以达到"视天下无一物非我"的天人合一境界。吕大临接受了张载的"为学大益，在自求变化气质"的说法，说："君子所贵乎学者，为能变化气质而已。"（《礼记解·中庸》）也同意张载的"大其心"以"尽心""知性"的工夫论，说明吕大临与张载的思想理路是相通和相近的。四是吕大临及吕氏兄弟仍然保持着关学力行践履、重于实践和经世致用的特点和宗风。吕大钧无论是在从学张载还是投入程门之时,皆"务为实践之学,取古礼绎其义,陈其数,而力行之"。这得到张载的表扬:"横渠叹以为秦俗之化,和叔与有力焉,又叹其勇为不可及也。"(《宋元学案》黄百家案)《宋史·吕大钧传》:"大钧从张载学,能守其师说而践履之。""能守其师说而践履之"这一点,不仅体现在吕大钧的言行中,在吕大临那里也有突出的表现。

吕氏兄弟在投入程门之后,一面坚守早年从学张载时期的关学宗旨,一面尽可能地适应新的学术环境,于思想、方法上在向"二程"求学和相互讨论中做出相应的调整。

三、从范育、苏昞及后期诸张载弟子看关学的"洛学化"问题

张载卒后,其从学于"二程"的弟子除蓝田"三吕"之外,还有范育、苏昞及游师雄。另有一些弟子如李复、张舜民、田腴、潘拯等,没有投入程门。讨论这些弟子的学术倾向,对于关学在后世的发展走向亦至关重要。

范育是先从张载后入程门的一位善于独立思考且有见解的学者。他在入程门后仍能坚守张载学说,故程颐说他"闻而多碍者,先入也"(《二程粹言·圣贤篇》)。张载以气论"太虚"、统"有无"、一"体用",遂破佛老"空""无"之论。对于张载以"清虚一大"之"气"为本的思想,程颐曾有过诘难,据《伊洛渊源录》载,"横渠初云'清虚一大',为伊川诘难","横渠本要说形而上,反成形而下,最是于此处不分明"。对此,深得张载"气"之本旨的范育在《正蒙序》中对"二程"委婉地提出了反驳,说"若'清虚一大'之语,适将取訾于末学,予则异焉",并指出张载"此言与浮屠老子辩,夫岂好异乎哉? 盖不得已也"。张、程"清虚一大"之辩,暴露出二者主"理"为本与主"虚气"为本的分野。显然,范育是维护张载的。范育在入程门十年后的元祐二年(1087),应苏昞之邀为张载《正蒙》写序,他竟然"泣血受书,三年不能为一辞"(范育《正蒙序》)。其序中盛赞《正蒙》"有六经之所未载,圣人之所未言","本末上下贯乎一道","言若是乎其极矣,道若是乎其至矣,圣人复起,无有间于斯文矣"。而这已是元祐五年(1090)即张载卒后十三年的话了,足见其服膺张载之心之敬。

苏昞(1053—?),《关学编》卷一称其"师横渠张子最久",在张载卒后又与"三吕"皆东向从学"二程",且"卒业于二程子"(范育《正蒙序》)。苏昞从师张

载"最久",张载把《正蒙》交由他"编次而序之",绝非随意而为,他也"自谓最知大旨"(《关学编》卷一)。今本《正蒙》离为十七篇,即苏昞所为。苏昞一生不求仕进,其学"德性纯茂,强学笃志",颇有张载遗风。熙宁九年(1076),张载过洛阳,与"二程"论学,苏昞"录程、张三子语,题曰《洛阳议论》,朱文公表章之,行于世",说明他深度参与了张、程的学术活动。

苏昞在从学"二程"期间,与程颐有过多次讨论,其中之一是关于未发与已发的讨论。苏昞认为喜怒哀乐之中为未发,而"二程"则认为"求中于喜怒哀乐,却是已发"。因苏昞是"以'求'字为问,则求非思虑不可,此伊川所以力辨其差也"。对于苏昞尝谓自己"患思虑不定,或思一事未了,他事如麻又生",程颐则批评说:"不可。此不诚之本也。须是事事能专一时,便好。不拘思虑与应事,皆要专一。"(《朱子语类》卷九六)这种思想上的交流是正常的,从中可以看出苏昞在虚心学习的同时,又总是在独立思考,决不盲从。从苏昞的思想倾向上一点儿也看不出关学洛学化的趋向。

需要说明的是,在未从学"二程"的张载弟子中,李复和田腴则是能发展张载关学的重要传人。李复为张载晚年的弟子,为关中一代名儒。其作《潏水集》,四库馆臣谓该书"在宋儒之中,可谓有体有用者矣"(《四库全书总目提要》卷一五五)。在思想上,他受到张载"气"论的影响,以此论及宇宙本源的问题,如说"万物生芸芸,与吾本同气"(《潏水集·物吾》)等。《潏水集》卷三存《答张横渠》一文,记载李复与张载探讨"宗子之法"之实,这与张载晚年授学重礼的倾向一致。而田腴则是被黄宗羲视为"盖能守关学之专"(《宋元学案》卷三一《吕范诸儒学案》)的人。《伊洛渊源录·龟山志铭辩》云:"子弟之于父兄,居则侍立,出则杖屦,服勤至死,心丧三年,若子贡、曾子之于仲尼,近世吕与叔、潘康仲之于张横渠是也。"足见张载弟子对关学的恪守。

此外,张载的关学弟子还有薛昌朝、邵清、潘拯等人,不过他们因未及程氏之门,就"三吕"及范育、苏昞、游师雄等尚未能使关学"洛学化"来看,这些未及洛学之门的弟子则几与关学的"洛学化"无缘。①

综上所述,关学的洛学化问题在学术史上并不能真正成立。关学后学在传承张载之学的同时,虽又受学于"二程",但这并不影响关学思想的独立性,也正

---

① 转引自刘学智:《"关学洛学化"辨析》,《中国哲学史》2016年第3期。

是因为关学与洛学的思想互动、交流,才成为早期理学重要的思想资源。

第三节 关学与闽学

"闽学"又称朱子学,主要指朱熹及其后学的学问。自南宋以后,朱子学成为理学的主流学术形态,影响巨大。关学与闽学的关系及其互动主要表现在两个方面:其一,张载关学作为北宋理学的重要形态,对朱熹的思想形成多有影响;其二,就闽学与关学产生直接关系而言,主要体现在明代关学与朱子学的互动、交流。因此,我们将从这两个方面阐明关学与闽学的思想互动。

◎《朱子小学集解》道光二十七年(1847)版

首先,以张载关学对朱熹思想形成的影响而言,张载对"天地之性""气质之性"的划分,对心与性、情关系以"心统性情"的表达,以及《西铭》所表达的精神,都对朱熹思想产生了重要影响。① "天地之性"与"气质之性"作为一对范畴被提出,是宋代理学家对古代人性理论的一次总结。在理学家中,张载最先将"天地之性"与"气质之性"作为一对范畴来说明人性论问题。朱熹(也包括"二程")不仅接受了张载"天地之性""气质之性"之说,而且在论"气质之性"时还引入了张载的"清浊偏正"之说:

> 但其气质有清浊偏正之殊,物欲有浅深厚薄之异,是以圣之于愚、人之与物,相与悬绝而不能同耳。辉窃详此段所说气质、物欲分圣、愚、人、物处,似觉可疑,若以清浊分圣愚,偏正分人物,则物欲厚薄浅深一句,复将何指?若谓指圣愚,则圣人无物欲之私;若谓说人物,则物又不可以浅深厚薄论。未晓。清浊偏正等说,乃本《正蒙》中语,而吕博士《中庸详说》又推明之,然亦是将人物、贤智、愚不肖相对,而分言之,即须如此。若大概而论,则人清而物浊,人正而物偏;又细别之,则智乃清之清,贤乃正之正,愚乃清之浊,不肖乃正之偏。而横渠所谓物有近人之性者,又浊之清、偏之正也。物欲浅深厚薄,乃通为众人而言,若作有无,则此一等人甚少,难入群队,故只得且如此下语。(《朱子语类》)

朱熹严格地从理气的角度来论说人性。在朱熹看来,天地间有理、有气,人、物的产生都是禀受天地之气以为形体,禀受天地之理以为本性,因而他对胡宏"非性无物,非气无形"之说非常赞赏。他认为:"非气无形,无形则性善无所赋,故凡言性者,皆因气质而言,但其中自有所赋之理尔。"(《答林德久六》)朱熹之重视"气质",还在于他以此来说明人之所以产生善恶的原因。上引《朱子语类》中朱熹所论,实际上是从"气质"(先天的)和"物欲"(后天的)两个方面来说明实然世界中,贤、愚、人、物之不同。朱熹明确指出,他以气质清浊偏正之不同来论说特殊性,是受到张载、吕大临之说的影响。张载说:"合虚与气有性之名,合性与知觉有心之名。"(《正蒙》)这就说明,在张载的哲学体系中,"心"是与"性"相关联的一个范畴,这就引出了张载"心统性情"的命题。"心统性情"即"心,统

---

① 关于张载思想对朱熹的影响,可参见许宁:《朱熹对张载理学命题的再注释》,《中国哲学史》2020 年第 6 期。

性情者也"之简称,是张载首先提出的一个命题。在张载之后,朱熹对"心统性情"这一命题非常推崇,他多次说道:

横渠云"心统性情",此说极好。

横渠"心统性情"之说甚善。

性、情、心,惟孟子、横渠说得好。(《朱子语类》)

朱熹不仅称张载此说"极好""甚善",而且还将此说与孟子论心相提并论,认为前人对心、性、情关系的表达,惟有孟子和张子说得好。朱熹虽然学宗"二程",但在心、性、情问题上,他却客观地指出,即使是"二程",也没有张载说得真切。在朱熹看来,胡宏《知言》说"心"、说"性",却没有给"情"一个恰当的定位。相反,正是张载"心统性情"之说,才始寻得个"情"字着落。从理学的发展来看,正是由于朱熹的大力论说,"心统性情"才最终成为理学中一个非常重要的命题。在朱熹一生的学术生涯中,有两部书是比较特别的,一是《大学》,二是《西铭》。《大学》之特别,不仅体现在朱熹对为学工夫次第的重视上,朱熹多次强调:"学问须以《大学》为先","某要人先读《大学》,以定其规模","《大学》是修身治人底规模";而且还体现在朱熹一生治学之"自得"上,"我平生精力尽在此书"(《朱子语类》)。在朱熹临终前的一月,他才最后修订完《大学章句》,并自信地对学生说此书"可以绝笔"。关于《西铭》,除了伊川提揭的"理一而分殊"命题对朱熹哲学体系的建构、方法论的完善有着重大的理论意义之外,《西铭》所标举的人生价值理想或者说终极关怀也对朱熹产生了深远的影响。朱熹于弥留之际,仍然不忘向学生讲论《西铭》大义,这恐怕只有从终极关怀的意义上才能得到真确的理解。①

其次,关学与闽学的交汇还表现为明代关学与朱子学的互动。明代关学前中期主要以程朱为宗,但依然有着自己的特点:一方面从理气论上对朱子学进行修正,主张"理气一物";另一方面则对阳明学进行批评。这一时期关学的主要代表有吕柟、马理、韩邦奇、杨爵等人。吕柟是明代正德、嘉靖年间关学"中兴"的领军人物,也是张载之后关学发展的又一高峰,冯从吾称吕柟"集诸儒之大成而直接横渠之传"(《关学编[附续编]》),而与冯氏同时的邹元标也说:

---

① 转引自肖发荣:《论朱熹对张载思想的继承和发展——以朱熹对〈正蒙〉的诠释为中心》,陕西师范大学 2007 年博士论文。

"横渠之后,明有仲木(吕柟),今有仲好(冯从吾),可称鼎足。"(《少墟冯先生集序》)吕柟是薛敬之的弟子,其学由薛敬之而上溯至河东学派,在学问上亦是以程朱为宗,恪守着朱子学之规矩,"以格物为穷理,及先知而后行,皆是儒生所习闻"(《明儒学案》)。不过,吕柟对薛瑄以来关于"理气不离"的强调做了进一步修正,主张"理气只是一物"。他说:"性、神皆在气中,只一物耳。故养成浩然之气,性命皆得。"(《宋四子抄释》)又说:"理气非二物,若无此气,理却安在何处?故《易》言'一阴一阳之谓道'。"(《泾野子内篇》)"天命只是个气,非气则理无所寻着,言气则理自在其中,如形色天性也即是,如耳目手足是气,则有聪明持行之性。"(《四书因问》)这就是说,理不是别的,理只是气之理,气之流行发用而不失其序即是理。可见,吕柟对理气关系的认识已超出朱熹的理气二元论,而转向以气为本。与这种本体论的转向相应,吕柟对形下的日常工夫实践非常重视,因此,真知实践、"重躬行,不事口耳""不为玄虚高远之论"(《关学编[附续编]》)便成了其思想的主要特色。马理是明代中期与吕柟并称的另一位关学大儒,其学亦以程朱为宗,强调主敬穷理。在马理看来,王阳明所说的"良知"其实是孩童在无意识状态下自然生发出来的一种良心,这种"良知"是时有时无、偶然为之的,它与先天的道德本体即《中庸》所说的"独知"不同,也与通过格物穷理后对道德之知的自觉不同,因而以此为"良知",实际上就是禅宗所说的"作用是性"。另外,马理对王学末流中出现的"糠尘经籍"、专事"良知"而废诸学问、思、辨、行的现象也进行了严厉批评,认为"率是而行,则将弃儒焚典,聋瞽天下,孟子所谓邪说之言甚于洪水猛兽者,正谓是耳"(《重修商州文庙记》),故在此基础上,马理指出,程朱之学虽然也有一些不对的地方,但从其"体认宗旨之真,持守斯道之正,续孔孟既坠之绪,辟佛老似是之非,则千古不可泯灭",不可轻议,今日学者往往"是陆非朱",却不知此举正是"拾锄去之莠,播而种之,以乱我苗"(《上罗整庵先生书》卷四),对儒学危害甚大,从而肯定了程朱之学对儒学发展的贡献。

总而言之,从整个明代关学与朱子学的关系来看,大体上是经历了一个继承、修正和融合阳明学的过程。在这一过程中,我们可以看到关学始终与当时思想界的发展趋势相一致,无论是明初对心体的重视,还是明代中期气学的兴起,或是晚明的会通朱王,以及主张"本体工夫合一"的潮流,都可以看到关中学者的身影。然而,由于对张载"以礼为教"的传统和对经书学习的重视,以及对躬行实践的强调,使得关学在思想创新和体系建构上都无法与南方的阳明学相比,正如清初许孙荃所说:"迄明末造,风会中蚀,而关学独以醇正称于天下。"(《二曲集》)因此,开放与保守并存是明代关学给后世留下的最深刻的印象。①

---

① 转引自米文科:《论明代关学与朱子学之关系》,《中国哲学史》2017年第4期。

第三章　关学重要概念阐述

自张载创立以来,关学逐渐形成了独具思想旨趣和风格的地域性学术特征,其思想的独特性就表现在一些重要观念、概念的传承上。例如明代关学的中兴,由张载提出的"以礼为教"和"气论"问题得以重新被重视,并加以诠释。因此,把握关学的重要概念不仅能够阐明概念自身的精神意蕴,还能够揭示张载关学的重要思想特征,从而呈现关学不同的思想面向。

第一节　天人合一

"天人合一"是中国文化中一个古老的观念,几乎与中国文化的形成同步,从一定意义上说,"天人合一"观念本身就代表着中国文化的形成。"天人合一"的观念早在殷周变革之际就已经产生,但历史上第一次明确提出"天人合一"命题的则是北宋大儒张载。而在以前,"天人合一"的观念虽然其内涵在不断变化,但作为中国文化的核心观念,"天人合一"却像生成基线一样贯穿于中国文化的始终。直到今天,"天人合一"仍代表着中国文化的最高追求。从这个角度看,构成中国文化演变与发展之真正内涵的其实并不在于"天人合一"这一观念本身,而在于其在历史发展中所展现出来的不同内涵及其不同的"合一"进路。就此而言,可以说"天人合一"代表着中国文化中"变"与"不变"的双重因素,是双重因素的有机统一。但从历史的角度看,社会思潮的每一步发展,又往往是通过"天人合一"之具体内涵的不断演变来实现的。

作为关学的开创者和宋明理学的奠基人,张载不仅提出了"天人合一"的命题,而且明确为理学规定了"天人合一"的进路。同时也在一定程度上塑造了国人应事接物的基本心态与思想方法。当然,要理解这一点,须从中国"天人合一"观念的形成说起。

从根本上说,"天人合一"之所以能够成为中国文化的核心观念,首先取决于我国早熟的农业文明,正是农业文明对于"天"的依赖,才使"天"成为中华民族的至上神。至于中国文化之具体形成,殷商的甲骨文完全可以视为中国文化形成的标志。《尚书》虽出自西周儒生对上古历史的追述,但夏、商、周以来口口相传的活观念必然要先于固定化表达的文字符号观念。夏商之际的老百姓纷纷以"时日曷丧,予及汝皆亡"(《尚书·汤誓》)来诅咒残暴的夏桀,以及商汤在讨伐夏桀时所发出的"尔尚辅予一人,致天之罚,予其大赉汝"(《尚书·汤誓》)的誓言,起码表明当时"天罚"的概念已经形成。这就预示了"天"的神圣性、至上性及其对万物的主宰地位,而伊尹在《尚书·咸有一德》中告诫太甲的"惟尹躬暨汤,咸有一德,克享天心,受天明命,以有九有之师,爰革夏正。非天私我有商,惟天佑于有德,非商求于下民,惟民归于一德",似乎也就具有了天人一德的轮廓。所以,到了殷周之际的《泰誓》,就形成了"天矜于民,民之所欲,天必从之"(《尚书·泰誓上》)以及"天视自我民视,天听自我民听"(《尚书·泰誓中》)这种明确的"天"与"人"合一的观念。这一线索表明,到了殷周之际,中国的天人合一观念已经形成。

春秋以降,礼崩乐坏,这就是孔子所处的时代。孔子一生以维护周礼为职志,但他毕竟有德无位,只是一名"从大夫之后"(《论语·宪问》),所以只能以"匹夫"的身份和私家讲学的方式总结上古以来的文化。而在总结"三代"文化的基础上,孔子又形成了一种新型的天人合一观念。这种"天人合一"既不是指王权的天命依据,也不是从"天命靡常"所逆推出来的"皇天无亲,惟德是辅",而仅仅是指"天"对于个体"德性"的赋予关系,当然也包括"天"对于人生命运的主宰作用。从一定意义上说,这就标志着一个个体觉醒时代的到来。

秦汉以后,中国进入了大一统的皇权专制社会,而专制社会的特点又在于思想必须无条件地为王权统治服务,因而所谓"天人合一"也就必须再改变其内涵,从为个体之德进行"天命"根源的追溯转变为对王权的合法性、永恒性进行论证。这一点,充分表现在董仲舒的天人合一思想中。董仲舒的天人合一思想是以阴阳五行与宇宙生化相配合的方式展开的。这一现象产生的原因非常复杂,必须要以战国以来的百家争鸣以及各家思想在进入皇权专制社会后不得不进行某种融合与演变的趋势来说明,但比较重要的一点在于,董仲舒是借助宇宙的生成演化与阴阳五行的相生相克来进行所谓天人合一的论证的;而这一论证的方向,是既要肯定王权的现实合理性,同时又必须肯定个体之基本德性的天赋性质。他说:"古之造文者,三画而连其中,谓之王。三画者,天、地与人也,而连其中者,通其道也。取天、地与人之中以为贯而参通之,非王者孰能当是。"(《春秋繁露·王道通三》)

汉魏以降,佛老炽传,到了宋代,儒学也就必须以其高亢的道德理想主义精神来辟佛排老,于是,这就形成了以张载为代表的"天人合一"指向。请看张载对"天人合一"的论证:

> 乾称父,坤称母,予兹貌焉,乃混然中处。故天地之塞,吾其体;天地之帅,吾其性。民吾同胞,物吾与焉天人异用,不足以言诚;天人异知,不足以尽明。所谓诚明者,性与天道不见乎小大之别也。义命合一存乎理,仁智合一存乎圣,动静合一存乎神,性与天道合一存乎诚。(《西铭》)

显然,张载的"乾父坤母""民胞物与"不仅代表着理学家的"天人合一"追求,而且其"性与天道合一存乎诚"的说法也是对子贡"夫子之言性与天道,不可得而闻也"问题的精彩回答。"诚"是天人合一的纽结,所以经过由明而诚(学而成圣),或者由诚而明(由圣而下达),这是一个"内外合"的双向过程,从而达到天人合一的境界。张载讲天人合一、"民胞物与",要把仁孝之伦理原则贯穿到社会生活中。特别是其中所说的"民胞物与"的思想,蕴含着在天人一体、万物同根的基础上的博爱精神,是儒家仁爱思想的升华,并使其达到一个崇高的境界,即天人境界。在此意义上,我们可以说,天人合一的基本实现方式至张载而得以成熟定型,成为整个中国传统文化的重要价值观念。①

第二节 "六有""四为"

一、"六有"

"六有"是张载早年在拜谒武侯祠之后为自己所提出的视听言动之行为准

---

① 转引自丁为祥:《张载"天人合一"思想的特殊进路及意义》,《河北学刊》2020年第3期。

则,其文现存于《正蒙·有德篇》。由于《正蒙》是张载一生最后七年精心结撰之作,也是其对应王安石变法所展开的一种精神上的"造道"之作。所以,如果认为"六有"就是张载早年拜谒武侯祠所作,那么由此也就可以看出,"六有"实际上正是贯注张载一生的行为准则。张载"六有"的内容如下:

言有教,动有法;昼有为,宵有得;息有养,瞬有存。(《正蒙》)

显然,所谓"六有"就是贯注"言动""昼宵"与"息瞬"之视听言动包括自觉意识与"潜意识"之不同层面的统一,因而也完全可以视为张载为自己所确立的一种人生精神及视听言动标准。

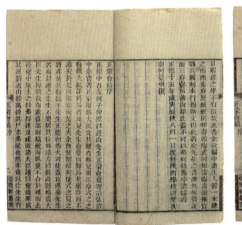
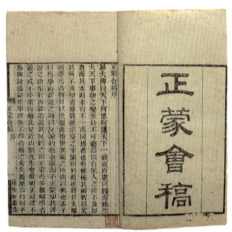

◎《正蒙会稿》道光二十年(1840)版

在《正蒙合校集释》中,林乐昌先生虽未详考"六有"之形成与具体出处,但其对历代儒学大家关于"六有"之具体诠释进行了系统梳理。历代儒家的诠释主要沿着两个向度展开:其一即用历史上的先贤及名言对"六有"进行诠释,如朱熹、刘玑等;其二则是从理气关系的角度展开诠释,如朱熹、冉觐祖、张伯行等。不过,细检这些诠释,关学学者以及"希张横渠之正学"的王夫之的诠释反而一语中的:

吕柟曰:释"六有"近乎一身之学,可谓造次必于仁矣。

韩邦奇曰:此章兼言动知行,而言"宵有得"一句,非用功至此者不能言。人于书之所学,讲论寻究之际,未得宁静;至夜而思之,往往有自得处。指知而言,非谓夜气也。夜气是人之善源,一夜之未息也,昼多梏亡,至夜自生。盖夜有而日梏之,非以昼养而夜存也。细味之,自见。

瞬是目一转视,非一开闭也。

王夫之曰:此张子自得之实修,特著之以自考而示学者。(上引吕柟、韩邦奇、王夫之语,见《正蒙合校集释·有德篇》)

很明显,所谓"六有"就是张载自己的"实修"之学,所以吕柟将其比喻为孔子之所谓"造次必于是,颠沛必于是"(《论语·里仁》)的仁。而韩邦奇则对"宵有得"一句深有体会,能够结合自己的求学经历提出"人于书之所学,讲论寻究之际,未得宁静;至夜而思之,往往有自得处"。至于王夫之,则其所谓"此张子自得之实修,特著之以自考而示学者",简直就可以视为其代表张载所展开的一种自我说明。

如果将"六有"对应于张载的日常细行,那么,其弟子吕大临所撰写的《横渠先生行状》,其中就有关于张载撰写《正蒙》时的日常生活写照:

终日危坐一室,左右简编,俯而读,仰而思,有得则识之,或中夜起坐,取烛以书,其志道精思,未始须臾息,亦未尝须臾忘也。(《横渠先生行状》)

两相比照,如果说"六有"是张载早年拜谒武侯祠所作,那么左右简编、俯读仰思也就是其晚年著《正蒙》时的写照。由此也可以看出,从张载早年的"六有"到其晚年的俯读仰思,张载真可以说是"志道精思,未始须臾息,亦未尝须臾忘也"。这样看来,张载的"六有"固然可以说是涵盖了其日常生活中的"言"与"动"、"昼"与"宵"以及"息"与"瞬"之时时处处,而其晚年的"志道精思",也就表现在"左右简编,俯而读,仰而思……或中夜起坐,取烛以书"的过程中。如果说颜回曾将孔子"克己复礼"的教导贯注于自己的视听言动之中,那么张载的"六有"也就可以说是将历代圣贤之教落实于自己的行住坐卧之间。显然,从早年的"六有"到晚年的"志道精思"——"未始须臾息,亦未尝须臾忘",构成了张载哲学的另一层面,即具体做人的层面。虽然这一层面未必就是张载"四为"之所以形成的根据,但"四为"无疑是建立在"六有"之"未始须臾息,亦未尝须臾忘"的基础上的。①

---

① 转引自丁为祥:《从"六有"到"东铭"——张载哲学的另一层面》,《人文杂志》2019年第12期。

二、"四为"

明清之际的大儒王夫之高度评价北宋理学奠基者、关学宗师张载的历史地位和学术贡献:"张子之学,上承孔、孟之志,下救来兹之失,如皎日丽天,无幽不烛,圣人复起,未有能易焉者也。"(《张子正蒙注》)张载为后世留下了许多宝贵的精神财富,其中包括脍炙人口的四句名言,这就是:

为天地立心,为生民立命,为往圣继绝学,为万世开太平。

由于每一句都以"为"字开头,故可简称为张载"四为句"。近千年来,张载"四为句"传诵不衰,在古代文献中出现的频率极高,朱熹、文天祥等许多哲人志士都曾加以引述或诠解;现代以来,其精神感召力尤显强盛:革命先驱李大钊曾以此作为青年朋友的训词,于右任、郭沫若、张岱年诸先生曾先后挥笔书写作为题词,中国台湾国民党前主席连战访问大陆时曾用以寄语北大学子。

常有学者感叹"四为句"的前两句费解,而首句尤为费解,故为避免发生误解,有重解的必要。本小节的诠解,将本着费解者详、易解者略的原则,以首句为重点,将四句视作连贯的整体,并尽量避免与张载的整体思想脱节。

关于张载"四为句"的宗旨,不少学者把此四句视作张载的为学宗旨,似不确切。据吕大临《横渠先生行状》,青年张载胸怀大志,"四为句"是张载走上学术道路后对自己远大抱负和理想的抒发,而并非对自己为学宗旨的概括。朱熹对张载"四为句"的评价很中肯,他说:"此皆先生以道自任之意。"(《近思录集注》)黄百家同样认为,此四句表现的是张载"自任之重如此"。

关于"天地之心"的实质,其要点有三。要点之一:"天地"是宇宙创生万物的根源性力量。在《易传》及《礼记》"天地之大德曰生""天地者生之本"和"天地""化育"万物等观念中,"天地"是宇宙间一切生命的本源,生化万物是天地所固有的根源性力量。张载也在此含义上使用"天地"一词,例如《西铭》说:"天地之塞,吾其体;天地之帅,吾其性。"张载对宇宙生成根源的诠释还使用过其他几种称谓,如"乾坤""性""道""父母"。在张载看来,"乾坤"比"天地"更具有抽象性质和形上意义,与他所谓"性者万物之一源"(《正蒙》)之"性"更加接近。《西铭》首句把"乾坤"称作创生万物的"父母",其实也就是说"乾坤"乃宇宙创生万物的根源之"性"。此外,张载还认为"性与天道合一"(《正蒙》)。归纳起来,张载对万物的生成根源有如下几种称谓:"天地"是在具象的意义上使用的,"乾坤""性""天道"是在抽象的意义上使用的,而"父母"则是在喻象的意义上使用的。要点之二:作为宇宙创生根源性力量的"天地"是有目的的。张载为什么要用"天地之心"这一具有主观意味的词组来说明客观存有的宇宙根源性力量?似可这样理解:如果说上述"天地"是生成万物的原因或根源的话,那么,"天地之心"的说法便使"天地"创生万物的目的特征凸显了出来;依据亚里士多德的"四因说","天地之心"便是创生万物的"目的因"。《西铭》把创生万物的宇宙根源性力量又称作"父母",这种拟人化的说法使张载哲学的目的论色彩更加浓厚。其实,早就有学者注意到包括张载在内的儒家哲学属于目的论系统。目的论可以视为张载肯定天地有心的哲理根据。要点之三:"天地之心"作为目的论是自然目的与道德目的的统一。"天地之心"除具有自然目的论含义外,还有其道德价值意蕴,也就是有其道德目的。张载说:"天本无心,及其生成万物,则须归功于天,曰:此天地之仁也。仁人则须索做,始则须勉勉,终则复自然。人须常存此心。""以此存心,则无有不善。"(《经学理窟》)这里的"天本无心"看似与前述张载承认天地有心相矛盾,其实不然。在张载看来,若以人的知觉为衡准,则天或天地的确"无心";若从创生万物的目的因角度看,天或天地便是有"心"的。值得注意的是,这里的天地生物之心同时也就是"仁"这一德性价值的体现,故张载又将其称为"天地之仁"。张载还认为,"仁通极其性"(《正蒙》),相信"仁人"的道德价值是有其"性"或"道"作为宇宙论根据的。这种观念源于孔子、《易传》和《中庸》。张载强化了这种观念,他提出了基于宇宙根源论的仁、孝伦理原则,认为:"天所以长久不已之道,乃所谓诚。仁人孝子所以事天诚身,不过不已于仁孝而已。故君子诚之为贵。"(《正蒙》)在张载看来,"仁人孝子"是有道德的人在宇宙间所应当扮演的角色,而"事天诚身"则是人所应当履行的道德责任。与康德类似,张载也认为宇宙的终极目的是有道德的人或人的道德。

总之,"为天地立心"的基本内涵,既不是人发挥其思维能力"理解物质世界的规律",也不是由人"赋天地以道德属性",而是人(通常指儒家圣人)具有领悟"天地之仁"的能力,并以"天地之仁"的价值意蕴作为宇宙论根据,从而为社会确立仁、孝、礼等道德价值系统。

关于第二句"为生民立命","生民"一词出自《诗经》,指民众。"命"字流行于西周,有命令(常用"天命")和人的命运、寿命等义。先秦诸家之学均各有自己的命运观，其中儒家特别关注"安身立命"问题。孟子最早提出"立命"之说："存其心，养其性，所以事天也。夭寿不二，修身以俟之，所以立命也。"（《孟子·尽心上》）这里的"立命"，指掌握自己命运的根本。孟子是从个体修身的角度讲"立命"的，对比之下，张载则从社群民众这一更大范围讲"立命"，尤显可贵。张载所建构的性命论，是其"为生民立命"这一命题的学理基础。

史载，张载"喜论命"。张载论命深受孟子把人的命运划分为"正命"和"非正命"的影响。孟子说："莫非命也，顺受其正。是故知命者不立乎岩墙之下。尽其道而死者，正命也；桎梏死者，非正命也。"（《孟子·尽心上》）这是说，因意外祸端而死或因刑狱之灾而死，都属于"非正命"；而"尽其道而死"，则属于"正命"。孟子把道义与"正命"连接在一起，作为"立命"的根据；把因意外祸端或刑狱之灾而死视作"非正命"，主张"顺受其正"。虽然孟子这一理论所涉及的只是人对不同死亡方式的选择，但张载却把它运用于精神生命的思考上来，为儒家建立了新的性命理论。张载继承孔子的"天命"观，以天道为性命的根源，认为"性尽其道，则命至其源也"（《横渠易说》）。张载往往将性命、义命连说，认为"义命合一存乎理"（《正蒙》）。他还依据"命于德"与"命于气"的不同，在理学家中最早把人的命运划分为"理命"和"气命"两个层次。他说："德不胜气，性命于气；德胜其气，性命于德。穷理尽性，则性天德，命天理。"（《正蒙》）在张载看来，来源于天和天道的命属于理命或德命，而来源于气即物质欲望的命则属于气命或遇命。他说："性通极于无，气其一物尔。命禀同于性，遇乃适然焉。人一己百，人十己千，然有不至，犹难语性，可以言气；行同报异，犹难语命，可以言遇。"（《正蒙》）理命或德命，意指受道德理性支配的命运，它包含着"不可变"的永恒价值，即所谓"道德性命是长在不死之物也，己身则死，此则常在"（《正蒙》），这可以称作道德理性命运论。气命或遇命，意指人受种种偶然因素的制约所可能遭遇的不同处境，例如生死、寿夭、吉凶、福祸、贫富、贵贱、顺逆等，这些处境的发生往往非己力所能控制，人经常处于听凭命运摆布的状态之中。在历史上，这被称作命定论或宿命论。

受孟子启发，张载以理命或德命为"正"，以气命或遇命为"非正"，强调人在面对自己命运时一定要"顺受其正"："顺性命之理，则得性命之正，灭理穷欲，人为之招也。"（《正蒙》）与此相一致，张载提出："尽性穷理而不可变，乃吾则也。"（《正蒙》）依据孟子"求无益于得"与"求有益于得"的区分，张载还提出了命运追求的另一条原则,即"求有益于得"和"求在我者",他说:"富贵、贫贱皆命也。今有人,均为勤苦,有富贵者,有终身穷饿者,其富贵者只是幸会也。求而有不得,则是求无益于得也。道义则不可言命,是求在我者也。"(《张子语录》)张载并非是让人安于贫贱而不求富贵,他说:"人多言安于贫贱,其实只是计穷力屈,才短不能营画耳。若稍动得,恐未肯安之。须是诚知义理之乐于利欲也乃能。"(《张子语录》)在张载看来,"营画"等人为之"能"关涉"义理"与"利欲"之间的辩证关系,这一认识相当深刻。但张载又认为,富贵等世俗利益的诉求受制于人为力量所无法操控的外在因素,"求"并不一定"有益于得",故不应当将其作为命运的终极支撑;道义和道德性命之理等精神价值才是命运中真正"求有益于得"的,因为这是经由"求在我者"的努力就一定能够逐步实现的。

总之,张载提出"为生民立命",是要使民众"乐天知命"(《横渠易说》),对自己的命运做出正面的抉择,并通过自己的道德努力掌控自己的命运,从而赋予生活以意义。"为生民立命"与"为天地立心"两句,无论是所"立"的对象,还是所"立"的范围,基本是一致的。这两"立"的提出,体现了张载及当时士人对社会教化责任的自觉担当。

关于第三句"为往圣继绝学","往圣"也作"去圣",指历史上的圣人。儒家所谓圣人,指通晓天道人事的人格典范和精神文化领袖。北宋理学家普遍认为,自孔、孟之后便出现了"学绝道丧"的局面,所以要努力为儒家恢复"绝学",接续其中断了的学术传统。学统的实质关乎道统,北宋开宗立派的理学家无不关注道统理论。道统论是关于"道"的思想内涵和"道"的传授谱系的理论。有张载弟子误以为其师看重的只是以尧、舜、孔、孟为代表的道统,其实张载并不同意"语道断自仲尼",他认为:"仲尼以前更有古可稽,虽文字不能传,然义理不灭,则须有此言语,不到得绝。"(《经学理窟》)张载远探道统之源,提出:"'作者七人',伏羲、神农、黄帝、尧、舜、禹、汤,制法兴王之道,非有述于人者也。"(《正蒙》)"作者七人",语出《论语·宪问篇》。张载借用此语,匠心独运地梳理出他心目中的道统谱系。历史上的儒家学者少有人重视尧、舜之前的圣学传承,而张载则认定伏羲、神农、黄帝是"制法兴王之道"的开创者。张载眼中的道统,其内涵不仅包括儒家文化,还包括整个华夏文化的优秀传统。这就扩大了中华民族的文化认同范围,体现了当时士人在文化上的自信、自尊,代表了理学家的文化自觉意识。可以认为,张载所欲继承的"绝学",既是儒家之学,也是整个中华文化学术发展的主流传统。

张载宣称,"某唱此绝学亦辄欲成一次第"(《张子语录》)。他继承"绝学",著书立说,其内容"有六经之所未载,圣人之所不言"(《正蒙》),表现出很强的创新意识;他探讨"大道精微之理",建构天人哲学体系,为社会"立乎大中至正之矩"(《正蒙》)。张载一生付出努力最多、成就最高、对后世影响最大的,正是其"为往圣继绝学"的贡献,可以说这一理想目标在他身上是实现了的。"为往圣继绝学"这一口号,还集中表达了当时士人的文化使命感:通过思想文化建设,不仅为社会道德价值系统的确立提供学理基础,而且为政治合法性和合理性提供文化支持。

关于第四句"为万世开太平",实现天下"太平",是周公、孔子以来儒者所一直追求的社会政治理想。孔子提出:"齐一变至于鲁,鲁一变至于道。"(《论语·雍也》)渊源于孔子精神的《公羊》家"三世"说中的"太平世"思想,其中也包括"大一统"思想,对北宋儒者产生了深刻的影响。北宋之时,"太平"一语甚为流行,统治集团和朝野士人关注度最高的目标就是天下太平,其标志是社会安定、经济繁荣,以及伦理规范和人文信仰的重建,也包括对"大一统"的强烈诉求。为此,以欧阳修、范仲淹、李觏等人为代表的政治家或思想家都向朝廷提出过"致太平"的方略。

为了实现"太平"理想,张载付出了多方面的努力。首先,在文化方面,由于佛道对儒学的挑战,北宋儒者内心普遍怀有"佛老之徒,横乎中国""给我生民""乱我圣人之教"(吕祖谦编《宋文鉴》下册)的文化危机感。面对佛老的挑战,张载与其他以复兴儒学为己任的士人挺身而出,为了使世道人心能够"万世不惑"而"排邪说,归至理",希冀为社会的太平秩序奠定思想文化基础。其次,在政治方面,吕大临所撰《横渠先生行状》称,其师张载"慨然有意三代之治,望道而欲见"。张载自己也提出,"望道"即是"望太平也"(《张子语录》)。这里的"道",既指三代"制法兴王之道",也指孔子"齐一变至于鲁,鲁一变至于道"之"道",其实就是儒家以"王道"为宗旨的"治道"原理;把对"太平"秩序的渴望与对"治道"的渴望联系起来,反对"以道学、政术为二事"(《答范巽之书》),主张"道学"应当成为天下太平秩序的哲理基础。可见,张载对"太平"的理论思考和实践努力并不囿于当下的太平秩序,而是以更深邃的视野关注可持续的

"万世"太平基业问题,这体现了他的远见卓识。

总之,张载"四为句"涉及精神价值、生命意义、学统传承、社会理想等多方面的内容,不仅可视为对张载一生抱负和理想的概括,还对当时、后世乃至现代的很多哲人志士都发挥过和继续发挥着极大的精神激励作用。

我们可以把张载"四为句"翻译成现代汉语:

为社会确立精神价值,

为民众指明生命意义,

为前圣继承已绝之学统,

为万世开拓太平之基业。①

第三节 以礼为教

黄宗羲曾这样总结关学的基本特征:"关学世有渊源,皆以躬行礼教为本。"(《明儒学案·师说》)自张载提出"以礼为教"后,这一学术要求和实践内涵成为后世关学发展中重要的持守向度。张载笃志好礼,躬行礼教,他对礼的价值有一个基本的认识,即"礼者圣人之成法",所以要效法圣人的"三代之治"。在张载看来,"三代之治"的根本就是发挥礼乐制度的作用,只有礼乐制度得以实施才能真正实现养民和治民。吕公著向朝廷推荐张载时,其理由之一就是认为张载"善法圣人之遗意,其术略可措之以复古"。张载入朝后,正好朝廷有司就行冠婚丧祭之礼,征求礼官的意见,礼官以为古今异俗,不可泥用古礼,而张载则"独以为可行",结果"众莫能夺,然议卒不决"。司马光称他"好礼效古人,勿为时俗牵"(《宋文鉴·皇朝文鉴》卷一六《哀张子厚先生》),即效法古人,就要严格按照古制施行,不为时俗所改易。这足以见得张载重礼,以及对礼的基本认识与态度。

张载对礼的价值有更深一层的挖掘:一方面,张载认为礼源于天。他不认同前儒"专以礼出于人"的观点,他说:"今天之生万物,其尊卑大小,自有礼之象,人顺之而已。此所以为礼。或者专以礼出于人,而不知礼本天之自然。"(《张子

---

① 转引自林乐昌:《为天地立心——张载"四为句"新释》,《哲学研究》2009 年第 5 期。

全书·礼记说·礼运第九》)"礼出于人"即是将礼作为后天现实层面的道德规范,与此同时,"礼本天之自然"的"天",并非指汉儒就宇宙气化生成论层面的苍苍、经验之天。张载曾批评汉儒是"知人而不知天"。张载在这里明确以天秩之礼来确立礼之道德价值根源。另一方面,天秩之礼并非抽象地外在于人,而是落实于人的心性之中,张载讲"无体之礼",讲"人情所安即是礼"(《张子全书·礼记说·礼运第九》)。因此,张载所谓的"知礼"与"守礼"就不是横摄认知意义上的,而是在天道与性命相贯通的天人合一之下讲礼以成德,在此意义上的知礼与守礼就是穷理尽性以至于命,就是张载明诚之路。这也是为什么张载会说"礼者圣人之成法,除了礼,天下更无道矣"(《经学理窟》)。在此基础上,张载认为礼可以涵养人的德性,即所谓"知礼成性,变化气质"。"知礼成性"是指对礼的本质加以理解并与道德践履相统一的工夫整体,而经由知礼成性的工夫践履就能够实现"变化气质"。可见,礼并非仅仅是外在仪文节目,其本身是内在于人的、心性的道德秩序,是可以涵养人的德性以达修身的目的。所以,张载在教弟子门人时,始终将礼作为入手之工夫。他说:"某所以使学者先学礼者,只为学礼则便除去了世俗一副当习熟缠绕。"(《张子语录》)学礼的意义就在于避免原有的习俗对人的"缠绕"。程颐曾这样总结张载的教法:"子厚以礼教学者,最善,使学者先后有所据守。"(《张子语录》)其所言以礼为教,使得学者有所据守,此处点出礼是为学成德的工夫之入手处。

由张载所确立的"以礼为教"的关学传统,在明代关学发展中有较为集中的体现。明代关学的中兴同样表现在对礼学的重视上:马理、吕柟作为明代关学"躬行礼教"的代表人物,注重礼学的义理阐发和躬行实践;南大吉、冯从吾则在礼学的诠释方面完成了心性化转向,并且执礼讲学,影响颇大。作为明代关中礼学的早期发展,马理、吕柟的礼学特点表现为仪文节度之礼。明代前中期,"关中之学,大抵源出河东、三原"(《四库全书总目提要》),而马理、吕柟又为三原、河东之学的代表,二人同宗程朱,承接张载关学学脉,在礼学的理论与践履方面都表现出相同的思想旨趣。马理尊崇朱子之学,强调以理为本,认为:"阴阳者,气也,形而下者也,一阴一阳寓于气之中,非气而为气之主者;理也,形而上者也,即太极之谓也。"(《马理集》)对形而上之理的肯定反映在工夫论中,就表现为如何通过工夫践履合于天理之道,马理主张"克己"和"践履"工夫,他说:"君子观象,则不徒以天理之心操存于内而已,至于有为之际,则动以克己复礼为事,非其礼也,则弗以履焉。"(《马理集》)这在肯定内在克己操存的基础上,更加重视对外在事物的复礼践履。这一认识无疑是马理以程朱理学"即物穷理"的方式为工夫进路的必然结果。故黄宗羲说马理之学"墨守主敬穷理之传"(《明儒学案》)。在以程朱理学为主的诠释视域下,马理礼学思想也表现出相应的特点,即一方面强调礼的本质为"天秩之礼",他说:"《传》释履义。履者,天秩之礼也,其分截然者也,岂径情直行者哉?"(《马理集》)另一方面,重视礼之仪文节度的教化作用,他说:"上下无以辨之,以礼辨之;民志无以定也,以礼定之,则天下寡过而治可常保之也,定万民之志则天下孚而乱不作矣。"因此,在马理看来,礼虽然本于"天秩",但其具体表现为仪文节度之礼,由此具有以礼教人、以礼淑世的教化意义。《关学编》中记载马理好礼的行迹:"先生(马理)又特好古《仪礼》,时自习其节度,至冠、婚、丧、祭礼,则取司马温公、朱文公与《大明集礼》折衷用之。处父丧与嫡生母之丧,关中传以为训。"从具体的践履来看,"马理躬行礼教,重视乡约,化民成俗,堪称'以礼为教'的表率"。而作为河东之学的代表,吕柟同样重视礼的仪文节度,其在山西解州为官时,在当地推行《吕氏乡约》《朱子家礼》。如果追溯吕柟重礼之仪文节度的原因,不难发现,吕柟虽然学宗程朱主敬穷理之学,却对朱子理气关系有所改变。吕柟认为:"天命只是个气,非气则理无所寻着,言气则理自在其中,如'形色天性也'即是,如耳目手足是气,则有聪明持行之性。"(《泾野经学文集》)吕柟一方面强调理气为一,另一方面又将理归为气之理。因此,气成为理气合一的立足点,使得天理落在具体的日用伦常之间,由此表现出重视礼的仪文节度与躬行实践。

  通过上述对马理、吕柟礼学特点及形成原因的讨论,可以看出,马理、吕柟的礼学思想主要受其理学观的影响,在理学与礼学的交织互动中,马理、吕柟以"格物致知""主敬穷理"的认知方式诠释礼之大义,强调对礼制、礼仪的遵守和践行,注重礼的社会教化功能,成为明代关学前中期"躬行礼教"的代表。冯从吾通过礼的方式对道德理性进行层层落实,形成一种日用伦常之礼,它既是日常生活的公共性秩序,也是主体价值显发的做人精神。冯从吾礼学在重构日常人伦秩序方面有着强烈的现实关怀,"礼仪三百,威仪三千,此天地间实在道理,此士君子实在学问……若不敦厚以崇礼,而曰礼伪,率天下荡检逾闲,放纵恣肆,以为真是小人而无忌惮也"(《冯从吾集》)。礼本于心性秩序,而落实在具体的日用伦常之中,如此一来,"礼仪三百"便不再是无情实的外在形式,而是落于对教化世俗的维系上,以此重新肯认是非善恶的客观标准,建构人伦公共秩序。①

第四节　民胞物与

宋代理学家、关学创始人张载,其著作《正蒙》第十七篇《乾称篇》开头的一段话,张载曾把它抄录贴在西边的窗户上,称《订顽》。程颐将其改名为《西铭》,对其推崇备至,甚至将之与《论语》《孟子》等经典相提并论。程颐称赞说:"《西铭》明理一而分殊,扩前圣所未发,与孟子性善养气之论同功,自孟子后盖未之见。"(《河南程氏遗书》)张载在《西铭》中说:"乾称父,坤称母;予兹藐焉,乃混然中处。故天地之塞,吾其体;天地之帅,吾其性。民吾同胞,物吾与也。"(《正蒙》)意思是说,天是我的父亲,地是我的母亲,人都是天地所生,禀受天地之气而成性,其在宇宙间是很藐小的,和万物一样生存于天地之间。阴阳二气构成了人的身体,"太虚"之气规定了人善良的本性。天下的人都是我的同胞兄弟,天地间的人和物都是我的同伴朋友,所以,我们对待他人应像兄弟一样,对万物也应像对人一样去关爱。

张载在"万物一体""天人合一"的思想基础上,提出的"民吾同胞,物吾与也"这一思想,被后世学者概括为"民胞物与"。"民胞物与"是《西铭》的核心思想,被后世视为孟子之后论仁求仁的精华思想。"民胞物与"的哲学基础,是儒家"万物一体""天人合一"的思想。在张载看来,天地之所以是我们的父母,世间民众都是我们的兄弟,万物都是我们的同伴,就在于包括人在内的宇宙万物,都是因气化而有生,禀同气而成性。显然,张载是认为万物禀赋的气决定了人性和万物之性。这样,从禀赋之气所承载的价值意义上说,所有的人与物都是平等的,都应该共享应有的公平。由此就必须以"民胞物与"的态度,看待和处理人与人、人与物的关系。

"民胞物与"包括"民胞"和"物与"两个方面。就"民胞"来说,作为生命个体的人,既生于天地间,就必须自觉地"与天地合其德,与日月合其明",所以都

---

① 转引自孙德仁:《礼学与理学的互动——冯从吾礼学思想的形成及其价值指向》,载《戊戌年关学国际研讨会论文集》,陕西人民出版社,2020年,第351—354页。

应该尽自己的伦理责任,履行自己的道德义务,对他人尽忠,对亲人尽孝;同时也要以仁爱的德性,关爱社会上生存状态各异的族群,特别要关爱那些弱势群体。故张载在《西铭》中接着说:"尊高年,所以长其长;慈孤弱,所以幼其幼。""凡天下疲癃残疾、惸独鳏寡,皆吾兄弟之颠连而无告者也。"强调既要尊长慈幼,还要关爱那些"疲癃残疾"和"惸独鳏寡"的人,把天下残疾孤苦、受苦受难、无处申告的弱势群体,都视为自己的兄弟姐妹。

就"物与"来说,是要以仁爱的德性对待宇宙间的万物,将其视为人类的同伴而平等地予以关照。如此,就要引物为同类,秉持人与自然共生共存的理念,而不应为了自身的生存无限度地征服自然,甚至以牺牲其他物类的生存为代价。张载把自然万物视为人类同伴的观点,在当前环境污染、生态失衡等因素制约社会全面、协调、可持续发展的情况下,对于遏制不尊重自然、不注意环境保护而一味向自然索取的做法,具有深刻的理论教育意义;对共同营造和谐宜居的人类家园,无疑具有积极的导向意义。可以看出,张载的"民胞物与"是从"万物一体""天人合一"的宇宙论出发来论仁求仁的。

张载的"民胞物与"在儒家传统中有其深厚的思想渊源。《论语》说"泛爱众,而亲仁""四海之内皆兄弟",《孟子》说"亲亲而仁民,仁民而爱物"。儒家先贤的这些主张,已蕴含着张载所说"民胞物与"的理念。《礼记·礼运篇》所说的"以天下为一家,以中国为一人""大道之行也,天下为公"的理想社会,也鲜明地包含着公平、平等和博爱的观念,其所说"人不独亲其亲,不独子其子;使老有所终,壮有所用,幼有所长,矜寡、孤独、废疾者皆有所养",就是强调要给包括弱势群体在内的人们以各自所需的关爱,这里已有了鲜明的博爱情怀。唐代韩愈说"博爱之谓仁",把儒家的仁爱观明确提升到博爱的高度。到张载提出"民胞物与",已从宇宙论和价值论统一的层面,在"万物一体""天人合一"的意义上讲一体同类,从而把人间大爱传递和扩展到广泛的人际关系和其他物类。传统儒家那种建立在血缘基础上的仁爱,也就被深化为以禀气而成性为基础的博爱,儒家的仁爱思想被向前大大地推进了一步。"二程"也说"仁者浑然与天地万物同体",王阳明讲"仁者以天地万物为一体"等,其所包含的博爱思想,都与张载所说的"民胞物与"相通。

张载的"民胞物与"思想,一直影响着历代中华儿女,成为人们以仁爱之心处理人际关系、人与物关系的境界追求和方向指引,是中华民族和谐发展的重要价值理念,更是当今打造人类命运共同体的重要思想渊源。习近平总书记指出:"今天人类生活的关联前所未有,同时人类面临的全球性问题也前所未有。世界各国人民前途命运越来越紧密地联系在一起。"人类今天所面临的问题,都不是任何一个国家和地区能够自行解决得了的,需要各国的协调和共同努力。只有坚持"民胞物与"的理念,把乾坤宇宙看作我们共同的家园,真正视"天下为一家",才能把世界各国人民对美好生活的向往变成现实,实现世界大同。①

---

① 转引自刘学智:《"民胞物与"思想是中华民族和谐发展的重要价值理念》,《光明日报》2018年1月18日。

第四章　关学肇始——张载

第一节　张载生平

张载,字子厚,祖籍大梁(今河南开封),后侨居于凤翔郿县(今陕西眉县)。生于宋真宗天禧四年(1020),卒于宋神宗熙宁十年(1077)。因其长期在横渠镇讲学,故史称"横渠先生"。张载所创理学中之一派,被后世称为"关学",其影响深远。

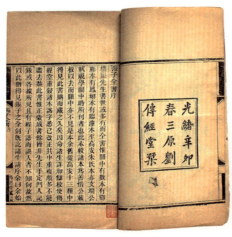

◎《张子全书》光绪十七年(1891)贺瑞麟署检版

张载自幼聪颖,努力向学,且"为人志气不群",少年丧父,更使他养成自立的品格。他"无所不学",而尤"喜谈兵",有邠州(今陕西彬县)人焦寅喜谈兵法,张载尝与之游,听其讲兵法。当时西夏常常骚扰西北边境,宋朝廷派兵抵抗,却常有不敌。宋仁宗康定元年(1040)初,西夏再次入侵,宋军抗击失利,张载遂"慨然以功名自许"(吕大临《横渠先生行状》),立志报国,以至后来欲组织兵力相抗于西夏,从而收复洮西失地,以解除边境兵患。

宋仁宗康定元年(1040),范仲淹为陕西招讨副使兼延州(今陕西延安)知州,积极整军练兵,准备对西夏作战。时年仅21岁的张载,奔赴延州,上书谒见范仲淹,建议用兵之策。其有关保卫边境、对敌作战及收复失地的策略,得到了范仲淹的称赞。范仲淹"一见知其远器,欲成就之,乃谓之曰:'儒者自有名教可乐,何事于兵!'因劝读《中庸》"(《宋元学案》)。范仲淹认为张载是有雄略、能担当的可塑之才,遂指导他从《中庸》开始研读儒家经典。张载也由此走进"六经",不过他犹未以为满足,后又"访诸释老,累年尽究其说,知无所得,反而求之'六经'"(《宋元学案》)。

经过多年对儒家经典的研习,张载对自己的学问初具信心。宋仁宗嘉祐二年(1057),38岁的张载赴汴京应考,时欧阳修为主考官,张载与程颢同登进士。据《横渠先生行状》记载:"方未第时,文潞公(文彦博)以故相判长安,闻先生名行之美,聘以束帛,延之学宫,异其礼际,士子矜式焉。"即在张载及第之前,被罢相的文彦博因知永兴军等政务于长安,闻知张载名行之美,非常器重他,乃聘张载于长安学宫讲学。嘉祐二年(1057),考罢候诏之际,张载在京师开封坐虎皮讲《周易》,听者甚众。他与程颢、程颐在京师相会,"共语道学之要"(《张载集》)。此时张载对自己的学问造诣已颇自信,有言"吾道自足,何事旁求!"(《张载集》)自此次与"二程"论道之后,张载不断进取,"日益久,学益明"(《张载集》)。

熙宁二年(1069),张载回到郿县横渠镇,时年49岁。他依靠家中数百亩田地维持生计,生活虽然不富裕,但也"约而能足",即使"人不堪其忧",他却"处之益安"。这一时期正是张载静心读书、研究义理且思想臻于醇熟的重要时期,他一面疗养身体,一面认真研读经典。吕大临记述说:

> 横渠至僻陋,有田数百亩以供岁计,约而能足。人不堪其忧,而先生处之益安。终日危坐一室,左右简编,俯而读,仰而思,有得则识之,或中夜起坐,取烛以书,其志道精思,未始须臾息,亦未尝须臾忘也。学者有问,多告以知礼成性、变化气质之道,学必如圣人而后已,闻者莫不动心有进。又以为教之必能养之然后信,故虽贫不能自给,苟门人之无

贽者,虽粝蔬亦共之。其自得之者,穷神化,一天人,立大本,斥异学,自孟子以来未之有也。尝谓门人曰:"吾学既得于心,则修其辞命,辞无差,然后断事,断事无失,吾乃沛然。精义入神者,豫而已矣。"(《横渠先生行状》)

张载不仅苦读精思、潜心研究,而且勇于实践,身体力行。他重视古礼在民间的推行,针对"近世丧祭无法"的情况,主张严格恢复旧制,"始制丧服,轻重如礼,家祭始行四时之荐,曲尽诚洁"。开始人们还怀疑张载的做法,后来都相信并跟从之,于是关中之俗"一变从古者甚众"。这一巨大变化,都是因"先生倡之"之故。

为了抑制土地兼并、缓和社会矛盾、解决贫富不均的问题,张载有意于恢复"三代之治",即把土地收归国有,恢复井田制度。吕大临在《横渠先生行状》中记述:

> 先生慨然有意三代之治,望道而欲见。论治人先务,未始不以经界为急,讲求法制,粲然备具,要之可以行于今,如有用我者,举而措之尔。尝曰:"仁政必自经界始。贫富不均,教养无法,虽欲言治,皆苟而已。世之病难行者,未始不以亟夺富人之田为辞,然兹法之行,悦之者众,苟处之有术,期以数年,不刑一人而可复,所病者特上未之行尔。"乃言曰:"纵不能行之天下,犹可验之一乡。"方与学者议古之法,共买田一方,画为数井,上不失公家之赋役,退以其私正经界,分宅里,立敛法,广储蓄,兴学校,成礼俗,救灾恤患,敦本抑末,足以推先王之遗法,明当今之可行。此皆有志未就。

在这里,张载的想法和做法主要有四点:一是"论治人先务,未始不以经界为急",根本是要先解决人们最重要的生存问题,所以解决土地问题是当务之急。二是恢复古老的井田制。三是落实于实践中,即使此法不能行之天下,但要在可能的范围内先做起来,"验之一乡"。他亲自行动,"共买田一方,画为数井",按照古代井田制度的规定,划分成公田和私田,分给无地、少地的农民耕种。如今眉县横渠镇、扶风县午井镇、西安市长安区子午镇等地区,仍保留着几条笔直的田埂,据说是张载及其弟子们试行井田制度、兴修水利留下的遗迹。这一带至今还流传着"横渠八水验井田"的故事。《眉县县志》称之为"鄘伯井田",成为"眉县八景"之一。张载将自己的井田主张《井田议》上奏皇帝,建议国家以

《周礼》规定的模式,实行井田,力图抑制兼并,体现了其经世致用的观念。四是在解决了民众生活问题之后,张载主张进一步提高民众收入,加强文化教育,端正社会礼俗,即"广储蓄,兴学校,成礼俗,救灾恤患,敦本抑末"。其想法与做法是一致的,反映了张载务实致用的思想。

在理论探索和实践经验的基础上,张载开始系统构筑自己的思想学说。熙宁九年(1076)秋天,他完成了《正蒙》这部重要的哲学著作,形成了自己的哲学体系。张载对《正蒙》一书,极为重视,作为儒学正说,他希望弟子们能学习、补充和完善它。据《横渠先生行状》载:

> 熙宁九年秋,先生感异梦,忽以书属门人,乃集所立言,谓之《正蒙》,出示门人曰:"此书予历年致思之所得,其言殆于前圣合与!大要发端示人而已,其触类广之,则吾将有待于学者。正如老木之株,枝别固多,所少者润泽华叶尔。"又尝谓:"《春秋》之为书,在古无有,乃圣人所自作,惟孟子为能知之,非理明义精殆未可学。先儒未及此而治之,故其说多穿凿,及《诗》《书》《礼》《乐》之言,多不能平易其心,以意逆志。"方且条举大例,考察文理,与学者绪正其说。

《正蒙》一书既成,标志着张载哲学体系业已形成,关中弟子们奉该书如《论语》。杨时曾说:"《正蒙》之书,关中学者尊信之与《论语》等,其徒未尝轻以示人。"(《杨龟山集》卷二〇)该书在理学发展史上有着奠基性的意义,故"二程"、朱熹虽然在一些问题上对张载有些许微词,但都对《正蒙》的价值予以充分肯定,特别是对《乾称篇》之《西铭》备加推崇,程颢说:"《西铭》道理,孟子以后无人及此。"清人张伯行说:"其学当时盛传于关中,虽自成一家之言,然与二程兄弟首推气质之说,以明性善之本然,而汉唐以下诸儒纷然之惑泯焉。其有功圣教,夫岂浅小哉!"(张伯行《张横渠集序》康熙四十七年本)

熙宁十年(1077),秦凤路(治秦州,今甘肃天水)守帅吕大防以"张载之学,善法圣人之遗意,其术略可措之以复古,乞召还旧职,访以治体"(《横渠先生行状》)为由,向宋神宗奏荐张载回京复旧职,后得到批准。当时,张载虽正患病,但他出于对友人知遇之恩的感念和实现自己社会理想的愿望,"不敢以疾辞",便带病入京,任职同知太常礼院(礼部副职)。到朝廷后,许多公卿大臣虽仰慕张载的才学和道德人格,但是真正了解张载者并不多。张载亦尝以自己的主张试探,但是"多未之信"。正好当时有人向朝廷建议实行冠婚丧祭之礼,诏下礼官执行。但礼官安习故常,以为古今习俗不同,无法施行过去的礼制。只有张载认为可行,并指出"称不可,非儒生博士所宜"(《横渠先生行状》),意见分歧,议而不决。张载看到"礼不致严",欲以正之,众官不助,益感不悦,加之自己身体病重,便辞官归乡。《宋史·张载传》称:"载学古力行,为关中士人宗师。"他深知道之难行,本欲回乡后与门人实现当初的志向,遗憾的是,在返乡途中,张载病情加重,行至临潼不幸逝世,终年58岁。张载临终之时,只有一个外甥在其身边,且囊中索然,无资入殓。直到在长安的弟子们闻讯赶来,才买棺成殓,并护送其灵柩到横渠镇。翰林院学士许诠等上奏朝廷,乞加赠恤。神宗下诏按崇文院三馆之职,赐丧事支出"半"数。宋神宗元丰元年(1078)三月,张载遗体葬于横渠大振谷其父张迪墓前,与其弟张戬墓左右相对。

南宋嘉定十三年(1220),宋宁宗赐谥"明公";淳祐元年(1241),宋理宗赐封"郿伯",从祀孔子庙庭;明世宗嘉靖九年(1530),改称"先儒张子"。①

第二节　张迪与张戬

关于张载之父张迪,《横渠先生行状》有言:"父迪,仕仁宗朝,终于殿中丞、知涪州事,赠尚书都官郎中。涪州卒于西官,诸孤皆幼,不克归,侨寓于凤翔郿县横渠镇之南大振谷口,因徙而家焉。"(《全宋文》卷二三八六《吕大临三》)张迪曾在宋真宗天禧初年调任长安,至天禧四年(1020)侨居长安时生载,至宋仁宗天圣八年(1030),张迪知涪州事时于涪州生戬。又,吕大临《张公文集后序》中也曾提到:"公之曾孙伯子革以遗文二十卷嘱其所识吕大临而告之曰:'昔者吾诸父少罹闽凶,侨寓于关中不克归,惟是吾曾祖集贤之绪言,盖未之闻也。尝累访之东都诸族,久之弗获。熙宁末,叔父崇文君被召还馆,始得其书于从祖父殿直君之家。于是公没五十年矣,意将散亡而不传,而从祖父独能存其完书,又不幸崇文不禄,不克叙次。革谨藏以须,惟恐失坠。从祖父重有命,将传于时,畀求文以叙,惟子言之毋辞。'公讳复,字元易。崇文讳载,殿直名威,皆公孙。"(《全宋文》卷二三八六《吕大临三》)所言叔父为张载,则"从祖父殿直君"即殿中丞张

---

① 转引自刘学智:《关学思想史》,第34—43页。

迪,迪为复之子、载之父,故载父名讳曰"迪"曰"威"者,或有一误,或有改名,还待考查。而"崇文讳载,殿直名威,皆公孙"之说,亦于辈分有差,或只是对后代之泛称,则祖父当即张复之长子、张迪之长兄。

张迪殁于仁宗景祐元年(1034),时张载15岁,张戬5岁,由涪州起运张迪灵柩出川,张载与弟戬同母亲陆氏一起扶棺欲回开封,出斜行至郿县横渠镇,突遇兵变而无法东进,遂举家寓于横渠镇大振村,葬父于大振谷口之迷狐岭。从此,张载与弟弟张戬定居横渠镇,侍奉母亲。

谈及张戬(1030—1076),《宋史》本传略云:"戬,字天祺。起进士,调阌乡主簿,知金堂县。诚心爱人,养老恤穷,间召父老使教督子弟。民有小善,皆籍记之。熙宁初,为监察御史里行。出知公安县,徙监司竹监,至举家不食笋。卒于官,年四十七。"①张载在《张天祺墓志铭》中云其卒于熙宁九年(1076)三月丙辰朔,又云张戬为"太常博士","世家东都,策名人仕,历中外二十四年。立朝籥官,才德美厚,未试百一,而天下耸闻乐从,莫不以公辅期许。率己仲尼,践修庄驾,虽孔门高弟,有所后先"②。《邵氏闻见记》更细说了张戬"举家不食笋"的刚正德行之缘由:"熙宁初,子厚(载)为崇文院校书,天祺(戬)与伯淳(程颢)同为监察御史。时介甫(王安石)行新法,伯淳自条例司官为御史,与台谏官论其不便,俱罢。上犹主伯淳,介甫亦不深怒之。除京西北路提点,伯淳力辞,乞与同列俱贬,改澶州签判。天祺尤不屈,一日至政事堂言新法不便,介甫不答,以扇障面而笑。天祺怒曰:'参政笑某,不知天下人笑参政也。'赵清献公(汴)同参大政,从旁解之,天祺曰:'公亦不可谓无罪。'清献有愧色。谪监凤翔府司竹监,举家不食笋,其清如此。未几,卒于官。子厚亦求去。"③

这里提到王安石变法,张载对其态度还算比较温和,而其弟张戬则较为激烈。张载认为,若如王安石这样"顿革之",就不是"与人为善"之举。在他看来,

---

① 《宋史》卷四二七《道学·张载传》附传,中华书局,1977年,第12725—12726页,转引自王其祎、周晓薇:《"关学"领袖张载家族人物新史料——〈宋故清河县君张氏夫人墓志〉研读》,《碑林集刊》2008年第00期。

② 章锡琛点校:《张载集》,中华书局,2012年,第366页。

③ 《邵氏闻见记》卷一五,中华书局,1983年,第160页,转引自王其祎、周晓薇:《"关学"领袖张载家族人物新史料——〈宋故清河县君张氏夫人墓志〉研读》,《碑林集刊》2008年第00期。

宋代的积弊确实需要通过改革或改良来解决，但要逐步稳妥地进行，不可操之过急。所以他采取了既不与其合作，也不公开反对的态度。张戬则不同，他坚决反对王安石变法，曾"章十数上"（《伊洛渊源录》卷六张戬《行状》）。据《河南程氏遗书》卷上记载，王安石这时以青苗法能否施行而决定去就，宋神宗有意继续任用王安石推行新法，因而旧党人物准备迂回一时，但因张戬反对变法"辞气甚厉"，遂使新旧两党发生了决裂。① 对此事，司马光在《温公日录》中有较详细的记述：

> 张戬为监察里行，请罢条例司，因诣中书，极陈其事，辞气甚厉。介甫（王安石）以扇掩面而笑。戬怒曰："参政笑戬，戬亦笑参政所为事耳！岂惟戬笑，天下谁不笑之者？"旸叔（陈升之）解之曰："察院不须如此。"戬顾曰："只相公得为无过邪？"退而家居，申台不视事而待罪。（《伊洛渊源录》卷六张戬《遗事》）

关于此事的记载亦见《宋史·张戬传》。传中将其视为新旧党争的一个重要的例证。从中也可以看出张氏二兄弟（关学学者称其为"二张"）性格上的差异。张戬年轻气盛，为人耿直，正道直行，敢作敢为；而张载更为成熟稳重，考量周到。张戬年少张载十岁，却早兄长四年考中进士。张载对张戬的德性、才能极为钦佩。据《宋元学案》卷一八《横渠学案》下载：

> 横渠尝语人曰："吾弟德性之美，有所不如，其不自假而勇于自屈，在孔门之列宜与子夏相后先。"及与之论道，曰："吾弟全器也，然语道而合乃自今始。有弟如此，其道无忧乎！"

张载在指出其弟张戬"德性之美，有所不如"的同时，又肯定"吾弟全器""语道而合"，认为有这样一位可与子夏相论列的弟弟，则"其道无忧"了。不过，关中"二张"与河南"二程"在学术思想上表现不同，"二张"既有相合之处，亦有不一致之处，非如"二程"那样基本上是相合的。②

---

① 参见侯外庐：《中国思想通史》第四卷上，人民出版社，1959年，第505页。
② 转引自王其祎、周晓薇：《"关学"领袖张载家族人物新史料》，《碑林集刊》（十四），上海科学技术出版社，2009年。

第三节　张载与范仲淹

据黄宗羲《宋元学案》记载，范仲淹"一生粹然无疵，而导横渠以入圣人之室，尤为有功"。正是因为范仲淹的引导，张载走进了儒学的世界，也正是因为对儒学的研习，张载奠定了开关学血脉的基础，也成就了他一代大儒的地位。

若要论及范仲淹与张载的关系，须得从北宋年间的社会状况谈起。自北宋立朝，就常年与北方的西夏、辽摩擦不断。太祖、太宗时期，西夏与宋时而交战，时而结盟。到了仁宗朝，西夏新主李元昊创立文字，蛰伏蓄力，常年厉兵秣马，有意出兵攻宋。仁宗康定元年（1040），西夏大举进攻延州（今陕西延安），延州守将溃逃，致使北宋兵败如山倒，防线大部崩溃。对此，朝廷紧急派遣范仲淹、韩琦为陕西经略安抚副使，奔赴前线，处理战事。范仲淹刚一到任，便采取了积极的防御措施，主张训练边塞军队，先强军，后作战。他全面检阅了前线军队，裁撤旧部，选取精兵，严格训练，以提高士兵的作战能力。同时，范仲淹严肃军纪，整顿克扣军饷、瞒报军功等现象。经过范仲淹的整顿，军队士气高涨，军容焕然一新。西夏军队南侵的脚步也因此被勒住，以至当时有传言："军中有一范，西贼闻之惊破胆。"

范仲淹一时成了百姓唱诵的对象，此时张载也对范仲淹心存崇拜，于是便向范仲淹上书，陈述了自己对战况的看法，同时提出了自己的建议，即是现在保留下来的《边议九条》。范仲淹认为张载具大才，此时应用力治学，日后必成大器，因此勉励张载读《中庸》，希望他能由此进入儒家的世界，以儒学为根基，实现其政治理想。范仲淹劝勉张载"儒家自有名教，何事于兵？"（《张载集》）张载自此依范仲淹的指点，研读《中庸》，并由此拓展到儒家"六经"，后即使出入佛老，也终归返于"六经"。但范仲淹对张载的影响不只是建议其读《中庸》，更重要的在于他为张载打开了通向儒家人伦文明的视野，范仲淹自身的儒家信仰也成了张载终身所求，例如范仲淹的"先天下之忧而忧，后天下之乐而乐"和"居庙堂之高则忧其民，处江湖之远则忧其君"的忧患意识，既是对先秦周公乃至孔孟的继承，又是对张载关学的开新，张载坚持的"为天地立心，为生民立命，为往圣继绝学，为万世开太平"不可说与范仲淹全无关系。

此外，自庆历三年(1043)范仲淹官拜参知政事后，便在仁宗的主张下，开始提出一系列改革措施，例如他与富弼一起完成了《答手诏条陈十事》，具体内容为明黜陟、抑侥幸、精贡举、择官长、均公田、厚农桑、修武备、减徭役、覃恩信、重命令。① 虽然"庆历新政"如昙花一现，并未彻底革除北宋朝廷的积弊，但它将改革的思想深植进了士大夫心中，后来王安石"熙宁变法"，再到张载对井田制、青苗法、道学与政术为一的推崇，可以说都有范仲淹新政的影子。因此，范仲淹与张载虽一人居庙堂之高，一人处江湖之远；一人得君行道，一人觉民行道，但他们身为儒家学者忧心朝廷与百姓的家国情怀却是一致的。可以说，范仲淹在张载为学立志的初期扮演了引导者的角色，一本《中庸》便是张载进入"六经"的端口，而范仲淹之为人、为学、为政，又或多或少对张载产生了影响。

第四节 张载的思想

一、本体宇宙论思想——太虚即气

在张载的思想中，"太虚"是一个重要的概念。"太虚"在古代较早出现于《庄子》一书中，庄子借无始之口谈到道自身的特点时说："若是者，外不观乎宇宙，内不知乎大初。是以不过乎昆仑，不游乎太虚。"(《庄子·知北游》) 这里的"太虚"指无穷的太空。此后，到魏晋时，葛洪的《抱朴子·内篇》亦在谈到道的特性时提及"太虚"："以言乎迩，则周流秋毫而有余焉；以言乎远，则弥纶太虚而不足焉。"(《道意》) 这是说道在万物之中，其大无外，其小无内。这里所说"太虚"当指广袤的宇宙空间，它至虚而无穷。此后张湛在《列子注》中较多地使用了"太虚"一词。如"莫不以大道玄远，遥指于太虚之中；道体精微，妙绝于言诠之表"。张湛《列子序》又说："夫含万物者天地，容天地者太虚也。"(《列子注·汤问》) 这里的"太虚"亦指无穷无尽的宇宙太空，天地也在"太虚"之中。以后道教大量使用了"太虚"一词，其所指意义较多，但亦未脱离宇宙空间的意义，如《云笈七签》中提到："三气混沌，生乎太虚而立洞，因洞而立无，因无而生有，因

---

① 转引自诸葛忆兵：《范仲淹传》，中华书局，2012年，第120页。

有而立空。"(《云笈七签》卷二)

张载沿用"太虚"这一概念,在说明无穷无尽而又无形无象的广袤宇宙空间的同时,又为其赋予了新的意义,他说:"太虚者天之实也。万物取足于太虚,人亦出于太虚,太虚者心之实也。"(《张载集》)意思是说,太虚是宇宙空间最终极的存在,万物、人之终极根据皆在太虚,而太虚也是人之心可以认识的真实存在。在张载看来,"太虚"的一个重要特性是"虚",它虽无形无象却又真实存在,故张载说:

> 天地之道,无非以至虚为实。人须于虚中求出实。圣人,虚之至,故择善自精。心之不能虚,由有物榛碍。金铁有时而腐,山岳有时而摧,凡有形之物即易坏,惟太虚(处)无动摇,故为至实。(《张子语录》)

张载认为,"至虚"的东西是"至实"的。具体的物质形体都不是永恒的,如金、铁到了一定的时候就会腐朽,山体在一定的情况下也会崩摧,有形的东西都易坏,只有没有形体的太虚永远存在,是"至实",即最真实的存在。天地万物包括人都是从太虚中走出来的,最后还要回归到太虚。可以说,张载是以虚为实,以太虚为本的。

与太虚相关的概念有两个,一是"天",张载说:"由太虚,有天之名。"(《正蒙·太和篇》)由此引出的问题是,太虚与天的关系是怎样的?"天"和"太虚"哪个更根本?二是"气",张载说:"知太虚即气,则无'无'。"由此引出的问题是太虚与气的关系是怎样的?这些都是研究张载思想不可回避的问题。

关于太虚与"天"的关系,"天"在张载思想中指的是什么?是最高的存在,还是天以太虚为本?张载对天是这样界定的:

> 天之明莫大于日,故有目接之,不知其几万里之高也;天之声莫大于雷霆,故有耳属之,莫知其几万里之远也;天之不御莫大于太虚,故必知廓之,莫究其极也。(《正蒙·大心篇》)

即是说,天有许多具体的特性,天的"明",其最大的实体就是"日",太阳可以看得到,但是它太遥远了;天最大的声音就是雷霆,即使在遥远之处人也可以用耳朵感知到;天的无限性表现于太虚,它虚廓广大莫知其终极。这里,张载是用太虚形容天的广袤无限。天尽管有光明、声音、无限空虚的特性,但是天毕竟是一个可以感知的具体存在物。张载说:"不曰天地而曰乾坤,言天地则有体,言乾坤则无形。"(《横渠易说·上经》)即是说《周易》讲乾坤,是从其无形的特性上说的,虽然乾以天为象,坤以地为象,但之所以不讲天地而讲乾坤,是因为天地是具体的实体,而乾坤则是无形的,后者更有形上的意义。张载有时也说"阴阳气也,而谓之天;刚柔质也,而谓之地"(《横渠易说·说卦》),此天也是具体的与地对应的实体,即无限的宇宙空间。需要指出,张载受孟子影响,有时也给天赋予道德(善)的属性,称"天德",他说:"天道即性也,故思知人〔者〕不可不知天,能知天斯〔能〕知人矣。"(《横渠易说·说卦》)天道是人善的本性之来源,所以知性即知天。而"太虚者天之实",因此较之天,太虚更根本。

为了更清晰地论述太虚本体,张载将其与"气"结合起来。说"知太虚即气,则无'无'"(《正蒙·太和篇》),这是张载气论哲学基本的观点。"气"是中国古代一个古老的哲学范畴。无论是先秦的"精气说",还是汉代的"元气论",虽然都以"气"为宇宙的始基,但"气"始终未能摆脱具体实物的特性。在张载的哲学中,"气"的规定性、气与万物的关系有了新的突破。

张载把"气"与"太虚"联系起来,提出"太虚即气"的命题,这是张载本体论思想的出发点。"太虚即气"主要有两层含义:一是指广大无垠的宇宙虚空都不离气,如"气块然太虚"(《正蒙·太和篇》);二是说太虚是气的本然状态,如"太虚无形,气之本体"(《正蒙·太和篇》)。这两者是一致的,都是说太虚是气散而未聚的状态。"太虚即气","即"乃不离之意,就是说无限虚空的宇宙是不离气的,"太虚"是气的存在状态,二者不可分离,故"太虚不能无气",气"不能不散而为太虚"。其结论就是"气之聚散于太虚,犹冰凝释于水,知太虚即气则无'无'"。意思是说,太虚不能离气,气聚而为万物,气散而为太虚。在张载看来,太虚与万物的关系,就是气之聚散的关系:"气不能不聚而为万物,万物不能不散而为太虚。"(《正蒙·太和篇》)在张载看来,太虚是气的本然状态,具体的存在物都是由太虚之气转化而来的,包括天地等具体事物都有生有灭,而太虚之气则是无生无灭的,这说明张载承认了气的绝对性、无限性和永恒性,从而否认了佛老所谓的"虚无"世界。

张载有时又从"太虚"之气的"无形""无象""至静无感""清通不可象"的意义上,把"太虚"称为"太和"。他说:"太和所谓道,中涵浮沉、升降、动静相感之性,是生絪缊相荡、胜负屈伸之始。"(《正蒙·太和篇》)在张载看来,"太和"是宇宙最理想的存在状态。

在太虚与气的关系中,究竟太虚为本还是气为本?张载说过:"至虚之实,实而不固;至静之动,动而不穷。实而不固则一而散,动而不穷则往且来。"(《正蒙·乾称篇》)意思是说,太虚虽至虚却是实有,虽然实有但其形态不是凝固不变的,它可以聚而为万物,散而为太虚;太虚是"至静"的,但是聚而为万物则是运动的,且这种运动是无限的。正因为实有而形态不凝,所以说它既是统一的又是散殊的;正因为运动而无穷,所以它有往有来,即聚而为万物,散而为太虚,具体事物只不过是蕴含着太虚之气变化的"客形"。张载又说:"气之性本虚而神,则神与性乃气所固有。"意即气的本质是虚,其特点是神妙。又说太虚"散殊而可象为气,清通而不可象为神"(《正蒙·太和篇》)。当太虚之气凝聚散殊而为万物之时,这只是太虚之有形的体现;当气散而未聚处于纯净清明不能看见形象时可称作神妙。二者其实是统一而不能分离的,这是因为"太虚为清,清则无碍,无碍故神;反清为浊,浊则碍,碍则形"(《正蒙·太和篇》)。就是说,太虚是纯清净明的,所以通畅无阻,通畅无阻就必然神妙;相反,气聚为万物之后就有了形体,故为浊,浊则不能通畅无阻,这是因为其有形体的缘故。概括地说,张载认为,太虚与气是统一而不能分离的。对于这一点说得更明确的,是下面这段话:

> 知虚空即气,则有无、隐显、神化、性命通一无二,顾聚散、出入、形不形,能推本所从来,则深于易者也。(《正蒙·太和篇》)

这是说,认识到虚空不离气,那么也就会知道有与无、隐和显、神和化、性与命都是统一而不可分离的,这是由气的聚集和消散、显现和隐藏、有形和无形的变化形成的。这样就可以认识气变化的本性和可以产生不同形态的道理,也就深刻地懂得了《易》理,亦即懂得关于宇宙和人生的根本问题了。在此,我们可以将张载的本体论思想称为太虚本体论。①

二、政治思想——道学与政术为一

宋代士人都有较强的政治主体意识。从范仲淹"先天下之忧而忧,后天下之乐而乐"的责任感和使命感,到后来"君当与士人共治天下"思想的提出等,形成了一股政治潮流。士人发挥弘道精神,进行具体的政治实践,面对忧患,提出改革救弊、匡世济民的主张。张载的"为天地立心,为生民立命,为往圣继绝学,为万世开太平",即要求士人从发掘内在德性和建立外在秩序两个方面去实现

---

① 转引自刘学智:《关学思想史》,第 77—81 页。

真正的价值,这可以说是对内圣外王之道最好的概括。宋明理学家都希望建立有秩序的人间社会,保证每个人有条件完成人之所以为人的"天理",也就是向内可以发现自己的"天命之性",向外可以扩充自己的仁心,"民胞物与",治世济民。

张载认为,政务的根本在于君主"立志"。因为只有君主以道自任,听从圣人的垂训,才能力行仁义之王道。而对于王道的推行,在《横渠先生答范巽之书》中有曰:"朝廷以道学、政术为二事,此正自古之可忧者。"张载认为道学与政术本为一事。治道的根本在于"治德",如果君主和官吏均可以爱四海之民如自己的孩子,推父母之心于百姓,大公至正,则平日之道学与临事之政术便是不可分离、体用兼备的。君主和官吏代表的是整个统治阶级,放到天下—国—家的系统中来看,君主就相当于一个家庭的父母,统治者应该视民如子女,推扩其父母之心,其实也就是爱民之仁心。

对于爱民之心的落实,张载的思想则体现在主张实施井田制上,这一主张之意在于"均平",即使富贵有权势者也不得肆意兼并土地,使民可以安居乐业。至于由井田而至封建,则是以重土地分配的经济制度为基础,逐步建立封建制度,每个小封地内以宗法来维系,相辅相成,兴礼乐教化。《横渠先生行状》中还记载了张载曾准备在一乡之间进行的社会实验:

> 买田一方,画为数井,上不失公家之赋役,退以其私正经界,分宅里,立敛法。广储蓄,兴学校,成礼俗,救灾恤患,敦本抑末,足以明先王之遗法,明当今有可行。

学术界对于张载全面的复古主张已有相当多的论述,肯定其关注现实和解决现实问题的一面,并非盲目法古;同时认为其社会理想并不符合当时的生产力和生产关系的发展水平。"井田而不封建,犹能养而不能教;封建而不井田,犹能教而不能养;封建、井田而不肉刑,由能教养而不能使。然此未可遽行之。"(《经学理窟》)张载主张减少死刑,代以肉刑来加强儆诫,本被定为死罪者,若改以肉刑,必当以免死为幸。张载的井田—封建—宗法的复古主张,认为谨慎地行使肉刑有以补教化的作用。张载继承了《周易·系辞传》中"小惩而大戒,小人之福"的思想,认为"肉辟于今世死刑中取之,亦足宽民之死"。惩罚是刑的手段,拯救才是刑的目的。肉刑与死刑相较,是减轻了惩罚,若以此小惩使犯罪者能感恩,并启发其向善之心,便是一种仁义的体现。

儒家对社会政治抱着积极入世的态度,而宋儒更以天下为己任,他们认为要实现济世理想,最直接的方式便是出仕为官。宋初的理学家认为,为官的基本原则首先是以诚为本。君主"正心"是治道之本,为官者、普通士人都需要"正心",如张载所说"非惟君心,至于朋游学者之际,彼虽议论异同,未欲深较。惟整理其心,使归之正,岂小补哉?"在此,"诚"是最重要的原则,只有真心无妄、去私尚公,才可能发觉自己内心的善性,并建立良好的社会秩序。在劝诫君主时要以诚相感,"潜思存诚,觊感动于上心";在赈灾救民时,不应惧怕民将为寇乱,而应"惟当以诚意感动,觊其有不忍之心而已";在具体行政之时,"尽诚为之,不容而后去,又何嫌乎";在指出他人错误之时,"要使诚意之交通,在于未言之前,则言出而人信矣";在监察官和州县长官之间,"不若推诚心与之共治,有所不逮,可教者教之,可督者督之"。总之,"以臣于君言之,竭其忠诚,致其才力,乃显其比君之道也。用之与否,在君而已。不可阿谀奉迎,求其比己也。在朋友亦然,修身诚意以待之,亲己与否,在人而已"。事实上,人们不可能设计出尽善尽美的制度以保证人不谋私利,而只有使人人能正视内心之"诚",并将其发挥于政治事务中,才可修己以安人。其次,以公为务。"一心可以丧邦,一心可以兴邦,只在公私之间尔。"在处理具体的政治事务中,需要以"公"为原则,这当然也是从"诚"推广而来,无私利之计较者,才能为公。再次,教化为先。朱子《近思录》中选取张载为官时的政绩:

> 横渠先生为云岩令,政事大抵以敦本善俗为先。每以月吉具酒食,召乡人高年会县庭,亲为劝酬,使人知养老事长之义。因问民疾苦,及告所以训戒弟子之意。

可见,张载做事循善教化,体恤百姓疾苦,民自然而然信任之,因此其实现了以德化民。[①]

三、教育思想——以礼为教

张载的礼学不仅是以学理形态呈现的,还包含有一套教学实践系统。无论是从事讲学授徒等教育活动,还是在此基础上所形成的丰富的教育思想,都在张

---

① 转引自郭齐勇、刘莉莎:《〈近思录〉所见北宋四子的政治思想》,华中师范大学学报(人文社会科学版)2014年第1期。

载礼学体系中占有非常重要的地位。

张载说:"今欲功及天下,故必多栽培学者,则道可传矣。"(《经学理窟·义理》)又说:"今日之往来,俱无益,不如闲居,与学者讲论,资养后生,却成得事。"(《二程集》)可见,张载把讲学传道、培养学者视作"功及天下"的头等大事。

应当看到,张载对教育的高度重视与赵宋王朝的重教兴学这一政治文化背景有关。北宋政治具有明显的"文治"取向特征,而这恰恰为北宋历次重教兴学运动提供了重要的政策环境。北宋初期、中期各朝的文教政策,作为宋初"文治"政策的具体化,直接促成了多次大的兴学运动。咸平以来的兴学立教运动,尤其是庆历、熙宁年间的教育改革,都与政治变革有直接的关联。虽然兴教运动均因变法失败而暂歇,但其影响却是巨大的。王夫之在总结北宋真宗、仁宗朝以来的文教政策和兴教运动的影响时说:"嗣是而孙明复、胡安定起,师道立,学者兴,以成乎周、程、张、朱之盛。"(王夫之《宋论》卷三)作为当时积极参与兴学运动的学者,其中相当一部分人既是教育家,又是经师或理学家。理学家与政治家对兴学立教的初衷和着眼点是有所区别的。例如,领导熙宁变法的王安石和作为理学主要派别之一的洛学,对于政治变法与兴教运动的关系,看法便有所不同:"王安石重变法甚于教育,而洛学则重教育甚于变法。"①程颢曾说:"治天下不患法度之不立,而患人材之不成……人材之不成,虽有良法美意,孰与行之?"(《二程遗书》卷四)钱穆认为:"此乃洛学与安石根本相异处。"②对于政治与教育关系的看法,不惟洛学如此,关学亦然,故钱穆准确地看出:"范仲淹、王安石诸人,政治意味重于教育",而"二程、横渠以来,教育意味重过政治"。③

儒家有着悠久的教、学传统,具体表现为:学者历来关心的"为学之方"的问题,而作为教师则必强调"教人之法"的问题。儒学的这一传统特征,至宋代尤著。朱熹和吕祖谦合编的《近思录》卷二题为"为学大要",卷十一题为"教学之道",恰好是儒学这一传统的反映。考察宋明理学各派的教学活动则可以发现,其"教人之法"各有不同特征,例如宋代程朱学专讲"格物穷理""涵养居敬",陆学专讲"先立其大""发明本心",而明代王学则专讲"知行合一""致良知",等等。

---

① 钱穆:《国史大纲》(修订本),商务印书馆,1994年,第591页、第796页。
② 钱穆:《国史大纲》(修订本),第591页。
③ 钱穆:《国史大纲》(修订本),第796页。

张载逝世两年后(元丰二年,1079),程颐在总结张载关学的教学方法时说:"子厚以礼教学者,最善,使学者先有所据守。"(《二程集》)作为与张载往来密切的洛学代表人物,程颐的就近观察是相当真切的。程颐曾经将自己的这一总结浓缩为"以礼立教"四字,程颐的总结语后来在南宋、元、明、清历代学者的广泛征引中则被浓缩为"以礼为教"四字,这就以更简明的语句彰显了张载教学实践和教育思想的基本特征。① 在北宋理学家及其他儒者中,重视教育和通晓礼学者不乏其人,但作为教育家明确标示"以礼为教",把"以礼教学"作为教学实践宗旨和教育哲学主题的,则惟张载一人而已。

张载"以礼立教"或"以礼为教"的题旨谓何?在学术界对此课题为数不多的研究中,或者将其归结为"修持工夫"层面,或者将其归结为"学风"和"致思方式"层面,这种理解稍嫌不够准确。"以礼立教"或"以礼为教"是张载教学实践和教育哲学的共同主题。张载作为教育家深感"教人至难"(《张子全书·礼记说·学记第十八》),其一生对于如何达致"善教"之境多有用心,在施教过程中总结出系统的教育方法和原则,其要点有二:

其一,将"先学礼"(《张子语录下》)及"强礼然后可与立"(《正蒙·中正篇》)作为以"礼"为中心的教学实践支点。所谓"立",其目标是主体道德人格的确立,而"立"的根基则在于"礼"。因此,张载反复强调:"人必礼以立"(《横渠易说·系辞上》),"立本既正,然后修持"(《经学理窟·气质》)。故在张载看来,立于礼是"继志""入德"的有效方法。张载认为:"学者行礼时,人不过以为迂。彼以为迂,在我乃是捷径,此则从吾所好。文则要密察,心则要洪放,如天地自然,从容中礼者盛德之至也。"(《经学理窟·礼乐》)张载的这一思想,是对孔子"不学礼,无以立"(《论语·季氏》)论断的进一步发挥。

其二,突出强调"礼"对于实现仁的积极作用。张载继承了孔子"克己复礼为仁"的践仁精神,提出仁"不得礼则不立"(《经学理窟·义理》)。就是说,要真正确立仁这一核心价值,就不能不依赖于礼。张载说:"'恭敬撙节退让以明礼',仁之至也,爱道之极也。"(《正蒙·至当篇》)把礼在实践中的彰显,视作实

---

① 宋代学者吕本中、吕祖谦、朱熹、真德秀,元代学者胡炳文,明代学者吕柟,清代学者顾炎武、颜元等,都以各自的方式揭示了张载"以礼立教"或"以礼为教"的教学实践和教育哲学宗旨。

现仁、爱的极致。张载有诗云:"若要居仁宅,先须入礼门。"(吕本中《童蒙训》卷上)这是以比喻的方式说明礼在实现仁的过程中的优先作用。张载还将"学礼"视为"守仁"的有效途径,他说:"仁守之者,在学礼也。"(《经学理窟·礼乐》)这种通过礼来自我控制("克己"),从而实现仁的方法,构成了一种重要的教育方式,其作用不仅体现于个体层面,还有其社会和政治效应。

张载在长期的教学实践过程中,形成了丰富的教育哲学思想。张载的教育哲学思想,其远源出于周、孔之学,其近源则在于《礼记》。《礼记》之《曲礼》云:"是故圣人作,为礼以教人。"(郑玄注、孔颖达疏《礼记注疏》卷一)而《礼记》之《学记》与张载教育哲学思想的关系,尤其值得注意。《学记》是全面论述古代儒家教育思想的纲领。司马光认为,"《学记》《大学》《中庸》《乐记》诸篇,为《礼记》之精要,且以《学记》在《大学》之前"(司马光《书仪》卷四)。在北宋理学诸派中,"二程"教弟子重《礼记》之《大学》,张载则较少言及《大学》,而是更重《学记》。张载有关《学记》的系统解说,今可集中见于其佚书《礼记说》辑本。当然,《学记》与《大学》也有共同之处,即二者都论及"大学之道",亦即大学教育的基本原理。因而,朱熹重《大学》,同时也甚重《学记》,他在《仪礼经传通解·目录》中论《学记》时说,此篇"言古者学校教人传道授业之序与其得失兴废之所由,盖兼大小学而言之。旧注多失其指,今考横渠张氏之说,并附己意,以补其注云"(朱熹《仪礼经传通解》卷首)。此处"横渠张氏之说",主要指张载佚书《礼记说》对《学记》诸篇的解说。清儒陈澧说:"今人但知朱子有《大学》《中庸》章句,罕知朱子有《学记》补注者矣。"(陈澧《东塾读书记》)据此可知,张载关于《学记》诸篇的解说,是朱熹为《学记》补注的主要依据。从《张载集》以及集外佚书《礼记说》对《学记》诸篇的解说可知,"以礼为教"四字大体可以涵括张载教育哲学思想的精华。

概言之,张载的教育哲学原理以"教"与"学"为其两个面向,对"教"之职责、"学"之方向等问题都有很精到的论述。同时,张载又以"先正其志""成德谓之学"的教学目的论、"学礼""知礼""行礼"的教学内容论、"学在推广""成不独成"的教学过程论,作为自己教育哲学原理的三条主线。另外,由于礼能够为儒家的公共活动和政治制度提供原则,这样礼就把教育与政治结合了起来。在此意义上,张载的礼学便既是教育哲学,又是政治哲学。①

四、军事思想——经世致用

据记载,张载曾作《尉缭子注》,或许是与焦寅讨论兵法时所写,已经遗失。一般认为,张载向范仲淹递交了其所撰写的《边议九条》,陈述了自己的军事主张,即清野、固守、省戍、因民、讲实、择帅、择守、足用、警败九条。

张载少喜谈兵,曾从焦寅学习过兵法。致仕后,也十分注重边事。《张载集·文集佚存》收录的《与蔡帅边事画一》《泾原路经略司论边事状》《经略司画一》等文都是关于怎样御敌保疆的专论。

在北宋王朝深受北方少数民族侵扰的时局下,张载分析了保民与用兵的策略:

> 城中之民既得以依城,自郊外百姓,朝廷不豫为虑,非溃亡失生,则杀戮就死。纵或免焉,则其老幼孳畜,屋庐积聚,莫不为之驱除荡焚,于死亡均矣。欲为之计,莫如选吏行边,为讲族闾邻里之法,问其所谋,论之休戚。使之乐群以相聚,协力以相资,听其依山林,据险阻,自为免患之计。官不拘制,一从其宜,则积聚幼老,得以先自为谋而处之有素。寇虽深入,野无所资而民免诛掠,此为计之当先者也。

而对于如何由保民心到稳军心,再到巩固朝廷社稷,张载亦有自己的考量,他认为:

> 计民以守,必先相视城池大小,夫家众寡,为力难易,为地缓急,周围步尺,莫不尽知。然后括以保法,萃以什伯,形以图绘,稽以文集,便其居处,正其分位。平时使之之所守,识所向,习登降,时缮完;贼至则授甲付兵,人各谨备,老幼供饷,妇女守室。如是,则民心素安,伎艺素讲,寇不能恐,吏不能侵,无仓卒之变,无头乱之忧,民力不足,然后济之以兵。此三代法制,虽万世可行,不至利今日之民。城池之实,欲其牢不可破;甲盾之实,欲其坚不可攻;营阵之实,欲其据不可摇;士卒之实,欲其人致死力;讲训之实,欲其伎无不精;兵矢之实,欲其中无不够。今

---

① 转引自林乐昌:《张载礼学思想论纲》,载《张载理学与文献探研》,人民出版社,2016年,第103—107页。

众物备具而事不可期,盖实未始讲而讲不致实。今朝廷未假塞外之功,徒欲自固,然尚且忧形庙堂而民不安土,则讲实之说,岂容一日而缓!盖亿万失之利,其致力也必自一失而积;亿万人之能,其尽能也必自一人而求。千里之防,必由一锸而致坚;江河之广,必由一勺而浸至。今欲物求其实而阔步高视,谓小事无而忽之,恐卒不见其成也。本朝之论,虽必以大计为言,至于讲治之精,亦不可不思虑而至。思可至而力不容缓,则授捕之方,当知未易轻议。趋今之急,急在治兵矢,举斗射。种世衡守环州,吏士有罪,能射则释之;胥徒请告,能射则给之;僧道饮酒犯禁,能射则置之;百姓轻系者,能射则纵之;租税逋负者,能射则缓之。当是时,环之士民人人乐射,一州之地可不烦一卒而守。然则得一臣如种世衡,则朝廷不问其细而一城守矣,宜推世衡之术于四方。

(《张载集·文集佚存·边议》)

今将其与《武经七书》所收《尉缭子》对读,可知《边议》等文主要强调的是处理好人事,确立健全良好的政治、军事、经济制度;坚持法制,严明赏罚;讲求谋略,举贤用能;崇尚耕战,安抚民众;等等。

在西夏新老政权交替之际,张载为宋朝与西夏新政邦交出谋划策:

一、乞降朝旨,令馆伴臣僚分明说与西界人使:"自种谔等及沿边得力使臣,所以建议开纳横山人户,为见汝主谅祚招纳过沿边逃亡罪人景珣之徒,信其狂谋,公然任用,僭拟官名制度,及诸般妄动不臣之状,一一指事实言与,自来内外臣僚多议与兵问罪,朝廷不欲烦氏,致使沿边忠臣义士不胜愤怒,遂有今日专辄之举。"

一、乞降朝旨说与西人,言:"种谔等所以专擅修筑绥州,安存嵬名山等投来人口,为见汝主有从来招收下本朝逃亡军人百姓作乐官工匠及僭创作簇马御龙直名目,诸般占使,是致边臣久愤。"

一、乞降朝旨令说与西人,令:"先缚送景珣并其家属及前后谅祚所存泊逃走军人百姓,尽还汉界,朝廷当与汝国别定两界约束事件,各常遵守。"

一、乞降朝旨说与西人:"汝主谅祚违拒朝命,不纳诏使,前后逆节不一。今来朝廷以汝主谅祚既死,不欲乘汝国凶丧饥旱,便谋剪戮,爱惜两地百姓。须仰汝主将取知恩改过结罪文字进来,朝廷更待观汝主诚意,礼节如何,别有指挥。"

一、乞说与西界人使,言:"有谅祚猖狂及今来汝主幼小,窃虑主张本国事体不定,常萌僭逆。今来欲将本国岁赐分减一半与汝国近上主兵用事臣僚十数人,正令朝廷官禄,主持国事,安存汝幼主,不令妄动,及为朝廷保守封疆,不扰百姓,令本国君臣具厉害文字进来。"

一、乞将上件五事,拣择中外有心智词笔臣僚,令作诏书付夏国新主,以观共谋,以夺其心,以正其初,使知过恶在彼,不敢妄动。及宣示陕西一路及沿边蕃汉军民,令自今后更不得乱出一人一骑,妄生事节,听候夏国新主奏报如何,别听处分。

(《张载集·文集佚存·与蔡帅边事画一》)

张载之后,关学弟子对军事思想有所考量者代不乏人。吕大均"讲明井田、兵制,以为治道必由是,悉撰成图籍,皆可推行"(《宋元学案·吕范诸儒学案》)。范育、游师雄、种师道、李复都习知军事,游师雄曾在宋与西夏的战争中立功,李复曾纠正徽宗时在军事上的一个谬误。崇宁(1102—1106)年间,泾原经略使邢恕奏请徽宗制造车船各数百辆(艘),以便对西夏用兵。徽宗下令李复监造,限期完工。李复在调查了当地的形势、地貌以后回奏说:战车多用在"平原广野",不能用在西北边界的"峻阪沟谷之间";车队的行进速度慢,远不及西夏国的步兵、骑兵机动、灵活、迅捷;加之"战车比常车阔六、七寸,运不合辙,牵拽不行",所以他请求"罢造"(《宋元学案·吕范诸儒学案》)。至于造船进行水战,他认为造船实非易事,就是有了船,"自兰州驾放至会州(治今甘肃靖远)约三百里,北岸是敌境,岂可容易。会州之西小河碱水,阔不及一丈,深止一二尺,岂能藏船?黄河过会州入韦精山,石峡险窄,自上垂流直下,高数十尺,船岂可过?自西安州之东,大河分为六七道,水浅滩碛,不胜舟载。一船所载,不过五马二十人,虽到兴州(今宁夏银川,当时西夏国都),又何能为?"(《宋元学案·吕范诸儒学案》)所以,造船之说,"实是儿戏"(《宋元学案·吕范诸儒学案》)。宋徽宗采纳了李复的意见,避免了一次军事上的失误。这种务实的学风,是当时其他学派所不及的。①

---

① 转引自龚洁:《张载评传》,南京大学出版社,2011年,第204页。

第五节 张载哲学在宋明理学中的地位

关学属于宋代形成的陕西地域性学派。宋代以降,随着中国政治经济重心之东移南迁,关中之地域学风便一下子显现出其独特的地方特色来;而由张载所开创的关学可以说是这方面的代表。理学是在北宋以降的中国社会占统治地位的主流意识形态,其之所以形成,主要是由隋唐以来"三教并行"的总体背景、北宋"偃武修文"之基本国策以及仁宗"庆历之际,学统四起"(《宋元学案·卷首》)的社会思潮所促成,而张载既是关学的开创者,同时又是宋明理学的奠基人之一。因而对张载来说,他不仅集关学的开创与理学之理论奠基于一身,而且是以关中之地方学派的方式从事理学的理论创造。正因为张载哲学的这一特点,所以它也必然会表现出两个方面的特征:其理论创造往往关涉宋明理学理论发展演变的重大主题;其学风(为学进路与修养工夫)则又往往表现出典型的关中地域特色。这样一来,张载哲学的薪火之传也就表现在两个方面,而这两个方面又必然具有某种相互支撑的性质。由于目前学界对关学之划界标准还存在一些有待商榷或有待澄清的因素,所以本节先从理论创造或理论建构的角度来分析张载对宋明理学的主要贡献。

一、地域性学派形成之"因"与"缘"

所谓地域性学派,当然是相对于作为主流与主体的全国性学派而言的。但从产生与形成的角度看,由于实际上并不存在一个纯而又纯的全国性学派,每一个全国性学派的形成,其实首先都是以地域性学派的形式出现的,也是由地域性学派的发展与深入才成为全国代表性学派的。从这个角度看,所谓地域性学派与全国性学派,其实也就如同小河与大河、个别与一般的关系一样,是一种相互包含的关系。从外延的角度看,全国性学派当然要包括各种不同的地域性学派,并且其本身也是由各种不同的地域性学派构成的;但另一方面,作为个别、个案的地域性学派,实际上又必然包含着可以成为全国性学派的精神内涵。这当然是就二者共时态的横向关系而言的。

但如果从地域性学派产生、形成之纵向的角度看,那么其小河与大河、个别与一般的关系自然可以说是一种"因"与"缘"的关系。不仅如此,如果追溯地域性学派形成之根源,那么所有的地域性学派之所以能够形成,就像一方水土养一方人一样,都必须首先扎根于地方之风土、民俗与人情,也必然是由地域性学风所孕育并具体促成的。从这个角度看,一个地域性学派之所以形成,其地方特色、地域学风往往又会起到"因"的作用;至于其究竟采取什么进路、分析什么问题以及形成什么样的发展方向,则又往往是由其所处之横向关系即所谓"缘"来决定的。实际上,也只有这个横向之"缘",才决定着其学术之具体特色以及其究竟能否成为全国性学派。

从"因"与"缘"的这一关系出发,一个地域性学派究竟能不能成为全国性学派,同样决定于其之所以形成并决定其貌相形色的具体之"缘"。因为一个地域性学派之所以产生、形成,其地方特色、地域学风固然是"因",而社会大众之关注程度、时代思潮之需要程度,使这种"因"不得不采取为社会所接受、为思潮所认可的形式,这就成为一种"缘定",而且也必然是由"缘"来决定的。从这个角度看,虽然它们曾经是一种"因"与"缘"的关系,但一旦转向全国性视角之后,则原本所谓"缘",即其所关注的问题、所研究的方向以及其解决问题的思路与方法又成为决定其能否为社会所接受、为大众所认可之"因"了。也只有这个"因",才决定着社会对其的接受度与认可度,从而进一步决定其能否成为全国性学派以及其学术思想发展的方向。显然,到了这一层面,"因"与"缘"的关系就发生了一个根本性的转变:其地域性的特色反而成为一种偶然而又特殊的"缘",而其所表达的问题以及其解决问题的思路、方法,包括其所研究的方向,又会成为全国性学派之所以形成、发展之"因"。这样看来,随着地域性学派与全国性学派之视域转换,其"因"与"缘"的关系及地位也必然会发生一定的转换。

正是从这个角度看,张载所开创的关学,其价值并不在于或者说主要不在于其地方特色,而在于其对宋明理学理论格局的开创与理论规模的奠基。反过来看,理学的继承、发展及其分歧的形成,包括其发展的走向,也确实和张载哲学有着分不开的联系。

二、体用双重世界的确立

今天所谓的"体""用",往往是被人们作为一种理论论证的方法来运用的,或者也可以说是作为一种方法论原则来把握的。在中国哲学的历史发展中，"体""用"则是仅次于天人关系并作为天人关系之替代者出现的；也只有在充分揭示并能够更好地解释天人关系的基础上，它才具有方法论的功能。但对张载来说，"体""用"范畴虽然具有方法论的功能，但并不是或者说并不主要是作为一种理论方法出现的，而首先是作为世界存在之本然结构，包括揭示这种本来面目之本然应有的进路出现的；这个世界甚至也不是作为人们的认识对象出现的，而首先就指我们置身其中的生存世界，或者说就是我们置身其中并包括我们自身在内的世界，因而其既指我们置身其中的这个世界之本来结构与本来面目，同时也是我们揭示这个世界之本来结构、认知其本来面目的基本进路，所以，它同时又是决定我们这个世界之所以如此的一切价值的生成、评判的总根源。因此，如果将"体""用"仅仅视为一种方法，那就如同程颢批评王安石之所谓"对塔说相轮"①一样了。也就是说，"体""用"既指世界的内在结构与本来面目，同时又指我们据此所形成的把握世界的进路与方法。

但"体""用"作为中国哲学中表达能力最强的一对范畴，其形成又经历了一个漫长的历史演变过程。在这一过程中，如果说墨子、孟子代表着其最初的缘起，王弼则代表着其初步的形成，那么，从僧肇到慧能也就代表着佛教在对"体""用"范畴之提炼与运用上的捷足先登。② 所以，当李颙在与顾炎武讨论"体""用"范畴的起源时，就曾明确地将其追溯于佛教的慧能。③ 但是，如果就宋明理学对于"体""用"范畴之广泛运用且将其作为天人关系之取代者而言，则又是从张载开始的。正是张载对"体""用"关系的深入叩问与反复琢磨，并将其用于表

---

① 程颢批评王安石说："公之谈道，正如说十三级塔上相轮，对望而谈曰，相轮者如此如此，极是分明。如某则憨直，不能如此，直入塔中，上寻相轮，辛勤登攀，迤逦而上，直至十三级时，虽犹未见相轮，能如公之言，然某却实在塔中，去相轮渐进，要之须可以至也。"（王孝鱼点校：《二程集》之《河南程氏遗书》卷一，中华书局，1981年，第5页）关于程颢这一批评的分析，请参阅余英时：《朱熹的历史世界——宋代士大夫政治文化的研究》，生活·读书·新知三联书店，2011年，第40—42页。

② 请参阅刘峰存、丁为祥：《从"体"到"本体"——理学话语系统的形成》，《陕西师范大学学报》2019年第6期。

③ 李颙：《二曲集·答顾宁人先生》，中华书局，1996年，第149页。关于李颙与顾炎武在这一问题上的不同看法，请参阅方克立：《中国哲学的"体""用"范畴》，《中国社会科学》1984年第5期。

达儒家的天人关系,同时对佛老之学反戈一击,由此才使其成为宋明理学所公认的一种理论。待到程颐在《易传序》中以"体用一源,显微无间"(《程氏文集》卷八《易传序》)来表达儒家的天人关系包括理气关系时,也就标志着儒家"体""用"范畴的成熟与广泛运用了。

在标志理学初创的张载时代,与其同为"北宋五子"之一的邵雍就已经开始运用"体""用"范畴了。甚至,还在邵雍之前,作为"北宋三先生"之一的胡瑗就已经开始运用"体""用"关系了。据黄宗羲《宋元学案》记载,胡瑗弟子刘彝在回答宋神宗"胡瑗与王安石孰优"的问题时说:

> 臣师胡瑗以道德仁义教东南诸生,时王安石方在场屋中修进士业。臣闻圣人之道,有体有用有文。君臣父子、仁义礼乐历世不可变者,其体也;《诗》《书》、史、传、子、集垂法后世者,其文也;举而措之天下,能润泽斯民归于皇极者,其用也……遂以明体达用之学授诸生。(《宋元学案·安定学案》)

这里以"明体达用"来概括胡瑗之学固然比较符合此后"体""用"对举的惯常用法,但刘彝当时"有体有用有文"的具体说明却表明其"体""用""文"三者还是三个相对独立的部分,不过强调三者的统一而已。这说明,胡瑗的"明体达用"之说还不足以取代传统的天人对举而又合一之学。

甚至到了邵雍,虽然其"体""用"已经具有了囊括天地万物的性质,但其运用还并不规范,起码还不符合程颐"体""用""显""微"具有固定指谓的用法。这就说明,邵雍的"体""用"关系还没有达到天人关系的高度。比如邵雍说:

> 声色气味者,万物之体也。耳目口鼻者,万人之用也。
>
> 体无定用,惟变是用。用无定体,惟化是体。体用交而人物之道于是乎备矣。(《邵雍集·观物内篇》)

从邵雍对"体""用"这一对举性的运用来看,其"体""用"已经不再是胡瑗的"有体有用有文"之外延罗列式的三分化表达了。但是,从其具体运用来看,却仍然停留在"物"之"实体"与"人"之"实用"的范围。显然,这样的"体""用"观念既不足以辟佛排老,也不足以表达儒家囊括天地万物于其中的体用之学。

儒家的"体""用"范畴是随着张载的探讨才步入正轨的,也是从张载开始,"体""用"才真正具有了囊括天地万物于其中之天人关系的规模。张载对于"体""用"的探讨既不是胡瑗那种通过外延排比或简单罗列式的探讨,也不是邵雍那种仅仅抓住"体""用"的对立关系从而进行所谓"体无定用"与"用无定体"式的推导,而是首先从形上本体的高度对"体"进行核定,然后再通过"体""用"关系来取代传统的天人关系,从而使"体""用"成为天人关系更深入的揭示者与落实者。比如,从其早年的《横渠易说》到作为其一生探讨之归结的《正蒙》,处处都显现着张载对"形而上者"的思考:

> 形而上者,得辞斯得象矣,故变化之理须存乎辞。言,所以显变化也。(《横渠易说·系辞上》)

> 形而上者,得辞斯得象,但于不形中得以措辞者,已是得象可状也……有气方有象,虽未形,不害象在其中。(《横渠易说·系辞下》)

> 形而上者,得意斯得名,得名斯得象;不得名,非得象者也。(《正蒙·天道》)

在张载对"形而上者,得意斯得名,得名斯得象"的规定中,明确表现出其所谓的"形而上者"就是指人之思维概括的产物,但人之思维毕竟不能凭空概括,也不是主观臆造的,而是沿着作为天地万物之本体与形上根据的角度展开的。这就显现出其"形而上者"的落实与真正指向了。

还是在《横渠易说》中,张载就对"天"与"体"展开了不同的分析。他指出:

> 人鲜识天,天竟不可方体,姑指日月星辰处,视以为天。(《横渠易说·系辞上》)

> 体不偏滞,乃可谓无方无体。偏滞于昼夜阴阳者物也,若道则兼体而无累也。以其兼体也,故曰"一阴一阳",又曰"阴阳不测",又曰"一阖一辟",又曰"通乎昼夜"。语其推行,故曰"道";语其不测,故曰"神";语其生生,故曰"易";其实一物,指事而异名尔。(《横渠易说·系辞上》)

在这两段论述中,张载为什么认为"人鲜识天"呢?这主要是因为,"天"是"不可方体"的,意即"天"并不局限于某物、某时与某处,而是弥漫、充满与遍在的统一。所以,那种仅仅以"日月星辰"为"天"的说法不过是一种"姑指",充其量也只是"天"的一种外在表现而已。这说明,在张载看来,"天"必须是一种本质或本体性的指谓,它虽然也包括"日月星辰",但并不仅仅是"日月星辰"。

那么,这个以遍在性为特征的"天"究竟是什么呢?这主要表现在张载对"体"的规定上。他说"体不偏滞,乃可谓无方无体",意即"体"并不局限于某时某处,也不是仅仅通过某种特定的方式而存在。但另一方面,"体"又必须具有"兼体而无累"的特征,所以其既可以内在于"一阴一阳",又可以表现为"阴阳不测",甚至所谓"一阖一辟"以及"通乎昼夜"等等,几乎可以说是无所不在、无时不在;但说到底,又不过"一物"而已。这就是张载的"体不偏滞"以及"兼体而无累"的真正含义,但作为"体"又必须始终是"无方无体"的,这又是其作为"形而上者"最基本的规定和要求。

正是对"天"与"体"的这种交互规定,使得"体""用"这一范畴实现了对传统天人关系的全面取代;因此,汉唐儒学原本通过宇宙生化论来论证的天人关系,也就完全成为天人同体异用、同时并在的体用关系了。关于从汉唐儒学到宋明理学的这一转进,由于学者已经发表了不少的论文①,所以这里不再赘述。但张载这一从"天人"到"体用"之视角的转换与提升却通过其对佛老之学的批判充分地表现出来。在《正蒙》的开篇,张载就对佛老之学展开了"体用殊绝"式的批评。他写道:

> 彼语寂灭者往而不返,徇生执有者物而不化,二者虽有间矣,以言乎失道则均焉。聚亦吾体,散亦吾体,知死之不亡者,可与言性矣。(《正蒙·太和》)

> 若谓虚能生气,则虚无穷,气有限,体用殊绝,入老氏"有生于无"自然之论,不识所谓有无混一之常;若谓万象为太虚中所见之物,则物与虚不相资,形自形,性自性,形性、天人不相待而有,陷于浮屠以山河大地为见病之说。此道不明,正由懵者略知体虚空为性,不知本天道为用,反以人见之小因缘天地。明有不尽,则诬世界乾坤为幻化。(《正蒙·太和》)

在这一提纲挈领的批评中,所谓"语寂灭者"是就"往而不返"的佛教而言,而所谓"徇生执有"则就以"长生久视"为追求指向的道教而言;至于"聚亦吾体,散亦吾体"则是就儒家超越的形上追求精神而言,所以说"知死之不亡者,可与言性矣"。那么,儒学与佛老的分歧究竟何在呢?在道家,固然表现为"虚无穷,

---

① 请参阅丁为祥:《宇宙本体论与本体宇宙论——简论朱子对〈太极图说〉的诠释》,《文史哲》2018年第4期。另请参阅刘峰存、丁为祥:《从"体"到"本体"——理学话语系统的形成》,《陕西师范大学学报》2019年第6期。

气有限";而对佛教来说,则是所谓"物与虚不相资,形自形,性自性,形性、天人不相待而有"。显然,作为佛老之学的一个共同特征,就是"体用殊绝";而与之对立的儒学也有一个根本特征,就是"聚亦吾体,散亦吾体",这就是历代儒家所一贯坚持的天人合一精神,就是儒家与佛老"体用殊绝"相对立的"体用不二"之学。

由此之后,从程颐的"体用一源,显微无间",到程朱所共同坚持的"理一分殊",再到王阳明所坚持的"夫体用一源也,知体之所以为用,则知用之所以为体者矣"(《王阳明全集》卷四《答汪石潭内翰》),所谓"体用不二"不仅成为儒家建构人伦文明的基本原则,也成为儒学把握世界、认知世界的基本方法。

三、"诚明两进"的为学进路

"诚"与"明"是《中庸》所提出的一对基本范畴。对于"诚"和"明",《中庸》不仅提出了"诚者,天之道也;诚之者,人之道也",还提出了"诚者不勉而中,不思而得,从容中道,圣人也"。这说明,在《中庸》看来,这正如周敦颐所说的"诚者,圣人之本"(《周敦颐集》卷二《通书·诚上》)。同时还说明,只要以《中庸》入手,那就没有不重视"诚"的,因为"诚"不仅代表着儒家为学之基础或先在前提,而且是圣之为圣的一个根本特征。但《中庸》不仅提出了"诚",同时还提到了"明";其不仅以"诚"作为圣之为圣的基本前提,还以"明"作为圣之为圣的实现条件。这样看来,所谓"诚""明"两进、"诚""明"一致也就代表着儒家圣贤追求及工夫修养的不二法门了。

关于"诚"和"明"的关系,《中庸》曾有如下论述:

> 自诚明,谓之性。自明诚,谓之教。诚则明矣,明则诚矣。

从这一论述来看,无论"诚"与"明"有何具体区别,以二者之统一作为圣之为圣的标志都是完全一致的。问题在于,作为圣之为圣标志的"诚""明"一致究竟应当从哪里做起呢?所以《中庸》又提出了"自诚明,谓之性。自明诚,谓之教"两种不同进路,而这两种不同进路的差别似乎也就存在于"自诚明"的"性"与"自明诚"的"教"之间。

《中庸》曾是张载的儒学入门之书①，其对《中庸》的精熟自然不待言说，所以《宋史》也曾以"以《中庸》为体"来概括张载的思想。不过，对于《中庸》所谓"自诚明"的"性"与"自明诚"的"教"，张载不仅别有会心，还提出了一种经典性的解读。他说：

> 须知自诚明与自明诚者有异。自诚明者，先尽性以至于穷理也，谓先自其性理会来，以至穷理；自明诚者，先穷理以至于尽性也，谓先从学问理会，以推达于天性也。某自是以仲尼为学而知者，某今亦窃希于明诚，所以勉勉安于不退。(《语录》下)

显然，在张载看来，所谓"自诚明"与"自明诚"可以"先尽性以至于穷理"与"先穷理以至于尽性"来加以区别，这无疑是以《周易》所谓"穷理尽性以至于命"(《周易·说卦》)来说明《中庸》的"自诚明"与"自明诚"的。但在这里，由于"自"与"先"之间的对等性诠释，因而所谓"自诚明"与"自明诚"也就代表着张载天人合一追求的两种不同进路。而从后来理学的发展来看，这两种不同的为学进路，似乎也就落实在程朱理学与陆王心学两种不同的发展走向中。

对于这两种不同的为学进路，虽然张载是借助《周易》"穷理尽性以至于命"加以诠释的，这固然是就儒家天人合一追求的两种不同进路而言，但如果从主体之实践追求的角度看，则孟子所谓"尧舜，性之也；汤武，身之也；五霸，假之也"(《孟子·尽心》上)也同样是一种解读，而这种立足于主体实践性的解读可能反而更接近《中庸》"自诚明"与"自明诚"的原意。为什么这样说呢？因为所谓"尧舜，性之也"，正是就《中庸》"率性之谓道"中的"率性"而言的，如果借助孔子"唯天为大，唯尧则之"(《论语·泰伯》)以及《中庸》所谓"大德者必受命"的补充和王阳明"尧舜犹万镒"(《王阳明全集》卷一《语录一》)之比喻和形容来看，那么这正可以说是尧舜"率性之谓道"之资格与证明；至于汤武"身之也"一说，则既包含着孟子的"反身而诚"，同时也体现着汤武本人以身践道、以身体诚之意。实际上，这一点正是儒家言传身教之"教"的源头，所以才有"自明诚，谓

---

① 据吕大临《横渠先生行状》记载，张载青年时代曾因宋与西夏的军事对峙而上书时任陕西经略副史的范仲淹，"公一见知其远器，欲成就之，乃责之曰：'儒者自有名教，何事于兵！'因劝读《中庸》。先生读其书，虽爱之，犹未以为足也，于是又访诸释老之书，累年尽究其说，知无所得，反而求之'六经'"(见章锡琛点校：《张载集》，第381页)。

之教"一说。

但在张载的这一自我表达中,其不仅"窃希于明诚",而且是以"勉勉安于不退"来自我勉励的。那么,这是否说明张载就是以"自明诚"来自我定位的呢?由于张载明确表达自己是"窃希于明诚",因而所谓"自明诚"起码也就代表着张载所肯定的为学进路。不过这里确实存在着一些值得辨析的因素。

首先,张载之所以"窃希于明诚",是因为孔子明确承认"吾非生而知之者,好古,敏以求之者也"(《论语·述而》)。既然孔子自认为"吾非生而知之者",那么儒学也就只能以学为入手;所谓"学而知之"其实就是通过"学"以明之。从这个角度看,张载"窃希于明诚"的自我定位以及作为其一生探讨之结晶的著作之所以要以"正蒙"来命名,实际上都体现着其对"学"的强调与尊重。

但无论是张载的"窃希于明诚"还是学以明之,其"明"的指向是什么呢?其"明"的内容又是什么呢?由于此后的程朱理学也主张"穷理尽性",并将其落实于具体的格物致知之中,因而张载"窃希于明诚"的自我定位往往也被人们理解为"今日格一物,明日格一物"之对象认知进路。实际上,说张载坚持外向性的认知无疑是正确的,其所高调表彰的"德性所知"就体现出其认知的外向性,但其外向性的指向却并不一定就是对具体物理的认知,而首先是对天道本体的认知。比如《正蒙》中的"诚明"与"大心"两篇都是集中讨论人的认知指向的,自然也可以代表张载求知的指向与性质:

> 天人异用,不足以言诚;天人异知,不足以尽明。所谓诚明者,性与天道不见乎小大之别也。(《正蒙·诚明》)

> 天所性者通极于道,气之昏明不足以蔽之;天所命者通极于性,遇之吉凶不足以戕之;不免乎蔽之戕之者,未之学也。性通乎气之外,命行乎气之内,气无内外,假有形而言尔。故思知人不可不知天,尽其性然后能至于命。(《正蒙·诚明》)

> 人谓己有知,由耳目有受也;人之有受,由内外之合也。知合内外于耳目之外,则其知也过人远矣。(《正蒙·大心》)

这些论述大体足以表达张载的"学"以明之,当然,也可以说这些论述代表了张载认知之终极指向。那么,这种认知属于什么性质的知呢?这就是天人同一之知、知人知天之知以及性与天道不见乎小大之别之知,包括合内外于耳目之外之知,所以说到底,就是天道本体及其发用流行于人生日用之知,所以张载才

坚定地认为:"君子所性,与天地同流异行而已焉。"(《正蒙·诚明》)

那么,张载这样的知与程朱格物穷理之知是否属于同一种知呢? 应当说,二者在"合内外之道"这一点上是完全一致的;甚至可以说,在作为外向性认知这一点上,二者也是共通的。但是作为知,二者又具有不同的性质;而这种不同性质就表现在他们对《中庸》的不同诠释上。比如《中庸》有"君子尊德性而道问学"一说,朱子对这一命题与张载有着完全不同的理解。请看他们对这一命题的不同说明:

> 不尊德性,则学问从而不道;不致广大,则精微无所立其诚;不极高明,则择乎中庸失时措之宜矣。(《正蒙·中正》)

> 大抵子思以来教人之法惟以尊德性、道问学两事为用力之要……今当反身用力,去短集长,庶几不坠一边耳。(《朱熹集》卷五四《答项平父》二)

> 近世学者务反求者便以博观为外驰,务博观者又以内省为狭隘。左右佩剑,各主一偏,而道术分裂,不可复合。此学者之大病也。(《朱熹集》卷五四《答项平父》)

很明显,在张载看来,"尊德性"不仅是"道问学"之超越的主宰,同时也落实在具体的"道问学"之中,这就是其"不尊德性,则学问从而不道"的真正指谓。但在朱子看来,"尊德性"与"道问学"已经成为"两事"了,甚至,从其对"今日格一物,明日格一物"的坚持来看,朱子反而是通过"道问学"来实现"尊德性"的,正像其通过天地万物之"所以然"来认知并证明人伦行为之"所当然"一样。也因此,其所谓"去短集长"的努力也就遭到了陆象山"既不知尊德性,焉有所谓道问学"(《陆九渊集》卷三六《象山年谱》)的批评。

如何解释这一现象呢? 实际上,这既有他们对"知"的性质的不同认定的因素,同时也存在着理学包括宋代社会文明不同发展阶段的因素。作为对"知"的性质的不同认定,张载的"知"始终是指向天道本体的,因而其对"知"不仅具有"性与天道不见乎小大之别"的规定,而且有着"合内外于耳目之外"的要求,这是既出发于主体之德性,又指向天道本体的"德性所知";而朱子的"知"则往往是指天地万物所以如此之"所以然",只有在认知了"所以然"的基础上,才能谈到人伦行为之"所当然"。从其与主体的关系来看,张载的"知"基本上没有独立性,可以说是主体德性发用的直接表现;而朱子的"知"则是一种独立的存在,其既可以与人之德性发生关联——人伦道德之"所当然",也可以不发生关联——天地万物之"所以然"。当然,这一区别也是他们对"尊德性"与"道问学"及其关系理解不同的原因之一。

从理学发展的不同阶段来看,张载所处的北宋不仅属于"文治社会"之发轫,理学也处于初创阶段,而张载所凭借的就是儒家传统的道德理性以展现其"为天地立心,为生民立道,为往圣继绝学,为万世开太平"的理想情怀。因而其对认知的展望,也就成为"不尊德性,则学问从而不道"的形态;至于其对《正蒙》"老树枯枝"的形容与"睟盘示儿"的比喻,也就是这样形成的。但到了程朱尤其是朱子时代,虽然宋王朝刚刚经历了"靖康之耻",但宋代社会文明的发展却并没有止步,反而因为大量士人的南迁,使其文明获得了更大的发展动力。此中科举制的发展、新兴士人群体的形成以及印刷术的推广,使得儒学之传播、推广更为普遍;新崛起的士人群体不仅是官员的后备军,同时,遍布全国的书院包括穷乡僻壤的私塾蒙馆,也都使读书为学成为一种广泛的社会追求。在这种条件下,儒学也就不可能仍像张载所处的时代那样仅仅从"君子所性"出发,而是必须面对并且必须担负从懵懂到识字、从认知到文明过渡的桥梁。所以,从张载的"不尊德性,则学问从而不道",到程朱尤其是朱子以"尊德性"与"道问学"为"两事",恰恰可以说是宋代社会文教事业发展的表现,也是由宋代文教事业的发展促成的。从这个角度看,"尊德性"与"道问学"从张载时代的"一事"演变为程朱时代的"两事",恰恰体现着程朱对张载"穷理尽性"精神的继承与落实的具体化。正是从这个角度看,牟宗三在《心体与性体》"综论"部分对程朱理学"新之所以为新之意义"的定位就不仅仅是一种批评,反而证明其确实具有充分适应时代需要之进步意义。

四、"以礼为教"之入手工夫

张载去世后,关于其学术特征的认定也就成为当时学界一个不能回避的问题。关于张载之学,其弟子吕大临回忆说:"学者有问,多告以知礼成性、变化气质之道,学必如圣人而后已,闻者莫不动心有进。"(《横渠先生行状》)关于这一点,张载自己就有不少的论述,包括以礼为教的诗句,比如"圣心难用浅心求,圣学须专礼法修。千五百年无孔子,尽因通便老优游"(《杂诗·圣心》)。也许正因为此,程颢才赞叹说:"子厚以礼教学者,最善,使学者先有所据守。"(《河南程氏遗书》卷二上)程颐也对张载的"关中学者,用礼渐成俗"发出"自是关中人刚劲敢为"(《河南程氏遗书》卷一〇)的赞叹。所以,当朱子在面对"北宋五子"不同的为学进路时,也不得不发出"横渠用工最亲切,直是可畏"(《朱子语类》卷九四)的感慨。也许正是诸位大家的一致肯定,使黄宗羲在撰写《明儒学案》时也赞叹说:"关学世有渊源,皆以躬行礼教为本。"(《明儒学案·师说》)

这就提出了很有普遍性的问题:一方面,"以礼为教"确实是张载当年教育学者的基本入手处,如果从现代学科划分的角度看,它甚至只能属于一种带有个体特色的工夫修养方法而已。但另一方面,如果从刘宗周师徒的共同看法而言,则这种从"以礼为教"出发到"以躬行礼教为本",显然已经成为关学代代相传的一种学风了,甚至也可以说已经成为关学传统的一部分。如果再结合张载弟子"三吕"在蓝田所推行的"吕氏乡约",就可以清楚地看出程颢所赞扬的张载为学的切入点之"以礼为教"而"使学者先有所据守"的特点与优点。

但无论是"以礼为教"还是"以躬行礼教为本",其实并不一定就是张载的创造,充其量也只能说是张载对汉唐儒学的一种正面继承。众所周知,汉唐时代的长安一直是中国政治、经济与文化的重心,相应而言,关中也必然是受儒家文化熏陶最深的地方,这自然会以民风、民俗的形式形成一种较为深厚的文化积淀;而这种积淀也必然会在作为人伦行为规范的礼教上有所表现,这就是张载主要继承的部分。因此,在《经学理窟》中,不仅有对《周礼》之"均平"如何措之天下的思考,还有对"诗""书""礼""乐"包括"宗法""义理"一直到"学大原"的系统讨论。从第一代理学群体来看,张载在"北宋五子"中不仅是最重视礼教的,而且是真正的礼学专家,这从其太常同知这一最后官职上也可以看出。

这就形成了一个比较有趣的现象。一般来说,两宋理学家——从"北宋五子"到"东南三贤",包括"江西二陆",都是比较鄙薄汉唐儒学的,比如程颢表彰张载《西铭》时所随意带出的"孟子已后未有人及此""自孟子后,儒者都无他见识"等等,说明汉唐儒学与宋明理学确实代表着两种不同的研究范式与评价标准。但从纵贯两宋理学的角度看,则张载与朱子在对汉唐儒学的评价上最具可比性,他们都是比较激烈地批评汉唐政治体制的理学家。比如张载始终认为"汉法出于秦法而已"(《经学理窟·自道》),并且还作诗云:"秦弊于今未息肩,高、萧从此法相沿。生无定业田疆坏,赤子存亡任自然。"(《送苏修撰赴阙四首》)而朱子也对汉高祖、唐太宗大加批评:"老兄视汉高帝、唐太宗之所为,而察其心果出于义耶？出于利耶？出于邪耶？正耶？若高帝，则私意分数犹未甚炽，然已不可谓之无。太宗之心，则吾恐其无一念之不出于人欲也。"（《朱子文集》）这都是他们对于汉唐政治制度的明确批评。

至于对汉唐时代的儒学，张载的批评态度比朱子更甚，张载说，"孔孟而后，其心不传，如荀扬皆不能知"（《经学理窟·义理》）；"知人而不知天，求为贤人而不求为圣人，此秦汉以来学者大蔽也"（《宋史·张载传》）。凡此，当然都可以说是张载对秦汉以来儒学带有判教性质的明确批评。朱子虽然对秦汉儒学并不满意，但并没有如张载那般严厉地指陈。其最基本的分歧，就在于朱子对汉唐儒学绝不会有张载那种"孔孟而后，其心不传"之类的评价，朱子至少对荀子思想持一种明确肯定与积极继承的态度。更重要的一点还在于，朱子基本上继承了荀子的宇宙演化论，其理气论虽然以理为本，但其理不仅要以气为"挂搭处"，而且其由理气关系所构成的宇宙生化论实际上又是以气生化为主要动力的。①

这样看来，张载与朱子对汉唐儒学便表现出不同的继承侧重。朱子对汉唐的宇宙生化论持一种明确继承的态度，其理气关系以及其"理一分殊"所展现的宇宙论规模都必须以汉唐儒学的气化宇宙论为根柢。张载虽然严厉批评汉唐儒学，但其对汉唐儒学所积淀并表现于人伦日用中的礼乐规制却持一种明确继承的态度。如果没有汉唐儒学的历史积淀，没有对这种积淀的自觉继承，张载就很难形成"以礼为教"的学术切入点与学术宗旨。请看张载对"以礼为教"的说明：

礼所以持性，盖本出于性，持性，反本也。凡未成性，须礼以持之，能守礼已不畔道矣。《经学理窟·礼乐》

修持之道，既须虚心，又须得礼，内外发明，此合内外之道也。（《经学理窟·气质》）

学者且须观礼，盖礼者滋养人德性，又使人有常业，守得定，又可学便可行，又可集得义。养浩然之气须是集义，集义然后可以得浩然之气。严正刚大，必须得礼上下达。义者，克己也。（《经学理窟·学大原上》）

在两宋理学家中，很少有人能够对礼的作用阐发得如此具体。更重要的一

---

① 关于朱子哲学的这一特点，请参阅丁为祥：《从生存基础到力动之源——朱子哲学中的"气"论思想》，《北京大学学报》2012年第2期。

点还在于,在张载看来,这种"以礼为教"不仅仅是礼仪与义理的统一,而且始终保持着中国智慧与文化精神的具体性,孔子所谓的"下学上达"主要也是通过礼来实现的。张载的"以礼为教"始终具有防范儒家礼教仅仅成为一种空洞仪式的可能,从而使儒家的浩然之气真正成为集义实践的指向。

在理学后来的发展中,虽然也有所谓《朱文公家礼》以及各种研究、注释《仪礼》的著作,但却极有可能只是体现作者博学的知识,或仅仅是作为必要场所进行表演的仪式;而朱子的理气论,由于脱离了"以礼为教"而仅仅成为理论认知的对象,因而也就难免陷入戴震所批评的"离人而空论夫理"(《戴震全书》第六册《孟子字义疏证》)的困境。这样看来,张载的"以礼为教"不仅提出了一个如何研究儒学、继承传统的问题,而且提出了一个如何能使传统文化及其精神真正走进现代社会和现代文明的问题。①

---

① 转引自丁为祥、孙德仁:《张载哲学对宋明理学的主要贡献》,《中国哲学史》2020年第6期。

第五章 宋代关学及人物

第一节 主要人物概况

一、张载

张载,字子厚,祖籍大梁(今河南开封),是宋明理学的奠基人,关学的创立者。因其曾在郿县(今陕西眉县)横渠镇讲学,故人称横渠先生。

张载"少喜谈兵",宋仁宗年间,西夏不断侵扰宋朝边疆,张载联合焦寅(今陕西彬县人)组织民团练兵,欲夺回被西夏侵占的洮西失地。张载曾向当时任

◎ 陕西宝鸡眉县张子祠

陕西经略安抚副使、主持西北防务的范仲淹上书《边议九条》。范仲淹见其品貌不凡,若加雕琢,可成大器,遂劝他"儒者自有名教可乐,何事于兵"(《张载集》),勉励他读《中庸》。在刻苦攻读之后,张载犹以为未足,又访诸释、老,累年究极其说,知无所得,返而求之儒家"六经"。在经过十数年的勤学苦思之后,张载逐渐形成了自己"太虚即气"的哲学思想体系,为宋明理学的发展奠定了基础。张载除了思想精深外,更有一腔报国志,进士及第后,他先后任祁州(今河北安国)司法参军、云岩(今陕西宜川境内)县令、著作佐郎、签书渭州(今甘肃平凉)军事判官等职。任职期间,他推行德政,重视礼教,凡他所管辖的区域,政令严明,敦本善俗。但在其任同知太常礼院期间,因赞同实行婚冠丧祭之礼,而遭礼官反对,加之他肺病日重,于是辞官回乡。行至临潼,与世长辞,享年58岁,门人私谥曰"诚明"。

南宋嘉定十三年(1220),宋宁宗赐谥"明公"。宋理宗淳祐元年(1241),赐封"郿伯",从祀孔庙,封先贤,奉祀孔庙西庑第38位。明世宗嘉靖九年(1530),改称"先儒张子"。张载一生的追求——"为天地立心,为生民立命,为往圣继绝学,为万世开太平"经后代儒生传承至今,影响甚深。

二、张戬

张戬,字天祺,张载之胞弟。其年少庄重老成,年长勤而好学,20岁时便登进士第,先后出仕陕西阌县主薄、凤翔普润县令、秘书省著作佐郎、陕州灵宝知县、渠州灵江知县、太常博士、凤翔司竹监等职。

为官期间,张戬"诚心爱人而有术以济之,力行不息,所至皆有显效"(《伊洛渊源录》)。因此其所辖之地"邑人化之,狱讼为衰","讼者往往扣头自引"。正是因为张戬忠厚诚恳、善思勤省的修养和宽厚容人、爱护百姓的度量,使他颇受时人称赞。其兄张载赞张戬之德行曰:"吾弟德性之美,吾有所不如。其不自假而勇于不屈,在孔门之列,宜与子夏后先,晚而讲学而达。"又曰:"吾弟,全器也。然语道而合,乃自今始。有弟如此,道其无忧乎!"(《伊洛渊源录》)关中学者将张载、张戬兄弟二人并称为"二张"。

三、苏昞

苏昞(生卒年不详),字季明,武功人。熙宁九年(1076),张载过洛阳,与"二程"论学,苏昞录程、张三子语,编为《洛阳议论》,后收于《二程全书》之中。张载著《正蒙》,常自言曰:"吾为此书,譬之树株,根本枝叶,莫不悉备。充荣之者,其在人功而已。又如晬盘示见,愿取者何如耳!"《正蒙》书成后,苏昞"自谓最知大旨",遂将张载的"枯株晬盘式的思想札记,合璧联珠,依次编排,会归义例,略效《论语》《孟子》,篇次章句,以类相从,为十七篇以推明夫子之道"。张载去世后,苏昞为了完成学业,转从于"二程"门下。元祐末,吕大忠向朝廷推荐苏昞,曰:"臣某伏见京兆府处事苏昞,德行纯茂,强学笃志,行年四十,不求仕进,从故崇文校书张载学,为门人之秀,秦之贤士大夫亦多称之。如蒙朝廷擢用,俾充学官之选,必能尽其素学,以副朝廷乐育之意。"乃自布衣召为太常博士。

四、范育

范育(生卒年不详),字巽之,邠州三水(今陕西旬邑)人。其从"二程"、张载三先生学。伊川常曰:"与范巽之语,闻而多碍者,先入也。"横渠常诘范育曰:"吾辈不如古人,病源何在?"范育请问,横渠曰:"此非难悟,设此语者,欲学者存之不忘,庶游心深久,有一日脱然如大寐得醒耳。"(《张载集》)

横渠《正蒙》成,范育为《正蒙》作序,言:

> 张夫子之为此书也,有《六经》之所未载,圣人之所未言,盖道一而已。语上极乎高明,语下涉乎形器,语大至于无间,语小入于无朕,一有窒而不通,则于理为妄。《正蒙》之言,高者抑之,卑者举之,虚者实之,碍者通之,众者一之,合者散之。要之立乎大中至正之矩。(《张载集》)

可见其笃信师说而善发其蕴如此。

除为学如此,范育为官亦备受朝廷重用,他曾为北宋秦凤路及熙河路安抚使,累官至光禄卿、枢密都承旨。其父范祥官至转运副使、度支员外郎。在为官期间,范育因西夏侵扰而多次上折进谏,分析时弊。在范育去世后,宋高宗追赠其为宝文阁学士。

五、吕大忠

吕大忠(1025—1100),字进伯,京兆蓝田(今陕西蓝田)人。其与弟吕大防、吕大钧、吕大临在当时均很有名望,被称为"吕氏四贤"。蓝田吕氏"一门礼义",

为时人所称赞。

皇祐年间，吕大忠进士及第，初为陕西华阴县尉，后任山西晋城县令。不久，由永兴路提督义勇升秘书丞，兼任定国军军事判官。后来迁任河北路转运判官等职。元祐二年（1087），吕大忠任陕西转运副使期间，将《石台孝经》《开成石经》及碑石移至西安碑林，后进宝文阁待制。绍圣二年（1095），被升为宝文阁直学士，知渭州（今甘肃平凉）等职。

据记载，吕大忠生性耿直，程颐称"吕进伯可爱，老而好学，理会直是到底"。在他任秦州知州时，判官是科举状元马涓。一开始马涓常以"状元"自称，在吕大忠教授其勤政治民的方法和道理之后，马涓十分感激吕大忠，并拜他为师。吕大忠还曾带马涓去拜会当时在秦州任学官的著名学者谢上蔡，每次听谢上蔡讲述《论语》时，吕大忠都要正襟敛容，马涓开始不解，吕大忠对他说："圣人之言在焉，吾不敢不肃。"后来马涓被朝廷重用，他很感慨地说："吕公教我之恩也。"

吕大忠受其弟影响，投于张载门下求学，弘扬张载的"经世致用""躬行礼教"等宗旨。张载殁后，吕大忠遂东投洛阳"二程"门下完成学业。

◎ 蓝田四吕墓碑

六、吕大钧

吕大钧(1031—1082),字和叔,今陕西蓝田人,关学代表人物。吕大钧与张载同为北宋嘉祐二年(1057)进士,当他得知张载学识渊博后,便拜张载为师。张载最初在关中讲学时,首和者即吕大忠、吕大钧、吕大临兄弟。"三吕"相继尊张载为师,由此带动了关中学者奔向张门求学之风,一时形成了"关学之盛,不下洛学"的局面。吕大钧曾授秦州(今甘肃天水)司里参军,任延州(今陕西延安)监折博务、三原知县,后任今福建福州知县等职,卒于任上。享年51岁。

吕大钧为人质厚刚正,重视礼仪,其最大的贡献是通过著《四书注》《诚德集》等,将张载注重"礼"之"通经致用""躬行礼教"的为学内涵发扬光大。并以此改变以往"礼不下庶人"的传统,在其兄弟的支持和共同努力下,编写了《吕氏乡约》《乡义》等。《乡约》提出同约人要"德业相劝""过失相规""礼俗相交""患难相恤",将儒家倡导的"礼乐教化"发扬开来,经过推行,关中知礼、行礼之风遂盛。此《乡约》是中国历史上第一部成文的村规民约,因此也可以说吕大钧在关中创建了中国最早的乡村自治制度。

七、吕大临

吕大临(1046—1092),字与叔,号芸阁,今陕西蓝田人。《宋史》及其他史料对吕大临的生平记载较略,个中原因,一方面是吕大临本来就"寿不永",另一方面,他无心仕途,潜心学问,故其一生行实可述者不多。不过,在诸兄弟中,其著述最丰、学术成就最高,则是学界所公认的。①

早年,吕大临拜于张载门下求学,张载去世后,便转投"二程"门下。他记录汇集"二程"语录,著成《东见录》,为后世学者研究"洛学"提供了很多难得的第一手资料。吕大临虽是程门高足,但他从未放弃关学的基本思想宗旨,不背其师,成为关学最有力的捍卫者。而作为关学的杰出代表,吕大临"固守横渠"的学术志趣主要在于:一方面与诸兄一起大力推动关学的传播和发展,另一方面又积极躬行和发展张载的思想学说,并多有创新。他沿着张载的思想路径,继续论证了"天人合一"的学说,体现了关学"仁民爱物"的宽阔胸怀和救世精神。同

---

① 转引自刘学智:《关学思想史》,第148页。

时,他又根据张载"一物两体"的辩证思想,提出了自己"一体二用"的主张。

吕大临一生著述甚丰,主要著作有《礼记解》《大学解》《吕氏家礼》及《考古图》十卷、《易章句》一卷、《大学说》一卷、《礼记传》十六卷、《论语解》十卷、《孟子讲义》十四卷、《玉溪先生集》二十八卷,又与其兄吕大防合著《家祭仪》一卷。

八、李复

李复(1052—1128),今陕西西安长安区人,号潏水先生。熙宁十年(1077)考中进士,历任熙河转运使、集贤殿修撰、秦凤路经略使等职。

在任熙河州(今甘肃临洮一带)转运使任上,李复多次整治边防,积极备战,而军政大权被腐夫之辈把持,李复以抗议不合而"作废"。李复晚年,秦州(今天水地区)一带已被金军占领,秦州实际上已成空城,这时李复已年高多病,但他仍要求赴秦州守城,朝廷即命他为秦州经略使赴前线抗敌,但终因寡不敌众而致城陷身死。

熙宁十年(1077),是李复考中进士之年,亦是张载去世之年,其时,苏昞、范育、"蓝田三吕"纷纷投奔洛阳"二程"门下求学。李复虽与"三吕"、苏昞、范育有交往,但并未易师,而独守关学门户。其一生好读书,勤著述,喜吟咏,善作诗,著述颇多。可惜大多散佚,留传下来的只有《潏水集》十六卷。其中有大量诗篇,《同君俞自牛头寺至兴教院又会文师》诗云:"杜曲樊川旧化城,东西相峙两牛鸣。岩前宝塔藏遗烬,殿里长灯续旧明。万法分流皆有相,一心息妄自无生。丛林是处经行遍,会向东山记姓名。"由于当时百姓对"日食""月食""雷电"等现象颇感神秘,多有迷信,李复便写了《论月食》《震雷记》等文章予以解说,对百姓认识自然现象大有裨益。

第二节　宋代关学的时代特征

宋初,太祖以陈桥兵变夺取政权,为避免历史重演,重文轻武似乎成了宋代既定的国策。当时大部分士人沿袭了汉唐以来的章句训诂之学,真正回归儒学义理,承续孔孟道统的可谓少之又少。且儒佛道三家学说并行不悖。至仁宗继位,社会矛盾已经极其尖锐,外患亦接踵而来,外有西夏与辽的侵扰,内有官僚机构的冗乱,自然灾害不断,国家财政拮据,民间纷乱迭起。面对国之困境,一系列改革开始了,而这些改革则是以儒家思想立根,例如范仲淹主张《周易》所谓"穷则变,变则通,通则久"。但由于新政触碰到了贵族世家的利益,因此遭遇极大阻碍,最终并未成功。即便如此,由其引发的"尚名节、重廉耻、尊儒学的士林风气逐渐形成"①,这对北宋儒学的复兴、理学的崛起有着很大的推动作用。张载关学即在此环境中形成,自形成后,其在学术上与伊洛之学虽"大本则一",然其门户"微殊于伊洛"。其学派的主要特征如下所述。

一、躬行礼教

张载有诗云:"若要居仁宅,先须入礼门。"黄宗羲谓:"关学世有渊源,皆以躬行礼教为本。"(《明儒学案·师说》)司马光《哀张子厚先生》曰:"教人学虽博,要以礼为先。"(《宋文鉴·皇朝文鉴》卷一六)。可见,张载笃志好礼、躬行礼教,其具体表现在:

(一)以礼治国

明人汪伟曾评论张载说:

> 论学则必期于圣人,语治则必期于三代。(《横渠经学理窟序》)

张载对礼的价值有一个基本的认识,即"礼者圣人之成法",所以就要效法圣人的"三代之治"。在张载看来,"三代之治"的根本就是发挥礼乐制度的作用,只有礼乐制度得以实施,才能真正实现养民和治民,所以张载说:

> 欲养民当自井田始,治民则教化刑罚俱不出于礼外。

也就是说,必须以礼为治国的根本大法。又说:

> 礼者,圣人之成法也。除了礼,天下更无道矣。(《经学理窟·礼乐》)

礼就是天下根本的道,就是圣人制定的治理国家之成法。张载强调治国要"以礼乐为急"(《张子语录》)。吕公著向朝廷推荐张载时,其理由之一就是他"善法圣人之遗意,其术略可措之以复古"。张载入朝后,正好朝廷有司行冠婚丧祭之礼,征求礼官的意见,礼官以为古今异俗,不可泥用古礼,而张载则"独以为可行"。司马光称他"好礼效古人,勿为时俗牵"(《宋文鉴·皇朝文鉴》卷一六

---

① 徐洪兴:《思想的转型——理学发生过程研究》,上海人民出版社,2016年。

《哀张子厚先生》),即效法古人,就要严格按照古制施行,不为时俗所改易。张载后来因为朝廷不能严格施行古礼,自己希望能端正古礼而又力所不及,于是心中愤愤。这也是他最后一次借病向朝廷"谒告西归"(吕大临《横渠先生行状》)的原因之一。

(二)以礼化俗

张载主张改变社会风气和习俗,必须遵循礼制。他认为,要真正把纲常伦理落到实处,"由礼入最为切要",要"约礼复礼"(《张子全书》附录二,康熙五十八年本),这样才能抓住根本。所以张载坚持儒家传统,特别强调要以礼化俗,认为用礼就是"化民易俗之道"。后来,张门弟子吕大钧兄弟还撰写了《乡约》《乡仪》,并推行于其乡京兆蓝田(今陕西蓝田)一带。张载深患"近世丧祭无法,期功以下未有衰麻之变,祀先之礼袭用流俗",于是"一循古礼为倡。教弟子洒扫应对,女子未嫁者,使观祭祀,纳酒浆,以养逊弟,就成德"(《经学理窟》)。这样实行的结果,使"关中风俗一变而至于古"(《宋元学案》卷一七)。这点也得到"二程"的肯定,"二程"说:

> 子厚言:"关中学者用礼渐成俗。"正叔言:"自是。"(《二程集》)

(三)以礼成德

张载认为,仁德的培养需要礼的约束,所以他说:

> 仁礼以成性。(《横渠易说》)

礼对于人的仁性的培养,其根据在于"知及之而不以礼性之,非己有也,故知礼成性而道〔义〕出"。就是说,即使懂得了仁的道德,但如果不以礼加以培养,也不可能真正拥有德性。所以张载又说:

> 学者且须观礼,盖礼者滋养人德性。(《经学理窟·学大原》)

这就是他常说的"知礼成性"之道。至于如何成性?张载提出"变化气质"。张载强调:"人必礼以立,失礼则孰为道?"人必须依礼而立,失礼则不可能遵循人生之道。

> 知礼以成性,性乃存,然后道义从此出。(《横渠易说·系辞上》)

如果说孔子所谓"不学礼,无以立"(《论语·季氏》),强调的是学礼对于人在社会生活中能否"立"起来至为重要,那么张载则把"知礼""立礼"与人的道德培养紧密联系起来,将礼纳入性理学的范畴,即强调"知礼成性"。张载认为"知礼成性"之所以可能,是因为人都有善的本性,按照礼去行动是出于人的本然之性的要求,只要如颜子那样勉勉以行,即成性矣,故说"勉勉以成性也"(《经学理窟》)。张载有时也把礼与理联系起来考察,不过此"理"尚与后来程朱所说的"理"有所不同,还不具有本体的意义。张载说:"盖礼者理也,须是学穷理,礼则所以行其义;知理则能制礼,然则礼出于理之后。"(《张子语录》下)在张载这里,礼、理、道都是相通的,都是人在社会中应该遵守的秩序和规范。

(四)以礼为教

明人薛思菴曰:"张子以礼为教。"(《张子全书序》,康熙五十八年本)此语点破了张载教育思想的根本。张载确实在教育实践中贯彻了以礼为教的原则和方法。其含义包括:

其一,"礼"是张载教育弟子的入手之处。张载强调:

> 某所以使学者先学礼者,只为学礼则便除去了世俗一副当〔世〕习熟缠绕。(《张子语录》下)

其主张教育学生应该"先学礼",以避免原有的习俗对人的"缠绕"。吕大钧在入张门之后,张载即"以礼教为学者倡",有一些人不适应,"寂寥无有和者",而吕大钧则独信不疑,并且付诸实践,在当地"为《乡约》以敦俗"。横渠赞赏说:

> 秦俗之化,和叔有力。(《关学编》卷一)

张载有一个基本的看法,就是"学礼则可以守得定"(《张子语录》下)。"二程"对张载这种从礼入手的育人方法加以充分肯定:

> 子厚以礼教学者最善,使学者先有所据守。(《张子语录》上)

从礼入手,就能使学生的行为先有所遵循,这对于一个学生的成长至关重要。故朱轼说"由礼入最为切要"(《张子全书》)。

其二,教学以"礼"为本。伊川先生说:

> 横渠之教,以礼为本也。(吕本中《童蒙训》卷上)

张载针对当时社会上不重视以礼教育学生而导致的后果,指出:

> 古人于孩提时已教之礼,今世学不讲,男女从幼便骄惰坏了(《经学理窟·学大原》)

主张对学生从小就要进行以礼为内容的教育。譬如洒扫应对、应事接物之类。

其三,让学生以礼为行为准则。张载说:

> 人必礼以立。(《横渠易说·系辞上》)

> 立本既正,然后修持。修持之道,既须虚心,又须得礼,内外发明,此合内外之道也。(《经学理窟·气质》)

以礼作为人基本的行为规范,人才能在社会上立起来,原因在于这一根本确立了,就可以时时注意修持,从而达至最高的境界。

张载重视礼,主张躬行礼教,但并不是完全泥守旧礼不变,他也注意到礼随着时代的变化而变化。他说:

> 时措之宜便是礼,礼即时措时中见之事业者。(《经学理窟·礼乐》)

这里说的"时中",就是《周易》所说的合乎时宜,把握中道,不可走极端。当然,张载有时确实比较拘泥古礼,这一点,黄百家早已指出:

> 至于好古之切,谓《周礼》必可行于后世,此亦不能使人无疑。夫《周礼》之的为伪书,姑置无论。圣人之治,要不在制度之细。窃恐《周官》虽善,亦不守随时立制,岂有不度世变之推移,可一一泥其成迹哉!况乎《周官》之烦琐黩扰异常。先生法三代,宜不在《周礼》,是又不可不知也。(《宋元学案》卷一七)

此段话出于黄百家的按语。黄百家是说,即使《周官》之书是真实的,其内容也很好,但是没有不变的时势,如果不能根据时代的变化而立制,拘泥于成迹,是行不通的。张载法三代之制,其宜不在周礼本身,关键在于要随时应变。这其实指出了张载在礼教问题上的不足,张载在这方面的确是有偏颇之处的。不过,张载的躬行礼教后来成为关学的一个重要传统,被历代关学学者所承继则是不争的事实。

二、笃实践履

张载承继孔子的经世致用传统,主张学贵有用,笃实践履,反对空知不行、学而不用。这是张载关学的一个显著特点。晁景迁《答袁季皋书》曰:

> 横渠之学先笃乎行,而后诚乎言。(《宋元学案补遗》卷一八)

冯从吾《关学编》卷一谓:

> 先生学古力行,笃志好礼,为关中士人宗师。

这里所说"笃乎行""笃志""力行",即指张载关学有经世致用、笃实践履的特征。《关学编》亦称张载之弟张戬"笃实宽裕,俨然正色"(《关学编》卷一)。

另从"二程"与张载的一段对话亦可看出关学这一特点：

> 子(二程)谓子厚曰："关中之士语学而及政,论政而及礼乐兵刑之学,庶几善学者。"子厚曰："如其人诚然,则志大不为名,亦知学贵于有用也。学古道以待今,则后世之谬不必屑屑而难之,举而措之可也。"
> (《河南程氏粹言·论学》)

张载关学不空谈理论,主张"学贵于有用",体现在两方面：一是"语学而及政",不空谈学问,必关注社会现实；二是"学古道以待今",古为今用。关注社会现实,是张载思想的一个显著特点。张载少时喜兵法,就是出于抗击西夏入侵、保卫国家边疆的现实考虑。从政后费心于边事,写了《贺蔡密学启》《与蔡帅边事画一》《泾原路经略司论边事状》《经略司画一》等文(见《张载集·文集佚存》)。如他在《贺蔡密学启》中提到：

> 今戎毒日深而边兵日弛,后患可悼而国力既殚,将臣之重,岂特司命(士)〔王〕卒！惟是三秦生齿存亡舒惨之本,莫不系之。

并说：

> 诚愿明公置怀安危,推夙昔自信之心,日升不息,以攘患保民为己任。

上引文字充分表达了张载心系于国、忧国忧民的心境。张载曾经讨论了历史上的"封建"问题,并结合现实,主张宋朝廷可以实行"封建",理由是：

> 天下之事分得简,则治之精；不简则不精。故圣人必以天下分之于人,则事无不治者(《经学理窟·周礼》)。

张载在当时提出"封建"本是一个过时的口号,其实他是要总结唐代藩镇割据的教训,主张适当调整中央与地方的关系。张载还曾在其家乡进行井田试验,试图以此解决社会贫富不均、经济发展等问题,这充分体现了张载关注现实、经世致用和重于实践的思想特点。

对周礼的践行,张载的态度亦是至诚笃实,他说：

> 学得周礼,他日有为却做得些实事。以某且求必复田制,只得一邑用法。若许试其所学,则周礼田中之制皆可举行。(《经学理窟·学大原》)

三、崇尚气节

关学学者重视礼仪教化,主张身体力行,由此造就了关中文化隆礼重教的古朴雅韵,也使关中文化涌动着鲜活的生命力,那种敦善行而不怠、坚持真理、不畏权贵、不苟安合污的政治节操,"无求生以害仁,有杀身以成仁"(《论语·卫灵公》)的精神信仰,"不降其志,不辱其身"(《论语·微子》)的人生信条和"富贵不能淫,贫贱不能移,威武不能屈"(《孟子·滕文公下》)的大丈夫人格,充实并光耀着儒家的优秀道德传统。

据吕大临《横渠先生行状》及冯从吾《关学编》记载,张载"为人志气不群,少自孤立"。及至学有所成,当吕公著举荐于神宗,神宗表示"朕将大用卿"之时,张载并没有喜形于色,反而非常冷静地说:"臣自外官赴召,未测朝廷新政所安,愿徐观旬月,继有所献。"(《横渠先生行状》)表示要"徐观旬月",其冷静的背后蕴含着一种自信、坚毅和气节。对皇帝是如此,对当时权倾天下的王安石,他亦不卑不亢。王安石问他:"新政之更,惧不能任事,求助于子何如?"张载回答说:"朝廷将大有为,天下之士愿与下风。若与人为善,则孰敢不尽!如教玉人追琢,则人亦故有不能。"(《横渠先生行状》)这样平实的回答,竟使王安石无言以对。同时,对于合乎公道的事,他勇于作为,在所不辞。他说:"某平生于公勇,于私怯,于公道有义,真是无所惧。大凡事不惟于法有不得,更有义之不可,尤所当避。"(《经学理窟·自道》)当他由浙东办案返京,得知弟张戬因事获罪于王安石时,毅然辞职,回归乡里,以读书讲学为事。张载不苟且、不贪求,表现出了一个正直士人应有的气节。

在张载的影响下,关学的弟子们也都具有刚正之品性、不易之节操。其弟张戬为御史,能秉公执法,绝不趋炎附势。对于一些结党营私的官吏,张戬主张劾之,但王安石以为"不可",张戬又上报中书以力争,其语气严厉,曾亮在旁俯首不答,这时,王安石竟"举扇掩面而笑",张戬遂直谓:"戬之狂直,宜为公笑,然天下之笑公不少矣!"其刚正不阿之性,溢于言表。故史称其"笃行不苟,为一时师表"(《关学编》卷一)。吕大钧于嘉祐二年(1057)进士及第后,已授官任职,但不久"自以道未明,学未优"而"不复有禄仕意",遂"家居讲道,以教育人才,变化风俗,期德成而致用"。张载赞扬他"勇为不可及"(《关学编》卷一)。张载弟子苏昞亦"强学笃志,行年四十,不求仕进",后经吕大防举荐,为太常博士,却因上书直言而被视为异党,贬饶州。邵彦明谓其当初上书"若为国家计,自当忻然赴饶州"(《关学编》卷一),苏昞非常赞同邵彦明的话,毫不在意迁贬之事,欣然从之。

张载及其弟子崇尚气节的品性,后来在明清时期的关学后继者身上得到了更充分的体现,马理、吕柟、杨爵、韩邦奇、冯从吾、李颙、李柏等人都表现出这种刚正不阿的品性和不苟且、不阿贵的非凡节操,这后来成为非常鲜明、影响深远的关学宗风。

四、求自然之实的科学精神

先秦儒学探讨天人关系,其最终落脚处是社会政治和人生。汉儒也探讨天人关系问题,却以神学的方式大讲天人感应,其目的是为新生的大一统的汉王朝进行理论论证。相对而言,宋儒在关注心性论和价值论问题的同时,也注意对自然现象进行客观的认识。这与儒家历来弱于关心自然科学问题在某种程度上形成对比。至宋代,自然科学也有了长足的发展,出现了许多较为先进的科技成果,如沈括在《梦溪笔谈》中已记述了罗盘仪构造的基本原理,朱彧在《萍洲可谈》、徐兢在《宣和奉使高丽图经》中记载了舟师们在航行中夜观星、昼观日,白天黑夜遇到阴晦天气时使用指南针的情况。据《宋史·天文志》记载,宋徽宗政和二年(1112),"四月辛卯,日中有黑子,乍二乍三,如栗大",这是当时对太阳黑子的记录,说明当时天文学已经有了较高水平的发展。此外,数学、气象、化学、生物、医学等方面,也都有了较大的进展。张载生活在宋代熙宁以前,上述自然科学的成果当时虽然尚未出现,但是可以说,该时期的自然科学水平已经达到相当高的程度,这对张载不可能没有影响。张载是善于吸收新的自然科学成果以丰富自己儒学理论,以求客观之实的最富科学精神的哲学家之一。相对于与张载关学同时期出现却更多关注道德心性的洛学来说,富于科学精神是宋代关学的一个重要特点。

张载对自然现象的观察,对自然科学成果的关注,集中体现在《正蒙》之《参两》《动物》两篇,部分观点也散见于其他一些篇章中。这种求自然之实的科学精神具体体现在以下三点。

其一,重视天文学的成就,以此丰富自己的哲学理论。

中国古代天文学的发展,是与宇宙结构论和天体演化论密切联系在一起的。

汉代关于宇宙结构及天体演化的理论主要有三家：盖天说、浑天说和宣夜说。《晋书·天文志》记载：

> 其言天似盖笠，地法覆槃，天地各中高外下。

《开元占经》有言：

> 言天形车盖，地在其下。（卷二《论天》）

意思是说，天是圆形的，像一把撑开的大伞覆盖在地上，地是方形的，像一个棋盘，日月星辰则像爬虫一样往来于天空中，因此这一学说又被称为"天圆地方说"。此说形成于周代，完善于汉代。

浑天说认为：

> 浑天如鸡子。天体圆如弹丸，地如鸡子中黄，孤居于天内，天大而地小。（《张衡浑仪注》）

《开元占经》亦谓：

> 言天浑然而圆，地在其中。（卷二《论天》）

浑天说比盖天说进了一步，认为天不是一个半球形，而是一整个圆球，地在其中，就如鸡蛋黄在鸡蛋内部一样。这是一种以地球为中心的宇宙结构论。

宣夜说认为：

> 天了无质，仰而瞻之，高远无极……日月众星，自然浮生虚空之中，其行其止皆须气焉。（《晋书·天文志》）

宣夜说作为一种宇宙结构理论，在当时是比较先进的。

张载总结和比较了各家的宇宙结构论和天体演化论，把当时比较先进的浑天说与宣夜说结合起来，提出了自己的天体理论。他说：

> 由太虚，有天之名。
>
> 太虚者，天之实也。

天的特性是"虚"，即"天地以虚为德"，"虚者天地之祖，天地从虚中来"（《张子语录·语录中》），认为天是一个至虚的宇宙空间。同时提出"太虚即气"，"太虚无形，气之本体"（《正蒙·太和篇》），就是说，此没有垠涯的虚空是不离气的，是气的本然状态。在张载看来，这一无限的充满太虚之气的宇宙空间，便是天。与天相对应的是地，地也是从虚中来的，是气聚的产物，它一旦形成即有实体，如：

> 地，物也；天，神也。物无逾神之理，顾有地天，若其配然尔。（《正

蒙·参两篇》)

然而,此"天"是将"地"包裹于其中的。据此,张载构建了自己的天地演化论,并以此对天文、地理以及天地的运行规律,做出了自己的解释。他说:

> 地纯阴凝聚于中,天浮阳运旋于外,此天地之常体也。恒星不动,纯系乎天,与浮阳运旋而不穷者也;日月五星逆天而行,并包乎地者也。地在气中,虽顺天左旋,其所系辰象随之,稍迟则反移徙而右尔,间有缓速不齐者,七政之性殊也。月阴精,反乎阳者也,故其右行最速;日为阳精,然其质本阴,故其右行虽缓,亦不纯系乎天,如恒星不动。金水附日前后进退而行者,其理精深,存乎物感可知矣。镇星地类,然根本五行,虽其行最缓,亦不纯系乎地也。火者亦阴质,为阳萃焉,然其气比日而微,故其迟倍日。惟木乃岁一盛衰,故岁历一辰。辰者,日月一交之次,有岁之象也。(《正蒙·参两篇》)

这里集中阐述了张载关于天体结构的理论以及有关天文、地理的学说。大致是说,地是气聚而成的,居于中,属阴,天是太虚之气浮于地之外,属阳;恒星虽不动,但是也浮于天空中;日月五星在地之外逆天而行,而地在虚气之上却顺天左旋;五星"间有缓速不齐者,七政之性殊也"。这是说,"七政"——日、月和五星,在运行中各有迟缓、疾速的不同,是因它们各自性质的不同,并非外力使然。事物各自的质,决定了事物各自的行。张载进一步指出:

> 金水附日前后进退而行者,其理精深,存乎物感可知矣。

金星、水星与太阳之间相互作用、前后进退的运行关系,影响了金星、水星的运行速度,其理虽精深,但是通过它们之间的相互作用,是可以认知的。[①]

由此,张载进一步提出了有关天体运行的理论:

> 凡圜转之物,动必有机;既谓之机,则动非自外也。古今谓天左旋,此直至粗之论尔,不考日月出没、恒星昏晓之变。愚谓在天而运者,惟七曜而已。恒星所以为昼夜者,直以地气乘机左旋于中,故使恒星、河汉因北为南,日月因天隐见,太虚无体,则无以验其迁动于外也。(《正蒙·参两篇》)

张载在这里除了对星体运行的规律如"天体左右旋说"有了一定的认识之

---

① 参阅姜国柱:《张载关学》,陕西人民出版社,2001年,第115页。

外,更重要的是,提出"凡圜转之物,动必有机;既谓之机,则动非自外也"的宇宙观,他从对天体运行过程的考量出发,认识到宇宙运行根本的动因在于事物内部,提出"动必有机""动非自外"的观点,这一关于天体运行规律的思考,是很深刻的。

其二,注意观察物理、气象、生物等自然现象,并做出客观合理的解释。张载观察到自然界物理、气象的变化有其运行的规律。他在运用阴阳说解释万物运行规律时,以阴阳之气的性质来具体说明,如他说:

> 阴性凝聚,阳性发散;阴聚之,阳必散之,其势均散。阳为阴累,则相持为雨而降;阴为阳得,则飘扬为云而升。

即阳气的特性是发散的,而阴气则往往有凝聚的特性,如天阴必下雨,就是阴气凝聚的结果。天晴时阳气发散上升,则天空晴朗。这是对自然现象的客观解释,没有任何神秘的色彩。

张载对"雷霆"和"风"以及其运动缓速的解释,都遵循着事物的客观规律并予以说明,他说:

> 凡阴气凝聚,阳在内者不得出,则奋击而为雷霆;阳在外者不得入,则周旋不舍而为风;其聚有远近虚实,故雷风有小大暴缓。(《正蒙·参两篇》)

张载还认为,如果阴阳之气"和而散",就形成"霜雪雨露",如果"不和而散",就出现"戾气喷霾"。如果"阴常散缓,受交于阳,则风雨调、寒暑正",即如果阴气缓缓而散,并与阳气交流,那么就会风调雨顺,寒暑交替也很规律。对于大地阴阳升降、一日长短、一岁寒暑的形成,他都用阴阳二气的运行来说明。

对于"一昼夜之盈虚、升降",张载还用海水的潮汐运动来验证。他说:

> 地有升降,日有修短。地虽凝聚不散之物,然二气升降其间,相从而不已也。阳日上,地日降而下者,虚也;阳日降,地日进而上者,盈也:此一岁寒暑之候也。至于一昼夜之盈虚、升降,则以海水潮汐验之为信;然间有小大之差,则系日月朔望,其精相感。(《正蒙·参两篇》)

这样的解释并不一定科学,但是在张载对自然的观察中所体现出的科学精神则值得肯定。

其三,重视对生理现象、医药知识的考察。张载观察人的生理现象,并用气来解释。如他说:

气于人,生而不离、死而游散者谓魂;聚成形质,虽死而不散者谓魄。

人活着时,气与人"生而不离";死则是气的游散,游散之气为"魂";人的形体是气凝聚而成的,虽死而不散,此称为"魄"。其对魂魄的解释采取了客观的、唯物的态度,体现出强烈的科学精神。张载还观察了人在"寤"与"梦"不同状态下的形与志(气)的表现,说:

寤,形开而志交诸外也;梦,形闭而气专乎内也。寤所以知新于耳目,梦所以缘旧于习心。

人神志清醒时,形体开放而神志与外界可以相交,此时人可以通过耳目等感官感知事物;相反,当人处于梦境之中时,人的形体处于闭合的状态,这时气则主要专注于内,所以人的神志就会将平日的事再现于头脑,出现梦这种现象,甚至还会出现"饥梦取,饱梦与"的情况。在张载看来,这都是正常的生理现象。

张载在对自然界的观察中提出的一些具有科学价值的理论及其体现出的科学精神,对其后关学学人的思想产生了广泛的影响,这也是关学区别于宋代诸多儒学派别的重要特点。[①]

第三节　宋代关学的地位和影响

大宋王朝结束了五代以来的分裂与动乱局面,实现了国家的统一,国家统一为学术的发展、繁荣提供了稳定的环境。面对隋唐时期佛、道昌盛及其对儒学的挑战,儒家学者为了挽救日益衰落的儒学,一方面重建道统以强化其历史传承的合法性,另一方面构筑本体以优化其理论体系的哲理性,濂、洛、关、闽诸学派就是在这种学术背景下创建的。张载怀着"为天地立心,为生民立命,为往圣继绝学,为万世开太平"的强烈使命感,经过多年的俯读、精思,构建了以"由太虚,有天之名;由气化,有道之名;合虚与气,有性之名;合性与知觉,由心之名"(《张载集》)为框架的思想体系,并以此在横渠镇授徒讲学,门人甚众。

张载关学除表现出"以气为本""以礼为教"的特点和影响之外,其价值和境

---

① 转引自刘学智:《关学思想史》,第59—70页。

界亦对后世影响深远。其实,更重要的还需从"横渠四句"和《西铭》中了解张载和关学的精神及其贡献。换句话说,对张载或关学的认识绝不能离开对宋代儒学主流、对宋代道学总体的认识和评价。按照"二程"所说,《西铭》是北宋道学最重要的文献,代表了道学最高的精神追求。而"横渠四句"则开显了儒家的广阔胸怀,即为世界确立文化价值、为人民确保生活幸福、传承文明创造的成果、开辟永久和平的社会愿景。《西铭》是哲学的、伦理的,"横渠四句"更是社会的、价值的,二者有不同侧重。"横渠四句"突出了道学的价值理想,《西铭》指引出道学的宇宙意识,而张载的思想整体是把高天和厚土结合在一起,顶天立地、天人合一,故"横渠四句"和《西铭》是关学对宋明儒学主流精神与核心价值的主要贡献。"横渠四句"的意义在宋代还不甚突出,但在明代以后越来越为人们所重视,其影响直至当代中国,塑造了中国知识分子的志向和心胸。

从这个意义上说,"横渠四句"和《西铭》的意蕴构成了关学对中国文化发展的突出贡献。《西铭》把古代的仁孝思想大大延伸,把孔孟的孝亲、仁民、爱物、事天一体贯通,发展了"以天下为一家,以中国为一人"(《礼记·礼运》)的思想,这就扩大了仁爱的范围;《西铭》把孝亲、仁民、爱物、忠君都看作是对天地父母行其大孝,从而大大提高了对道德行为的觉解,使人们从天地宇宙的角度理解个人的道德义务和穷达死生。《西铭》是以万物一气的思想为基础的,后来张载弟子吕大临提出"凡厥有生,均气同体"和"物我兼体",发挥了张载"视天下无一物非我"的万物一体境界。物我兼体即物我一体、万物一体,这些主张与"二程"洛学的"仁者与物同体"思想是完全一致的。相比起来,"二程"的"仁者与物同体"境界固然突出了博爱精神,但没有直接联系人伦日用;而《西铭》境界高远,联系人伦日用,从更高的层次去理解人伦日用,体不离用。这也应是为什么朱子对"二程"的同体一体说有所不满,但对《西铭》则无间言的理由。在这个意义上可以说,关学的精神就是《中庸》所说的"极高明而道中庸",既追求博大高明的价值境界,又密切联系人伦生活的日用实践。《西铭》经程门的表彰,其地位在南宋前期已经几乎与"四书"中的《大学》比肩,南宋儒学各家都把《西铭》视为经典,对其给予高度肯定。而正是《西铭》成为道学的经典及其影响的扩大,也引起了南宋淳熙年间反道学人士对《西铭》的攻击。他们批评时人"尊《西铭》而过于六经",批评《西铭》把君主说成与一切人同出于天地父母,使君主和人民成了兄弟,是"易位乱伦",意味着《西铭》消减了君主的绝对权威,缩小了君臣间的距离。其实这些对《西铭》的攻击，恰好证明了《西铭》在当时的重要地位和在政治思想上具有的进步意义。不仅与张载同时的"二程"以及他们的后学对《西铭》推崇至极，宋代道学的总结者朱子也大力推崇张载"心统性情"的思想，认为这一思想与"二程""性即理也"的思想同样是"颠扑不破"的真理，在道学体系中具有特别重要的地位。此外，朱子还高度肯定张载的"气质之说"。可见，我们论及宋代关学的影响，不能只就张载论张载，就关学论关学，更要看主流道学对关学的认识、评价、吸收、肯定。道学的宇宙论、心性论、工夫论、境界论都有取于张载的学说，而且不是一般的吸取，是作为重要的核心命题来吸取的，这证明张载思想对道学具有发端和奠基的意义，张载本人也属于道学的创立者群体，宋代的关学本身就是两宋道学建构的重要组成部分。①

而以张载思想为主体的宋代关学，在中国理学史和哲学思想史上具有显著的个性和独特的品格。"关学始终葆其'躬行礼教'、力排二氏（佛道）的'崇儒'宗旨。它以'气本''气化'之学和'精思''实学'之风，同朱学、王学相依相离，鼎足而立，为宋明理学写下了独放异彩的篇章。"张载的哲学思想在关中地区影响很大，从学者甚众，一时门生如云，声势颇大。以张载为领袖的关学学派形成后，一直延续到清末民初。其对中国哲学尤其是关中地区思想文化的发展产生了重大影响。关学与洛学成为北宋时期影响最大的两个学术派别。② 全祖望在《宋元学案》卷三一《吕范诸儒学案》中指出：

> 横渠张先生崛起关西，究心于龙德正中之地，深思力行而自得之；视二程为外兄弟之子，而相与讲切，无所不尽。世以孟子比横渠，而谓二程为颜子，其学问之渊源，顾其苟然者！

张伯行在《张横渠集序》中说：

> 其学当时盛传于关中，虽自成一家之言，然与二程昆弟首推气质之说，以明性善之本然，而汉、唐以下诸儒纷议之惑泯焉。其有功性教，夫岂浅小哉！

上引资料足见关学之盛，影响之大。再如，"太虚即气""一物两体"等都是

---

① 转引自陈来：《"关学"的精神》，《陕西师范大学学报》（哲学社会科学版）2016年第3期。

② 转引自龚杰：《张载评传》，南京大学出版社，2011年。

张载精思独创的哲学智慧结晶,显示出张载的哲学思想既有创新开拓的精神,又有深邃精微的致思;既有浑厚严谨的风格,又有恢宏博大的气象。这些思想对中国古代哲学的发展做出了划时代的杰出贡献,为中华民族的智慧宝库增添了宝贵的资源,在中国哲学史上占有重要的地位。可以说,北宋时期,张载的哲学决定了宋元明清时期中国哲学的发展方向。

第四节 宋代关学经典语萃

1. 成己成物,不失其道。——张载
2. 上达反天理,下达徇人欲者欤!——张载
3. 义命合一存乎理,仁智合一存乎圣,动静合一存乎神,阴阳合一存乎道,性与天道合一存乎诚。——张载
4. 立必俱立,知必周知,爱必兼爱,成不独成。——张载
5. 为天地立心,为生民立命,为往圣继绝学,为万世开太平。——张载
6. 言有教,动有法;昼有为,宵有得;息有养,瞬有存。——张载
7. 克己行法为贤,乐己可法为圣。——张载
8. 大其心,则能体天下之物。——张载
9. 学者先须立人之性,学所以学为人。——张载
10. 刚则守而不回,柔则入而不立。——张载
11. 文则要密察,心则要洪放。——张载
12. 心大则百物皆通,心小则百物皆病。——张载
13. 立本处以易简为是,接物处以时中为是。——张载
14. 合内外,平物我,此见道之大端。——张载
15. 学者恶其自足,足则不复进。——张载
16. 学贵心悟,守旧无功。——张载
17. 为学大益,在自求变化气质。——张载
18. 心解则求义自明,不必字字相校。——张载
19. 人若志趣不远,心不在焉,虽学无成。——张载
20. 圣心难用浅心求,圣学须专礼法修。——张载

21.知序然后经正,知秩然后礼行。——张载

22.贤才出,国将昌;子孙才,族将大。——张载

23.为政不以德,人不附且劳。——张载

24.为政者在乎足民。——张载

25.君子教人,举天理以示之而已。——张载

26.仁人孝子所以事天诚身,不过不已于仁孝而已。——张载

27.以爱己之心爱人则尽仁。——张载

28.上达则乐天,乐天则不怨;下学则治己,治己则无尤。——张载

29.天下有道,道随身出;天下无道,身随道屈。——张载

30.芭蕉心尽展新枝,新卷新心暗已随。愿学新心养新德,旋随新叶起新知。——张载

31.《西铭》

乾称父,坤称母;予兹藐焉,乃混然中处。故天地之塞,吾其体;天地之帅,吾其性。民,吾同胞;物,吾与也。大君者,吾父母宗子;其大臣,宗子之家相也。尊高年,所以长其长;慈孤弱,所以幼其幼。圣,其合德;贤,其秀也。凡天下疲癃、残疾、惸独、鳏寡,皆吾兄弟之颠连而无告者也。"于时保之",子之翼也;乐且不忧,纯乎孝者也。违曰悖德,害仁曰贼,恶济者不才,其践形,惟肖者也。知化则善述其事,穷神则善继其志。不愧屋漏为无忝,存心养性为匪懈。恶旨酒,崇伯子之顾养;育英才,颍封人之锡类。不弛劳而底豫,舜其功也;无所逃而待烹,申生其恭也。体其受而归全者,参乎!勇于从而顺令者,伯奇也。富贵福泽,将厚吾之生也;贫贱忧戚,庸玉汝于成也。存,吾顺事;没,吾宁也。

——张载

32.《东铭》

戏言,出于思也;戏动,作于谋也。发乎声,见乎四支,谓非己心,不明也;欲人无己疑,不能也。过言,非心也;过动,非诚也。失于声,缪迷其四体,谓己当然,自诬也;欲他人己从,诬人也。或者以出于心者,归咎为己戏;失于思者,自诬为己诚。不知戒其出汝者,归咎其不出汝者,长傲且遂非,不知孰甚焉!

——张载

33.义可得则受,义不可得则不受,则得不得有义矣。义可免则免,义不可免则不免,则免不免有义矣。君子所趋,惟义而已,何利害之择哉!——吕大临

34.圣人诚一于天,天即圣人,圣人即天,由仁义行,何思勉之有?——吕大临

35.至诚者,与天地参,则无间矣。——吕大临

36.仁者,以天下为一身者也。——吕大临

37.修身者,正言貌以礼者也。——吕大临

38.君子之事亲,亲虽老而不失乎孺子慕者,爱亲之至也。——吕大临

39.圣人之德,中庸而已。中则过与不及皆非道,庸则父子、兄弟、夫妇、君臣、朋友之常道。——吕大临

40.儒者之立,立于义理而已。——吕大临

41.非有恻怛之诚心,尽至公之全体,不足以修人伦而极其至也。

——吕大临

42.君子责人以恕,而成人有道。——吕大临

43.盖修其外则知愧于人,修其内则知畏于天。——吕大临

44.克己功夫未肯加,吝骄封闭缩如蜗。试于清夜深思省,剖破藩篱即大家。——吕大临

45.人君居百姓之上,惟所令而莫之违者,恃礼以为治也。——吕大临

46.君之使臣,臣之事君,尊卑之势虽殊,其所以相敬之道一也。——吕大临

47.名者,人治之大,不可以不正也。——吕大临

48.仕而不事道,则不恭。——吕大临

49.君子之事君,要之,君信于我而已。——吕大临

50.平天下者,善与人同。——吕大临

51.任贤使能,古之道也。——吕大临

52.为国之计,莫急于保民。——吕大钧

53.古者理财,视天下犹一家。——吕大忠

54.如朝廷敦信誓,帅臣严节制,将佐不敢贪功务获,则永无边患。

——吕大忠

55.师严然后道尊,道尊然后民知敬学。——吕大临

56.问未终而对,不敬其所问也。——吕大临

57.凡学者所以解蔽去惑。——吕大临

58.学不厌所以致吾知,教不倦所以广吾爱,自入德而言也。——吕大临

59.凡见尊者,以疾行为敬。——吕大临

60.赐人者使之来取,人之所难取也。与人者问所欲,人之所难言也。赐之而难取,问之而难言,非所以惠人之道也。——吕大临

61.急则相求,缓则相弃;恩厚不知,怨小必记,皆小人之交也。——吕大临

62.恶言加于人,则人亦将加恶言于己;以非义之事取其财,则必有非义之事费其财。——吕大临

63.德业相劝,过失相规,礼俗相交,患难相恤。——吕大钧

64.动必由理,故仰不愧于天,俯不怍于地,无忧无惧,其气岂不充乎?
——李复

65.盖忠义发于诚心,而有才术以将之也。——李复

66.刚其直也,弗悔于烈。复其克也,弗慊于忌。——李复

67.圣人御天下也必以道。——李复

68.圣王治世莫重于礼,事不由于礼,无巨细皆不可行。——李复

69.古先哲王之举事也,常艰于其始而深虑于其终。始虽可为,终不可继则不为,盖虑得其虚名而受其实弊。——李复

70.天下四海甚大,亦犹庶民之一家,以一家之事推之,乃天下之事尔。
——李复

71.古者乡举里选,非但取其浮文,必皆考其素行。——李复

72.学者当深造求得其原,得其原则左右从容,无不可矣。——李复

73.人日用而不知也,不求其本,寻文摘句,是入海算沙也。——李复

74.人之为文与诗最见精神。——李复

75.先须讲求义理的当,中心涣然,乃可作文。义理若非,虽洪笔丽藻,亦非矣。——李复

76.为文须去尘言,用事实,贵整齐,壹分明,此其大略也。——李复

77.士之于学,非尚其志、强其力,终无异于众人。——李复

78.士莫不知有学矣,然求之未明,得之亦莫之行,非学之难也,士亦有罪焉。——李复

79.但论一人之事,须知其人才识本末及其行事,乃可为说。——李复

第六章　金元时期关学及人物

第一节　主要人物概况

一、杨天德

杨天德(生卒年不详),字君美,陕西高陵人,肄业太学,金兴定二年(1218)进士。在他被朝廷任命赶赴博州聊城任县令的途中,金人大举进犯关中,因此其未及上任,便转任陕西行台椽,后迁至转运司度支判官。

自读书入仕,至于晚年,杨天德风节矫矫,始终不变。在任隆德县(今宁夏六盘山地区)县令时,杨天德被元兵围困,冒死完成请援使命。祸事解除后,他便建立治县规约,修复战争为百姓带来的"创伤",打击豪强恶霸,县民因此得以安居。庆阳被围时,杨天德任安北(今内蒙古巴彦淖尔市东南部)县令,因其忠勤,主帅使之兼禄事并镇抚军民,同时又兼理府事。杨天德日夜操劳,尽智毕力,守城拒敌一年多。后来,在奉命调进京师时,杨天德叹息说:"既不能救民之死,又不能掩盖其尸骨而去,吾不忍心!"在战乱后士大夫多不能自守节操的混乱情况下,杨天德却视权势如浮云。

杨天德晚年特别喜读《大学解》及程颐、程颢著述。在他眼睛昏花看不见时,便让儿子为其读诵,从早到晚听之以自乐。杨天德晚年与亲友谈笑歌咏:"吾晚年幸闻道,死无恨矣!"其墓志铭曰:"出也有为,死生以之。处也有守,不变于时。日临桑榆,学喜有得,其知益精,其行益力。吾道之公,异端之私,瞭然胸中,东西毫厘。内私外公,息邪柜波,俯仰古今,可以无愧。受全于天,复归其全,尚固有幽藏,无穷岁年。"其子杨恭懿亦为时之名儒,益昌家学。

二、杨恭懿

杨恭懿(1224—1294),字元甫,号潜斋。据《元史》记载,杨恭懿幼年"力学强记,日数千言"。童年时期的杨恭懿在随父亲逃避战乱的时日里依然读书不辍,未废学业。杨恭懿17岁时,和父亲回到高陵,因家贫无田,只能借住于郊外,靠出卖劳力为生。一旦有闲暇时间,杨恭懿便读书学习,尤其潜心于《易经》《礼经》《春秋》。

杨恭懿21岁时,始得朱熹《四书集注》、"四经"、太极图、《近思录》诸书,诵其言而唯其意。读后不禁感叹道:"人伦日用之常,天道性命之妙,皆萃此书。入德有其门,进道有其途矣。吾何独不可及前修踵武哉。"从此,杨恭懿"穷理以致其知,反躬以践其实,动静云为,一乎持敬,行之以刚健,居之以悠久,日就月将,俟其成功于潜斋之下,自任益重,前习尽变,不事浮末",自此立志以继承儒家学说为使命。父亲逝世后,杨恭懿按丧礼克尽孝道。宣抚司、行省召他掌书记之职,他辞不就任,后子承父业,走上了且学且教、且述且作的人生道路。由于杨恭懿名闻遐迩,陕西地方官署多次召他入仕,但均被他断然拒绝。其一生矢志不移地坚持居家讲学,淡泊名利、甘于清贫,持守着一介儒生的清高与气节。

元世祖至元七年(1270),杨恭懿与好友许衡同受朝廷召见,他坚辞不就。许衡应诏后先任国子祭酒,后擢中书左丞,常在右丞相安童面前称颂杨恭懿的才德。至元十年(1273),忽必烈派遣耶律申敬上门召杨恭懿进京,杨恭懿却以病为由,推辞不仕,一时引起朝野轰动。至元十一年(1274),朝廷以"商山四皓"之礼再次聘请,丞相也遣郎中张元智致信劝说,杨恭懿这才至京师入见皇帝。忽必烈亲自详细询问其家乡、氏族、师承以及子孙等各方面情况,关怀备至。皇帝在亲自接见杨恭懿时,与他探讨许衡提出的"实行汉法""崇文尊儒"等建议,二人相谈甚投,杨恭懿也为世祖的诚意所感动,世祖授他为集贤院学士(掌理秘书图书等事)。至元十二年(1275)正月,侍读学士徒单公履奏请开科取士,世祖令杨恭懿参与筹划。杨恭懿提出:"明诏有谓:士不治经学孔孟之道,日为赋诗空文。斯言诚万世治安之本。今欲取士,宜敕有司,举有行检、通经史之士,使无投牒自售,试以经义、论策。夫既从事实学,则士风还淳,民俗趋厚,国家得才矣。"

至元十六年(1279),杨恭懿又奉诏入京,世祖命他和许衡及郭守敬、王恂等人编制《授时历》。至元十七年(1280)二月,杨恭懿上书陈述修改历法的情形,说明旧的历法已不精确,现又创立新的《辛巳历》,比起旧历来要精确些,但还须每年做一次修正,经三十年后就差不多很精确了。又上《合朔议》,陈述自秦以来修改历法的经过,最后说:"臣等更造新,一依前贤定论推算皆改从实。今十九年历,自八月后,四月并大,实日月合明之数也。"即所更造新历,是依据过去历法家们的定论,考察观测天象的运行情况,自至元十九年(1282)八月后,完全符合日月运行的日数。修历法时,他们遍考秦以前《古六历》到南宋《统天历》四十多部历书,参阅古制,昼夜测验,历时五年,终于创立了新历。其法以365.2425天为一岁,与近代观测值365.2422仅差26秒,精度与公历相当。此法从至元十八年(1281)开始实施,比西方采用公历早了300多年。他们"改历"完毕后,接受世祖召见,文武大臣均列排下跪,世祖却命杨恭懿和许衡不必跪拜,说杨恭懿是凡"年少者皆受学汝者",可"皆座共其说"。世祖授其为集贤学士兼太史院事。

杨恭懿任集贤院学士时,兼太史院事(掌管天文观测和推算节气历法的官吏),后来改任崇文馆大学士(掌管国家最高学府的教授),他长期专注地从事弘扬孔、孟之道的讲学与著述。

至元二十九年(1292),已经68岁的杨恭懿先后被太学属馆、中书省诏晋,他均以年事已高、不便赴任推辞,并称病告辞,归还故乡。晚年,杨恭懿仍然坚守儒家文化传承的使命意识,悉心教导儿子杨寅继承家学,讲习儒学义理,弘扬关学精神。至元三十一年(1294),杨恭懿在故居户牖之下寿终正寝,终年70岁。他留有《潜斋遗稿》若干卷传世。杨恭懿去世后,学者姚燧为他撰写了神道碑,萧㪺为他撰写了墓志铭,铭曰:"维天生贤,匪使自有。俾拯丞民,为责已厚。公于明命,实肩实负。乾乾其行,艮艮其守。师古丧祭,如礼不苟。三纲之沦,我条自手。推得其类,无倦海诱。学者宗之,西土山斗。鸢飞鱼跃,潜斋自藭。"[①]

三、杨奂

杨奂(1186—1255),字焕然,号紫阳,乾州奉天(今陕西乾县)人。传说他母亲程氏曾经梦见东南方的阳光照在自己的身上,旁边一位神人将笔交给自己,不久杨奂就出生了,他的父亲认为这是文德辉耀的象征,因此给他取名为"奂"。

[①] 转引自刘学智:《关学思想史》,西北大学出版社,2015年。

杨奂天性至孝,年十一丧母,哀毁如成人。少时,杨奂曾梦游紫阳阁,后来便因以自号。长大后,杨奂喜濂、洛诸儒学说,曾经作《万言策》,指出当时社会及朝廷的弊病,言辞恳切,针砭时弊,但终未得到朝廷重视。元初,杨奂于户县柳塘隐居授徒,创立紫阳阁(即清风阁),自称紫阳先生,从学的门生百余人。

戊戌年(1238),杨奂就试于东平路,两中诗赋、策论第一。后经耶律楚材推荐,授河南路征收课税所长官,兼廉访使。他对中令公说:"仆不敏,误蒙不次之用,以书生而理财赋,已非所长,兼以大荒之后,遗黎无几,烹鲜之喻,正在今日,急而扰之,糜烂必矣。愿公假以岁月,使得抚摩创痍,以为朝廷爱养基本万一之助。"杨奂的此番请求得到了耶律楚材大加赞许。

杨奂一到任,即招来当时的名士,与他们商议,政事法令一概简略便宜处理。巡视河南辖境时,杨奂亲自询问盐务每月赋税多少、难易情况。有人以增加盐税进言,杨奂责备他"盘剥百姓,欺瞒百姓",于是他减去原税额的四分之一,官府百姓两相便利。不过一个月,政事已经整顿完毕,当时舆论一致认为,这是以往的赋税长官从未做到过的。

杨奂在任十年后,告老归乡,他年迈病重时,嘱托自己的后事就像平时办事一样从容,告诫子弟以廉慎自保,并命门人载笔留诗三章,后举杯大笑,怡然而逝,时年70岁。朝廷赐予杨奂谥号"文宪"。

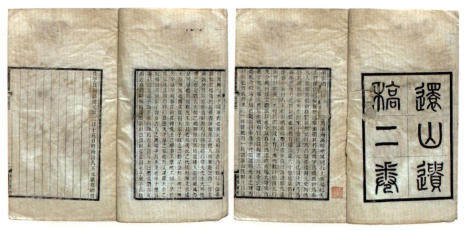

◎《还山遗稿》中华民国二年(1913)版

后人评价杨奂,常提其博览群书,长于记忆,做文章务必去除陈词滥调,以因袭古人为耻辱。朝廷中诸位德高望重者,都愿降低辈分与他交往。杨奂不经营产业,家中财产不足十金,却喜好周济他人的急难。当别人有困难时,即使自己财力不足,仍然尽力帮助。例如翰林学士姚燧早孤,育于世父枢,枢督教甚急,杨奂驰书止之曰:"燧,令器也,长自有分,何以急为!"乃以女妻之。燧后为名儒,其学得于杨奂为多。杨奂去世后,元好问撰神道碑,称其为"关西夫子"。

杨奂著作有《还山前后集》百卷、《天兴近槛》三卷、《韩子》十卷、《概言》二十五卷、《砚纂》八卷、《北见记》三卷、《正统书》六十卷。

四、萧斛

萧斛(生卒年不详),字维斗,号勤斋,奉元(今陕西西安)人,元代振兴关学的重要学者。萧维斗幼勤学,性耿直,做府吏时,因与上官言语不合,即隐退读书于终南山。

自此三十年间,萧维斗博览群书,"天文、地理、律历、算术,靡不研究",声名闻于秦中,门下受业者甚众。其著作有《三礼说》《小学标题驳论》《九州岛志》及《勤斋集》等,大都散佚,《四库全书》收有《勤斋集》八卷,有文42篇、诗261首、词4首。萧维斗弟子很多,著名的有第五居仁、吕思诚、李术鲁翀。侯均谓"元有天下百年,唯萧维斗为识字人"。其时学者及门受业者甚众,乡里孚化,称之曰萧先生。

萧维斗重气节,誓不仕元。元世祖忽必烈屡召不就。武宗初,征拜太子右谕德。不得已,扶病至京师,入觐东宫,书《酒诰》为献,以朝廷时尚酒故也。寻以病请辞归。年七十八,以寿逝于家,谥贞敏。刘致在为其所作《谥议》中称:"制行甚高,真履实践,其教人必自《小学》始。为文辞,立意精深,言近而旨远,一以洙泗为本、濂洛考亭为据。关辅之士,翕然宗之,称为一代醇儒。"

五、同恕

同恕(生卒年不详),字宽甫,号榘庵,奉元(今陕西西安)人。其幼年就学时,能日记数千言。13岁时,以《书经》考得乡校第一名。但当朝廷选拔官员时,他却屡辞不就。至元年间(1264—1294),朝廷分了六部,任其为礼部官员,他推辞不就;仁宗时,三次请他出任国子司业,阶儒林郎,其仍推辞不就。朝廷只好在奉元设立鲁斋书院,由同恕统领教习事宜。

同恕好学博闻,家无担石之储,而聚书数万卷。其著有《榘庵集》二十卷,文风"不事粉饰,而于淳厚敦朴之中,时露峻洁峭厉之气"。致和元年(1328),朝廷任命同恕为集贤侍读学士,他托病请辞。至顺二年(1331),逝于家乡,享年78岁。朝廷追赠其为翰林直学士,封京兆郡侯,谥号"文贞"。同恕传播儒家学说,对于改变蒙古贵族落后的部落意识和奴隶制残余思想有一定的积极意义。

六、韩择

韩择(生卒年不详),字从善,奉元(今陕西西安)人。其自幼天资超群,通达道理。韩择教学者,虽中岁以后,亦必使自《小学》等书始。或疑为陵节勤苦,则曰:"人不知学,白首童心,且童蒙所当知,而皓首不知,可乎?"韩择尤邃礼学,有质问者,口讲指画无倦容。士大夫游宦过秦中,一定会去拜访韩择,才不虚往而实归。世祖尝召之赴京,因为疾病,未能成行。在韩择去世时,门人为他服丧者百余人。

七、侯均

侯均(生卒年不详),字伯仁,今陕西蒲城人。父母早亡,继母卖柴抚养他长大。侯均学习四十年后,群经无不贯通,每每读书,都要达到熟读背诵的程度方才停下来。他认为"读书不至千遍,终于己无益"。因此,在他回答诸生的问题时,穷索极探,如取诸箧笥,"虽方言、古语,世所未晓者,莫不应时剖析,众咸服其博闻为不易及"[①],名振关中,学者宗之。

后世有载,"先生相貌魁梧方正",人多忌惮其严肃的样貌,但和他有所交往后,则相处融洽。即使是方言古语,或世人很少听闻的话,但凡问到侯均,没有他解答不出来的,因此世人都佩服其博学。侯伯仁今祀蒲城乡贤祠。

八、第五居仁

第五居仁(生卒年不详),字士安,今陕西泾阳人。幼年曾师从萧㪺,成年后受业于同恕,博通经史。他亲自带领弟子,耕田垄亩之上,学徒众多。第五居仁气度不凡,宽宏雅量,能容人所不能容。践行礼教,矢志不渝,乡人认为其高义,都受其教化,作字比楷整,不惟学明,而行加修焉。他去世时,门人相与议易之

---

① 转引自王美凤整理编校:《关学史文献辑校》,西北大学出版社,2015年,第218页。

礼,私谥曰"静安先生"。

九、程珦

程珦(生卒年不详),字君用,号悦古,今陕西泾阳人,隐居不出仕。成年后学习古之圣学以自立,讨论"六经",即使寒冬、酷暑、造次颠沛,他也从未有过懈息。三原李子敬创办学古书院时,延请程珦于其中讲学,远近从其学者百余人。他循循善诱,诲人不倦,乐于其中,学者们称他为"悦古先生"。他曾经告诫诸弟子:"人性本善,习之易荒,古圣贤皆以骄惰为戒,况凡民乎?"

程珦集《家戒》一卷,以遗子孙。著述有《辽史》三卷、《异端辨》二卷、《云阳志》二卷和《乐府文集》。

第二节 金元时期关学的时代特征

自北宋徽宗政和年间(1111—1118)到南宋理宗端平年间(1234—1236),宋朝一直处于与金朝对峙并立的状态,关中地区尤其是关西一代,大多数时间处于宋金对峙的前线。金朝建立初期,为了巩固统治,朝廷自觉或不自觉地在接受汉文化。不过,诸学者在这一时期还没有提倡汉文化中某一学派的自觉意识,加之长期战乱,也没有出现所谓的"名家通儒"。金熙宗皇统年间(1141—1149),金朝开始有意识地提倡儒学,如《金史·韩铎传》记:"熙宗闻其有儒学,赐进士第,除宣徽判官。"到金世宗、章宗时,即大兴学校,推行儒家教育,以儒家经义作为科举取士的标准,并将儒家《论语》《孝经》等经典翻译成女真文字。随之,发端于宋代的理学,尤其是程朱理学迅速在金统治区域内传播开来。当时有影响的儒者如杜时升,就在嵩、洛山中教授"二程"之学。《金史·杜时升传》记载:"大抵以伊洛之学教人,自时升始。"到金末,则出现了在社会上有较大影响的儒者,如王若虚、赵秉文等。

蒙古灭金并入主中原建立元朝之后,大量擢用汉族士人,有意识地学习和传播儒学。早在铁木真灭金之后的公元1235年,窝阔台出兵侵宋,攻下德安,"姚枢奉诏即军中求儒、道、释、医、卜士",当时俘获了儒生赵复,后来赵复与姚枢在燕京建周敦颐祠,又建太极书院,开始讲授程朱理学。《元史》卷一八九《赵复传》称："北方知有程朱之学,自复始。"当然,此说不一定准确,其实金末北方儒生如王若虚、赵秉文等早已在评论程朱理学。王若虚认为,朱熹的经注是"妄为注释""过为曲说"(《论语辨惑》)。赵复在北方建立书院,广收门徒,"自复至燕,学子从者百余人"(《元史》卷一八九《赵复传》)。赵复尽力推动儒学的传播,史称"江汉先生"。赵复将他带来的与程朱理学有关的儒家经典的传注传授给姚枢。时元世祖在潜邸,召见了姚枢,姚枢向他上陈"二帝三王之道"以及"治国平天下之大经",将其概括为"八目",即"修身,力学,尊贤,亲亲,畏天,爱民,好善,远佞",遂受到器重。姚枢后来又将程朱之典籍传授给了许衡。姚枢和许衡一起,讲习性理之学,成为元初很有影响的名儒。他们对推动儒学在元朝的传播起了重要的作用。到仁宗皇庆二年(1313),元朝恢复了科举取士制度,程朱理学被定为取士的标准。之后,朱熹《四书章句集注》逐渐成为科举考试的主要教材。至此,程朱理学正式上升到官方意识形态的地位,并在全国迅速传播。此外,在赵宋灭亡后,一些理学家基于民族气节,不愿仕元,纷纷退居讲学于各地书院,这也有效地推动了理学在民间的传播。

关中在宋金对峙并立之时,一直处于金人的统治之下,时儒学凋零,习儒者少,不过也涌现出一些有影响的大儒。例如金末元初的杨天德。杨天德肇端高陵之学,后由其子杨恭懿发扬光大。杨天德是金末兴定二年(1218)进士,长期仕宦于金,相继被辟为陕西行台掾、大理寺丞,庆阳、安化主簿,不久又辟德顺之隆德令、安化令,再迁转运司支度判官。在杨天德任庆阳主簿时,适逢庆阳围困,在危急之下主帅派他去镇抚军,并令其判府事。他日夜坚守,尽责尽职,没有丝毫的懈怠,坚守一年多,许多饥民都饿死了。当围困解除后,朝廷要召杨天德回京师,他竟不忍离去,说:"既不救民之死,又暴其骸骨而去之,吾不忍也。"足见其爱民之心。金末京城不守,杨天德流寓宋、鲁间十年,后归于长安。杨天德早年虽读书入仕,但到晚岁方"读《大学解》,沿及伊、洛诸书,大嗜爱之"(《元文类》卷五一《南京转运司支度判官杨公墓志铭》)。他对自己早年把精力消耗于"课试"常有反省,终悟到"知吾道之传为有在也",他对自己晚而"闻道"既感欣慰也有遗憾。杨天德即使年事已高,因目疾不能看书,仍让其子为之读诵,朝夕听闻,以此为乐。尝谓"吾晚年幸闻道,死无恨矣!"后来他以极大的热情刊刻儒家经典。其子杨恭懿倡其家学,一生恪守程朱,"穷理反躬,一乎持敬""赫然名动一时"(《关学编》卷二)。

从一定意义上说,高陵之学代表了金代关学的学术水平。由高陵之学所建构的崇儒信道、笃行践履的学风一直到元代才在关中得以承传。关学经过金代的低迷,到元代有了起色。这是由于以京兆为中心的关中地区,曾是元世祖忽必烈的封藩之地,他出王秦中,于宪宗四年(1254)召著名学者许衡出任京兆提学。元代关学的发展与许衡来陕有很大的关系。许衡是元代儒学的领袖人物,他的学术活动和学术思想对元代关学的维持和以后的复兴起到了重要的作用。如前所述,其学得之姚枢,姚枢曾与杨惟中建太极书院,立周子祠,以"二程"、张、杨、游、朱六君子配祀。赵复乃在此讲学,传授周程张朱之理学。后姚枢退隐苏门,传赵复之学,"由是许衡、郝经、刘因皆得其书而崇信之"。许衡从姚枢学而"得伊洛、新安遗书",故黄百家在《鲁斋学案》中曰:"自石晋燕云十六州之割,北方之为异域也久矣。虽有宋诸儒迭出,声教不通。自赵江汉以南冠之囚,吾道入北,而姚枢、窦默、许衡、刘因之徒,得闻程、朱之学以广其传,由是北方之学郁起。"(《宋元学案》卷九《鲁斋学案》)许衡入关,在关中大兴学校,尽力扶植和提倡程朱理学,这直接影响了此后关学的基本走向。关中学人从宗张载的关学走向了宗濂洛关闽的理学,尤推崇程朱之学,这成为关学在元代的一个新动向。蒙元一代,书院极盛。关中兴建了鲁斋书院、横渠书院、正学书院等影响颇大的书院,从而进一步推动了理学在关中的传播。

清人柏景伟说:"关中沦于金、元,许鲁斋衍朱子之绪,一时奉天、高陵诸儒与相唱和,皆朱子学也。"(《柏景伟小识》)元代关学最早是以奉天之学和高陵之学为核心的。奉天是今关中乾县一带。奉天之学以杨奂为代表。杨奂是元代影响关中的硕儒,元好问称他为"关西夫子"。杨奂在晚金归隐时,以讲道授徒为业达五年之久,"门人百人"(《金石粹编》卷一五九《杨奂碑》)。他留心经学,能自成一家。奉天之学承继了金末传统,学宗程朱。

元代后期,关学史上涌现出萧㪺、同恕等学人。萧㪺、同恕号称"关陕大儒",且都是关中奉元(今陕西长安)人。黄宗羲在《宋元学案》中专立《萧同诸儒学案》,其中有全祖望案语:"有元立国,无可称者,惟学术尚未替,上虽贱之,下自趋之,是则洛、闽之沾溉者宏也。"(《宋元学案》)躬行礼教、注重践履之学风的延续在元代关中学者身上有突出的体现。①

---

① 转引自刘学智:《关学思想史》,第199—201页。

第三节　金元时期关学的地位和影响

金元关学是两宋儒学革新运动的思想产物，它的思想渊源直承宋代理学，其中张载关学中"崇礼尊经"的传统被金元关中士人所继承，他们通过"尊经"，从先秦儒学中寻求学理依据，显示出古拙淳朴的学风；通过"反躬穷理"与"报经济世"，寻求德行与事功的统一，践行儒家"修齐治平"的入世理想，显现出儒家的学术传统。同时面临程朱理学北渐，关中士人兼采众长，主动融合，应和了整个学术发展的趋势：一方面依据经典，保持了关学"躬行礼教"的传统；另一方面，通过融合程朱理学获得学术发展空间，使关学在金元之际的北方蹒跚前行，为明代关学的复兴奠定了基础。①

总之，关学在金元时期曾经一度消沉，经过奉天之学、高陵之学及其后奉元之学的传扬，到元代中期渐见起色。该时期关学力阐关、洛宗旨，尤重程朱，其学风特点是重礼教、重践履、重实践、重气节，这些都与张载开创的关学传统一脉相承。四库馆臣曾将元代儒士的特点与宋明儒士做了比较，说："宋儒好附门墙，于渊源最悉。明儒喜争同异，于宋派尤详。语录学案，动辄灾梨，不啻汗牛充栋。惟元儒笃实，不甚近名，故讲学之书，传世者绝少。"（《四库全书总目提要》卷五八）"元儒笃实，不甚近名"的特点在关学诸儒如杨奂、杨恭懿、萧㪺、同恕等人身上确有鲜明的体现。

北宋灭亡之后，随着大批文人南迁，北方方兴未艾的理学确实很受打击，相比于北宋时期门派众多、新说迭起的繁荣场面，金代理学趋于沉寂，但是北方理学并未衰绝，有些家族依然在传承，也有学人在研习。具体到"关学"，已经与程朱理学融汇，其不仅在关中地区传衍，还扩展到北方其他地区，比如河东南路、河东北路等地。金代关学余脉的流传，为元代以后关学的延续与发展做了必要的铺垫。元代关中学人有沿袭横渠之风者，比如吕域"居父忧，丧葬一仿古礼"。元初赵复北上，北方出现了刘因、许衡、姚枢等理学家，北方理学迎来了复兴，关中也出现了萧㪺、同恕等重要学者。其为明清时期关学的复兴保留了余脉。

---

① 转引自常新：《金元时期关学的学术面向》，《中国哲学史》2018年第3期。

"关学"在学术层面上的绵延不衰,人才迭出,在张载等众多学者的不断努力下,关中民俗风气也有很大改变,从以前的丧祭无法变为崇尚礼仪。乾隆《西安府志》的编者曾说:"向见书册所称秦俗,率谓其士习狷薄,民俗剽悍。余往来关中四载,见其士则温文而知礼让,其农则简朴而安耕凿,乐事劝功,尊君亲上。"将这种良好风俗归之于学校的兴建与张载《张氏祭礼》等书的化导之功,这其中自然包括金元"关学"承传者化育民俗的努力。①

第四节　金元时期关学经典语萃

1.在礼,东宫东面,师父西面,此礼今可行乎?——萧㪺
2.养生有不备,事有可复;追远有不诚,是诬神也,可逭罪乎?——同恕
3.人不知学,白首童心,且童蒙所当知而皓首不知,可乎?——韩择
4.读书不至千遍,终于己无益。——侯均
5.人性本善,习之则荒,古圣贤皆以骄惰为戒,况凡民乎?——程珣

---

① 转引自张建伟:《金代"关学"余脉考论》,《长安学术》2016 年第 2 期。

第七章 明代关学及人物

第一节 主要人物概况

一、吕柟

吕柟,字仲木,今陕西高陵人,号泾野,人称泾野先生。生于明成化十五年(1479),卒于嘉靖二十一年(1542)。吕柟一生仕途坎坷,正德三年(1508),吕柟举进士第一,被授予翰林院修撰。当时权宦刘瑾打算以同乡的身份前往祝贺,却被吕柟拒绝,此后亦不来往。刘瑾伏诛后,吕柟官复原职。据《明儒学案》记载:

> 上疏劝学,危言以动之。乾清宫灾,应诏言六事:一、逐日临朝,二、还处宫寝,三、躬亲大祀,四、日朝两宫,五、遣去义子、番僧、边军,六、撤回镇守中官。皆武宗之荒政。不听,复引去。世庙即位,起原官。甲申以修省自劾,语涉大礼,下诏狱。降解州判官,不以迁客自解,摄守事,兴利除害若嗜欲。在解三年,未尝言及朝廷事。移宗人府经历,升南考功郎中,尚宝司卿,南太常寺少卿,入为国子祭酒,转南礼部右侍郎。公卿谒孝陵宗绯,先生曰:"望墓生哀,不宜吉服。"遂易素。上将视显陵,累疏谏止。霍文敏与夏贵溪有隙,文敏为南宗伯,数短贵溪于先生,先生曰:"大臣和衷,宜规不宜谤也。"文敏疑其党贵溪。已而先生入贺,贵溪亦暴文敏之短,先生曰:"霍君性少偏,故天下才,公为相,当为天下惜才。"贵溪亦疑其党文敏。会奉先殿灾,九卿自陈,贵溪遂准先生致仕。壬寅七月朔卒,年六十四,赐谥号文简。

明代中期,关学之主流,由山西薛瑄立宗开派的河东之学传衍。① 山西薛瑄开创河东学派,传学于兰州段坚,段坚又传于秦州(今甘肃天水)周蕙,后由周蕙门人薛敬之传于吕柟。据《明史·吕柟传》记载:"柟受业渭南薛敬之,接河东薛瑄之传。"《四库全书总目提要》亦称:"柟师事渭南薛敬之,其学以薛瑄为宗。"吕柟受学于渭南薛敬之,得周程张朱理学之正传。清初关学学者李颙(号二曲,1627—1705)曾说:

> 小泉先生崛起行伍之中,阐洛、闽绝诣以振颓俗,远迩向风,贤愚钦仰。思庵薛子不远数千里从之学,每晨候门,躬扫坐榻,跽而请教,事之唯谨,卒得其传,为一时醇儒。其后吕文简公又问道于薛,以集关中大成,渊源所自,皆先生发之,有功于关学甚伟。(《二曲集》)

◎《毛诗说序》惜阴轩丛书道光二十年(1840)版

吕柟其学恪守程朱理学,一时称盛。吕柟集"诸儒之大成而直接横渠之传,尤为独步"②。吕柟是明代中期陕西关中地区著名的理学家,是明代关学的集大成者。冯从吾说:"关中之学自横渠张子后,惟先生(泾野)为集大成。"(《关学编》)吕柟"九载南都,与湛甘泉、邹东廓共主讲席,东南学者,尽出其门"(《明儒学案》)。故黄宗羲称:

---

① 刘学智:《关学源流特征与〈关学文库〉的编纂》,《孔子研究》2014年第5期。
② 刘学智:《关学思想史小识》,《光明日报》2016年5月16日。

(吕柟)几与阳明氏中分其盛。

> 朝鲜国闻先生(吕柟)名,奏谓其文为式国中。先生之学,以格物为穷理,及先知而后行,皆是儒生所习闻。而先生所谓穷理,不是泛常不切于身,只在语默作止处验之;所谓知者,即从闻见之知,以通德性之知,但事事不放过耳。大概工夫,下手明白,无从躲闪也。先生议良知,以为圣人教人每因人变化,未尝规规于一方也。今不论其资禀造诣,刻数字以必人之从,不亦偏乎!夫因人变化者,言从入之工夫也。良知是言本体,本体无人不同,岂而变化耶?非惟不知阳明,并不知圣人矣。

吕柟与当时学者如湛甘泉、邹东廓等交往广泛,其门徒众多,讲学及学说影响力之大,甚至远播朝鲜国。

吕柟对当时的黑暗政治痛心疾首,先后上疏请武宗"入宫亲政事,潜消祸本",劝世宗兴"大礼""勤学以为新政之助",劝谏皇帝要"上对天心,亲贤远谗,下通民志,天下中兴"(《关学编》)。因得罪权臣刘瑾被贬官而归居高陵之后,他筑东郭别墅,以会四方学者。别墅不能容,又筑东林书屋。讲学的规模和影响越来越大。此外,吕柟曾多次拒绝官府及他人的馈赠,即使"门庭萧然,无异寒素"也怡然自得。

吕柟亦非常重视气节。除了身体力行之外,吕柟在讲学时也常常告诉学生要"甘贫",并把"甘贫"看作是当今学者急务之一,强调"能甘贫,则凡一切浮云外物,举不足为累矣"(《四书因问》),并指出:"舜无间然,只在菲饮食;回称为贤,只在箪瓢陋巷不改乐处。今学者只去其一切外慕,无所系累,方为实学。"(《四书因问》)

吕柟之学以"尚行"(黄宗羲在《明儒学案》中的说法)为旨,"重躬行,不事口耳""不为玄虚高远之论"(《关学编》)。黄宗羲评价说:

> 关学世有渊源,皆以躬行礼教为本,而泾野先生实集其大成。观其出处言动,无一不规于道,极之心术隐微无毫发可疑,卓然闵、冉之徒无疑也。异时阳明先生讲良知之学,本以重躬行,而学者误之,反遗行而言知。得先生尚行之旨以救之,可谓一发千钧。时先生(吕柟)讲席几与阳明氏中分其盛,一时笃行自好之士多出先生之门。(《明儒学案》)

同时,吕柟非常重视对经学的学习,他说:"今之乱经者又多矣。以权者假,以术者贼,以功利者叛,以辞赋者荒,以章句者支,以记诵者浅,以静虚者玄,以俗

者卑,以名者袭,故治经求之于心而放之于行者鲜矣。"(《四书因问》)

吕柟著作丰富,有《泾野子内篇》《四书因问》《周易说翼》《尚书说要》《毛诗说序》《礼问》《春秋说志》《泾野先生文集》《泾野先生别集》《宋四子钞释》《解州志》《高陵县志》《十四游记》等。

二、马理

马理,字伯循,号谿田,今陕西三原人。生于明成化十年(1474),卒于嘉靖三十四年(1555)。弘治六年(1493),马理二十岁时,适逢王恕致仕归家,与其子王承裕在家乡办宏道书院,马理遂从其学,于是"得习闻国朝典故与诸儒之学",且能"一切体验于身心",并与诸友"共为反身循理之学"。关中学者一时惊叹其才学,"以为今之横渠也"(《关学编》卷四)。马理其学承三原学派一脉,故黄宗羲在《明儒学案》中将其写入"三原学案"。马理曾游太学,与吕柟、崔铣等结为挚友。时陕西学政杨一清见到马理、吕柟,惊异于他们的才华学识,称赞"马生、吕生之经学,皆天下士也"(《明史》卷二八二)。马理是弘治十一年(1498)举人,于正德九年(1514)进士及第。之后为官几起几落,曾因与朝廷意见不合而告归回乡三年,不久又起考功主事。后因谏武宗南巡事而遭廷杖夺俸,不久送母归。嘉靖初,起稽勋员外郎,又因伏阙争大礼事而下狱,再次被廷杖夺俸。后马理又多次被起用,先后迁考功郎中、南京通政参议、光禄卿,最后起南京光禄卿,终致仕。马理一生著述颇丰,所著《四书注疏》《周易赞义》《尚书疏义》《诗经删义》《周礼注解》《春秋修义》《陕西通志》与诗文集各若干卷。

马理的哲学思想以理为本,兼采张、程、朱。《关学编》称马理"得关、洛真传",说明其学融通张载关学与"二程"洛学以及朱子理学。马理接受程朱"理本气末"的观点,说:"阴阳者,气也,形而下者也,一阴一阳寓于气之中,非气而为之主者;理也,形而上者也,即太极之谓也。"(《周易赞义·系辞》卷上)认为理与太极都处于本体的层次,是形而上者,阴阳之气则是形而下者。马理较为强调"天理"的本体意义,他说:"天之所助者为循乎天理,顺从而不违也;人之所助者为由乎人道。"(《周易赞义·系辞》卷上)所以在修养工夫上,马理主要持守程朱的"主敬穷理"说,但与此同时,他也吸收张载的"敬义交修"说。马理主张人性本善,认为善的本性得之于天理。人在童蒙之时,尚没有与外物交感,故没有受到社会的习染,还能保持本然善性,此童蒙之心就是天德良知,就是天理之心。

但人一旦受到社会习染,就可能会丧失本心,所以需要工夫修养。在马理看来,工夫修养就是"克己"与"践履"。他说:"君子观象,则不徒已天理之心操存于内而已,至于有为之际,则动以克己复礼为事,非其礼也,则弗以履焉。"(《周易赞义》卷二)一方面要把"天理之心操存于内",另一方面要有"动以克己复礼为事"的践履。由此马理强调"敬义交修",他说:"盖君子主敬以直其内,制义以方其外,敬义交修而立焉,德斯博厚而不孤矣。"(《周易赞义》卷二)即内以"主敬",外以"制义",这些说法显然受到张载思想的影响。张载说:"敬以直内则不失于物,义以方外则得己,敬义一道也。敬所以成仁也,盖敬则实为之,实为之故成其仁。敬义立而德不孤。"(《横渠易说》)可见,在工夫论上,马理将程朱的"主敬穷理"与张载的"敬义挟持"相结合。①

马理在明代关学的礼学发展中有重要作用,他对礼学有所创发。马理对"礼之本"的问题有清楚的认识,提出"天秩之礼"的观点。他借助《周易》将礼的内涵界定为"天秩之礼":"《传》释履义:履者,天秩之礼也,其分截然者也,岂径情直行者哉?盖和顺从容,以兑之柔而履乎乾之刚,斯为履也。"(《马理集》)在对履卦的解释中,通过爻位的次序确定礼的秩序,即以下卦"兑"的柔品对上卦"乾"的刚健之品,以此明确"天秩之礼"的职分。如果说这是强调礼在根源意义上的秩序与位分,那么,将天作为此秩序的本源根据就成为马理礼学的基本定位。马理认为:"若曰万物资始乃统天,固为元矣。其在人则为好生而恶杀之仁,凡义礼智之德皆从此出,实万善之长也。"(《马理集》)仁义礼智之德作为礼的内在规定,皆本于天而内在于人。"礼是天地的德性,自然的秩序,人有好生恶杀之德是上承天道,落实到人性,就体现为严而泰、和而节的'礼'。"②如此一来,马理所言"天秩之礼"就是自然秩序与道德秩序的统一,而礼之淑世教化意义的生成皆本于天秩天序。除此之外,马理还认为,礼作为社会规范和典章制度的存在,发挥着积极而重要的作用:"上下无以辨也,以礼辨之;民志无以定也,以礼定之,则天下寡过而治可常保之也,定万民之志则天下孚而乱不作矣。"(《马理集》)上下因礼而辨、民志因礼而定,天下便会形成稳定的人伦秩序。在马理看来,作为一种人伦秩序的表达,礼具有辨别民志、规范秩序的作用。正是

---

① 转引自刘学智:《关学思想史》,第 227—228 页。
② 转引自许宁、高华夏:《马理礼学思想简论》,《唐都学刊》2013 年第 2 期。

基于礼的秩序规范意义,马理强调在具体实践中执礼而行。《关学编》对此有所记载:"先生(马理)又特好古《仪礼》,时自习其节度,至冠、婚、丧、祭礼,则取司马温公、朱文公与《大明集礼》折衷用之。处父丧与嫡生母之丧,关中传以为训。"可见,马理对各种仪礼的践履偏重于社会移风易俗的教化意义。需要指出的是,这一特点的形成既来自于马理对礼之规范性的基本认识,也来自于其师王承裕(1465—1538)对礼之实践作用的推崇。马理详细记载并赞赏其师的行为:"自始学好礼,终身由之,教人以礼为先。凡弟子家有冠、婚、丧、祭之事,必令率礼而行。"(《关学编》)王承裕曾在民间推行礼教、教化乡民,在其影响下,"三原人士多所劝法,动皆由礼,凡酒垆茶肆足不屑履,虽官府公所亦稀至焉"(《马理集》)。马理正是在持守师说的基础上,明确礼学的规范性,从而夯实礼的淑世教化价值。

三、韩邦奇

韩邦奇(1479—1555),字汝节,号苑洛,今陕西朝邑人。朝邦奇于正德三年(1508)考中进士,被任命为吏部主事,后晋升为员外郎。正德六年(1511)冬天,京师发生大地震,韩邦奇上书指出当时政治中存在的过失,违背了皇帝的心意,皇帝未予答复。恰逢给事中孙祯等弹劾不称职的群臣,一并涉及韩邦奇。吏部已经商量决定留任韩邦奇,皇帝最终因为之前那篇奏疏,把他贬为平阳通判。韩邦奇后来升为浙江佥事,管理杭、严二府的事务。宁王朱宸濠派遣宦官假装给和尚施舍粥饭,在杭州天竺寺聚集了上千人,韩邦奇立即遣散了他们。朱宸濠的女婿假托进贡,要从衢州借道,韩邦奇直言质问。当时在浙江的宦官共四个人,王堂当镇守,晁进管织造,崔珏管市舶,张玉管建筑。他们的爪牙四处搜刮,百姓苦不堪言。韩邦奇上书请求对他们加以禁止,又多次遏制王堂。韩邦奇忧虑宦官采办富阳的茶鱼为害百姓,写了一首诗歌表示感伤。王堂却上书说韩邦奇阻止对皇上的供给,写诗歌埋怨、诽谤。皇帝大怒,把韩邦奇押到京城,关进了钦犯监狱。朝中大臣上书挽救,皇帝也不允许,最后韩邦奇被罢官为民。

嘉靖七年(1528),韩邦奇被起任为山东副使,以右佥都御史巡查安抚宣府,入朝协助管理督察院的事务,升任右副都御史,巡查安抚辽东。当时辽阳发生兵变,侍郎黄宗明向世宗奏说韩邦奇一向很有声望,请给他见机行事的权力,让他迅速前往平定事变。世宗当时一味采取姑息政策,没有答应,而是让韩邦奇与山西巡抚任洛做了对调。韩邦奇上任山西后,处理政务严谨而有法度,部门官员提供的生活用品他都没有接受,自己每隔一天拿出禄米换一斤肉。他在山西当了四年巡抚,后告病回乡。居家期间,朝廷上下不断有人推荐,韩邦奇又以原有官职出来主管河道事务。后来升任刑部右侍郎,又改当吏部左侍郎。后被任命为南京右都御史,提升为兵部尚书,参与朝廷的军政大事。最后致仕回家。嘉靖三十四年(1556),陕西发生大地震,韩邦奇在地震中丧生。朝廷追赠他为太子少保,谥恭简。

韩邦奇孝悌有加,深受乡邻称赞。他曾经住在墓旁结庐服丧,病了一年多不能起床。他的弟弟韩邦靖送药一定亲自尝过,饮食都是亲手奉送。后来韩邦靖病重,韩邦奇日夜抱着弟弟哭泣,三个月不解衣休息。弟弟死后,他穿丧服,吃素食,一直到守丧完毕也不懈怠。因此,乡里人为他们兄弟二人设立了一块"孝悌碑"。

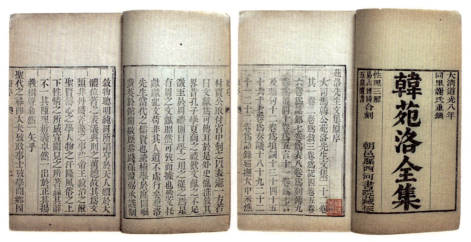

◎《韩苑洛全集》道光八年(1828)版

韩邦奇之学既对程朱理学进行反思,又不赞同当时流行的"心学"思潮,放弃以"理""心"为宇宙和道德本体的思想。他主张回归张载思想,尤其是继承和发挥了张载的气论思想。韩邦奇"胸次洒落,大类邵尧夫,论道体乃独取张横渠"(《明儒学案》),并认为"自孔子而下,知'道'者惟横渠一人"(韩邦奇《正蒙拾遗·太和篇》,清嘉庆七年刻本)。他批评朱熹独取《西铭》的错误做法,表明应同样重视《东铭》。① 韩邦奇在《正蒙拾遗》中说:"此章言恶虽小而不可为,过无损而所当功,兼《西铭》是规模之阔大处言天道也。《东铭》是工夫之谨密处言人道也。先东后西,由人道而天道可造矣。朱子独取《西铭》,失横渠之旨矣。圣贤之学,言其小极于戏言戏动,过言过动之际,无不曲致其谨。推而大之,则乾坤父母而子处其中,盖与天地一般大也,此《西铭》《东铭》之旨。"(《正蒙拾遗·太和篇》,清嘉庆七年刻本)其修养"涵养宏深,持守坚定,躬行心得,中正明达",被人誉为"又一薛敬轩也"(《关学编》)。

韩邦奇文理兼备,"天禀高明,学问精到,明于数学"(《关学编》),重视科学技术等实证之学。他精通音律,著述颇丰,著有《苑洛集》二十二卷及《苑洛语录》《苑洛志乐》《性理三解》《易占经纬》《易说》《书说》《毛诗未喻》,其所撰《苑洛志乐》,尤为后世称赞,至今备受推崇。

四、杨爵

杨爵(1493—1549),字伯修,号斛山,今陕西富平人,明代著名谏臣。早年"韩恭简讲学,先生辈来往拜其门"(《明儒学案》卷九《三原学案》),与杨继盛并称为"韩门二杨",为明代关学三原学派重要学人。年三十时,渔石唐公为陕西督学,选拔其为邑诸生。嘉靖七年(1528)应试长安,以《尚书》举第三名。嘉靖八年(1529),进士及第。嘉靖十一年(1532),选为山东道监察御史。嘉靖十九年(1540)起河南道。时遇旱灾,明世宗不顾民众灾难,大兴土木。杨爵目睹嘉靖帝荒于朝政,政府腐败,人心危乱,于是据理直谏,使得嘉靖帝大怒,嘉靖二十年(1541)春二月,被逮捕入狱。嘉靖二十六年(1547)放归,后在乡间讲学。嘉靖二十八年(1549)十月卒,年五十七。后皇帝赠光禄少卿。万历中,赐谥忠介。

杨爵的学术思想大致可以概括为如下特点:

其一,以"四书"的义理解释《周易》。杨爵著有《周易辨录》,该书解释《周易》的一个突出特点是将"四书"特别是《大学》《中庸》演绎出来注解《周易》的卦爻辞,并结合君臣关系阐述政治伦理的规范。杨爵指出:"天之立君,以一人治天下而劳之,非以天下奉一人而逸之也。君人者,顷刻谨畏之不存,则怠忽之所自起;毫发几微之不察,则祸患之所自生。"(《周易辨录》卷一《比》)四库馆臣

---

① 转引自刘学智:《关学思想史》,第245页。

评价《周易辨录》说:"其说多以人事为主,颇剀切著明,盖以正直之操,处杌陧之会,幽居远念,寄托良深,有未可以经生常义律之者。然自然至终,无一字之怨尤,其所以为纯臣欤!"(《四库全书总目提要》卷五)这确实抓住了杨爵解《易》的特点。

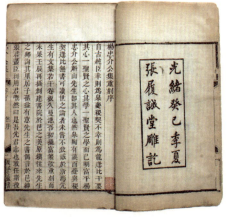

◎ 《杨忠介公文集》光绪十九年(1893)贺瑞麟署检版

其二,"天人合一"的思想框架。在天道与人道的关系上,他一方面强调二者之间的相互关系,说:"人谋之与天运未尝不相为流通者也。"(《周易辨录》卷二)另一方面又突出"中"的思想,说:"天地人之道,中而已,易之全体大用可识矣。"(《周易辨录》卷二)意即在天、地、人之间,要从其"全体大用"上去认识,把握中道而不可有偏。不过他在讲天道的同时,也强调人事的重要性。

其三,心学倾向。明嘉靖时期,关学学者与南方心学学者的交往较为频繁。

杨爵与阳明的高足钱德洪(1496—1575)交往甚密。嘉靖二十年(1541)初冬,钱德洪因事下狱,此时杨爵亦在狱中,二人相见甚欢。杨爵在相别时向钱德洪请益,钱德洪告诉他:"静中收摄精神,勿使游牧,则心体湛一、高明广大可驯致矣。古人作圣之功,其在此乎。"(《明儒学案》卷九《三原学案》)钱德洪教以静中涵养,保持心体湛一,对杨爵深有启示。杨爵与阳明弟子刘魁、周怡也是患难与共的生死之交,与罗洪先、聂豹、邹守益等也有来往,其受心学的影响是不言而喻的,这从他的诸多诗句中都能反映出来。①

五、南大吉

南大吉(1487—1541),字元善,号瑞泉,今陕西渭南人,明代关学重要学者之一。因王阳明曾为其座主而称门生。南大吉在浙江绍兴任知府时,与王阳明有过一段交往,深受阳明心学影响,归乡后又在关中传播其学,因此南大吉可以说是将王学传入关中的第一人,关学的学术走向亦在此后逐渐发生了变化。王阳明说:"关中自古多豪杰……然自横渠之后,此学不讲,或亦与四方无异矣。自此关中之士有所振发兴起,进其文艺于道德之归,变其气节为圣贤之学,将必自吾元善昆季始也。"(《答南元善》)冯从吾将南大吉与邹守益并列为阳明学在西北、东南的重要传人,由此可见南大吉在明代关学发展史上的地位。南大吉的著作,据《关学编》记载,有《绍兴志》《渭南志》《瑞泉集》等,但多散佚,今《瑞泉集》仅存残本。②

作为王阳明的门生,南大吉不仅为光大王学尽力,亦深悟阳明良知之旨,并忠实践履。南大吉的思想特征略述如下:

其一,"以致良知为宗旨"。南大吉在嘉靖三年(1524)十月所写《传习录序》中强调,天下之人"勿以《录》求《录》也,而以我求《录》也,则吾心之本体自见,而凡斯《录》之言,皆其心之所固有",说明南大吉对阳明的良知说深有认同与体悟。南大吉进一步发挥阳明的思想,提到"心之良知本一"的观点:"是故纷至沓来,困心衡虑,反诸吾身,征诸吾民,夫然后始见夫是心良知本一也。"(《寄马西玄仲房书》)在南大吉看来,学与仕、心与事皆一而不二,故而冯从吾概括南大吉

---

① 转引自刘学智:《关学思想史》,第 246—248 页。
② 转引自刘学智:《关学思想史》,第 287—288 页。

其学"以致良知为宗旨",后黄宗羲《明儒学案》将他列入"北方王门学案"。

其二,"以慎独改过为致知工夫"。南大吉在为政任上,常能反省自己,颇有"自悔之真"。对此,王阳明通过南大吉的慎独改过工夫以证明良知人人本有。南大吉在阳明的点拨下明白了"入圣之机"在于保持心之"镜明",以了悟本有的"良知"。

其三,"相忘于道化"的境界追求。南大吉说:"道也者,人物之所由以生者也。是故人之生也,得其秀而最灵,以言乎性则中矣,以言乎情则和矣,以言乎万物则备矣,由圣人至于途人一也。"(《传习录序》)在南大吉看来,天地之间,有大道存焉。人与物虽皆由道而生,而惟人得其秀。人皆有其性与情,性、情又以"中和"为最佳境界。在大道行于天下之古代,人之性、情皆能守"中和"之道,于是天下之人则"相忘于道化之中"。显然,使心与大道为一,正是南大吉追求的"视天地万物无一而非我"的天人合一境界。①

六、冯从吾

冯从吾(1557—1627),字仲好,号少墟,今陕西西安长安区人,明代晚期关学最重要的代表人物。他广泛搜求、汇集关学学者的学行,将宋金元明各时期的关中理学学者和孔门四弟子计47人列入其中,编撰《关学编》一书,这是第一部记载和论述关学史的著作。此书中,冯从吾将"关学"一词的含义由学派意义转变为地域性的理学概念,构建起了后世所熟悉的关中理学道统。此后,清代的王心敬、李元春、贺瑞麟搜集了明清之际的著名儒学学者,在《关学编》一书的基础上成《关学续编》,冯从吾本人也在其中,他对关学的传承和发展做出了巨大贡献。

冯从吾曾参与万历十三年(1585)许孚远(号敬庵,1535—1604)主持的正学书院的讲学,与蓝田王之士(号秦关,1528—1590)"讲切关、洛宗旨"(《关学编》),并为许孚远所器重。万历十七年(1589),冯从吾赴京参加会试,中进士,后授御史一职。万历二十年(1592),冯从吾看到神宗皇帝不理朝政,他犯颜直谏,递呈了著名的《请修朝政疏》,此疏惹怒了神宗皇帝,虽因朝臣力劝而免于廷杖,却被削籍归田。于是,冯从吾告归回乡,与友人萧辉之等讲学于西安府城南

---

① 转引自刘学智:《关学思想史》,第292—293页。

的宝庆寺。不久,起为河南道御史、巡盐长芦,但随即又遭罢黜。回乡之后,冯从吾更加坚定了讲学的信念,开始了"以学行其道"的讲学生涯,他"一字不干公府,绝口不谈时事",专心治学。由于疾病的原因,冯从吾自万历二十六年(1598)起开始闭关,并藉此机会钻研学问,探讨学术源流异同,九年之后即万历三十四年(1606)才重新复出讲学。冯从吾复出后,讲学规模渐大,学者日众,以至宝庆寺容纳不下。于是,西安府的官员为冯从吾在宝庆寺东面建立了关中书院,冯从吾记述说:"岁己酉(1609)十月朔日,右丞汪公、宪长李公、宪副陈公、学宪段公联镳会讲,同志几千余人,相与讲心性之旨,甚具欢然,日晡始别。诸公谓余曰:'寺中之会,第可暂借而难垂久远,当别有以图之。'明日,即以寺东小悉园,檄咸、长两邑,改为关中书院,延余与周淑远诸君子讲学其中。"关中书院从万历三十七年(1609)创建,经过数年的发展,很快就与无锡顾宪成、高攀龙主讲的东林书院,吉水邹元标主讲的江右书院,南直余懋衡主讲的徽州书院并称为"海内四大书院","南北主盟,互相雄长"(《徽州府志》卷二〇,康熙三十八年刊本)。四方学者从学于关中书院者多达千余人。因此,冯从吾被人们称为"关西夫子"。

冯从吾是明代关学融合程朱理学和陆王心学的集大成者。晚明时期,王学流于"情识而肆"或"虚玄而荡"(《刘宗周全集》),遂引发了当时思想界修正王学的运动,并出现"由王返朱"的现象。冯从吾以拯救时弊、纠正晚明学术之失为学术目标,强调良知心体的价值,注重内在心性的修养。[①] 既宗程朱,"使关闽学晦而复明",亦服膺阳明的"良知"之说,认为阳明的良知学"泄千载圣学之秘""有功于吾道不小"。冯从吾的思想贡献也得到后世学者的肯定,并常常将其与顾宪成、高攀龙等人并称。如东林学人钱一本(号启新,1539—1617)即说:"无善无恶之说,近时为顾叔时(宪成)、顾季时(允成)、冯仲好明白排决不已,不至曼延为害。"(《明儒学案》)清代李颙亦曰:"晦庵之后,又堕于支离葛藤,故阳明出而救之以致良知,令人当下有得。及其久也,易至于谈本体而略工夫,于是东林顾、高诸公及关中冯少墟出而救之以敬修止善。"(《二曲集》)从中可以看出冯从吾在晚明思想界的地位和影响。

冯从吾立足于程朱学说,阐本体、工夫合一之旨,他强调:"全要在本原处透

[①] 转引自刘莹、米文科:《明代关学的形成与发展》,《甘肃社会科学》2019年第1期。

彻,未发处得力,而于日用常行,却要事事点检,以求合其本体。此与静而存养,动而省察之说,无有二也。"同时他又崇信"良知"学说,进而"统程朱陆王而一之",遂集明季关学之大成。① 冯从吾看到"从汉至宋,佛老之言盈天下","二程"、朱熹均展开了对佛教、道教的批驳。冯从吾严儒佛心性同异之辨,他说:"佛氏所见之性,在知觉运动之灵明处,是气质之性;吾儒之所谓性,在知觉运动灵明中之恰好处,方是义理之性。"

冯从吾一生讲学不辍,他在关中书院的讲学一直持续到天启元年(1621)秋。同年,冯从吾应诏入京。然而,由于残酷的政治斗争,天启四年(1624),冯从吾致仕归乡。紧接着,天启六年(1626),关中书院、东林书院、江右书院、徽州书院等诸多书院被下令拆毁,冯从吾眼见自己呕心沥血经营多年的书院毁于一旦,悲愤成疾,于天启七年(1627)愤然辞世,这也标志着晚明关中讲学高潮的停歇。自此之后,一直到清初李颙、王心敬(号丰川,1656—1738)等人的出现,关中讲学之风才再度兴起。冯从吾在关中书院的讲学不仅创造了继嘉靖年间吕柟之后关中理学的又一发展高峰,而且其会通朱王,主张本体、工夫合一的思想特点对晚明思想界和清初关学发展皆产生了重要影响。

冯从吾一生主要精力用于讲学、著述上,其著述甚富,有《冯少墟集》二十二卷、《元儒考略》四卷、《关学编》四卷、《关中四先生要语录》四卷等。

第二节 明代关学的时代特征

明代关中学者以张载之学为传统思想资源和精神旗帜,其必然受张载关学宗风的影响,而且这种影响会自然并自觉地转化为一种主动的精神担当与学脉继承。本节着重从明代关学与张载之学、程朱理学以及阳明心学的关系三个角度,来探析明代关学的基本特征。

一、明代关学与张载之学

张载之学,以《易》为宗、以《中庸》为体、以礼为用,是宋代理学中极具原创

---

① 刘学智:《关学思想史小识》,《光明日报》2016年5月16日。

性和影响力的学术思想。张载之学注重对《周易》基本原理的阐发,《易传》在张载哲学体系的构建中发挥着基础性的作用。张载因范仲淹劝勉而研读《中庸》,其哲学工夫论模式受《中庸》影响极大。张载为学,以躬行礼教为本,关心社会教化与民风习气,其学术体系极具礼学特色。这些思想特征,明代关中学者亦不同程度地加以继承和发扬。

张载之学以《易》为理论基础,易学乃是张载哲学体系的主要组成部分。张载易学崇尚《系辞》,"观《易》必由《系辞》",属"尚辞"之义理《易》。张载说:"不先尽《系辞》,则其观于《易》也,或远或近,或太艰难。不知《系辞》而求《易》,正犹不知礼而考《春秋》也。"(《张子全书》)这一易学特色,被明代关中学者王恕、马理、吕柟、韩邦奇、杨爵等人继承和发扬。王恕以《易经》中进士,与《易》颇有渊源,著有《玩易意见》等,其以"验之以行,考之以心"为学术原则,专注于《易》的文辞义理,并考程朱传义之不足,每有阐发,颇出新意。马理著有《周易赞义》,称"《易》之为书,有转祸为福之理,有以胜天之道,非龟卜之书所可班也"(《马理集》)。马理易学首重《易》辞,注解博参郑王程朱之说,融合己意,论议以阐释义理为主,并常引人事以明《易》旨。吕柟著有《周易说翼》,每卦皆有专论,主于文辞义理,兼及人事,并时引张载论《易》要旨,融合诸家《易》注之要,发挥大义。如,他在阐释乾卦、蒙卦、大有卦、随卦、蛊卦、剥卦、复卦、颐卦、离卦、咸卦、遁卦、夬卦、震卦、旅卦、兑卦等卦辞时,引据张载《易》说,以证己意。明代关中学者中,唯有韩邦奇易学体系庞大,一生致力于易学研究。他 25 岁时著《易学启蒙意见》,博及"理""数""辞""象",以图释卦,以卦配图,新意叠出,与当时其他易学学者形成鲜明对比。他 67 岁时著成《易占经纬》,提出以《易经》中相应变卦的爻辞和《易林》中相应的繇辞为基准进行占断。明末杨爵著有《周易辨录》,此书乃杨爵狱中读《易》之笔札,以六十四卦为序,每卦注重诠释卦辞,且受彖辞、象辞影响极大。其特色在于先以《易》辞义理为主,后落脚于人事,颇为详切。如,他在解释"需卦"时,指出"需,须也,待之义也",后引孔子待价、孟子待招、诸葛孔明隐于南阳等事,以明处事待时而动之意。总的来说,明代关中学者传承了张载"尚辞"的易学传统,马理、杨爵还弥补了张载易学在人事方面的不足,吕柟扩大并发展了张载易学的研究范围,《易》之"四道"皆有所及,集明代关学学派易学之大成。

《中庸》对张载影响极大。张载自称,"某观《中庸》义二十年,每观每有义,已长得一格"(《张子全书》),其哲学体系继承和发挥了《中庸》"诚"的观念,以"性与天道合一存乎诚"为主旨,将人道与天道相贯通。明代以降,关中学者皆有重视《中庸》的学术传统。王恕在解读《中庸》时,首先强调"中和"在人道工夫论上的重要性。他说:"天下之事,处之得中则成,不得中则不成,故中为天下处事是大本。天下之事,行之以和则行,不和则不行,故和为天下行事之达道。"(《王恕集》)具体对人而言,实现"中和"必须要有成己成物的"明诚"过程。他说:"成己成物,则合内外之道而一之者,诚也。诚之成己、成物,随时措之,无不得其宜也。"(《王恕集》)"成己"属内,"成物"属外,"诚"合内外而贯通于其中;而且"诚"在"成己成物"过程中能够随应时势,使天地万物无不得其宜,如此就可达到"中和",人道也因之与天道贯通。关中大儒吕柟认为,"诚"与天道、人道原本贯通。他说:"诚原于天也,当尽于人耳。其尽之者,推择善而从固执,故下虽以天道、人道各发其义焉。'自诚明,谓之性',则天道也;'自明诚,谓之教',则人道也。诚则明矣,明则诚矣,言诚明一也。"(《吕柟集·泾野先生文集》)关键在于如何处理"诚明"与"明诚"。张载在解决"自诚明"与"自明诚"过程中,提出"尽性以至于穷理"与"穷理以至于尽性"的方法。这一点,为吕柟所继承和进一步发挥。他说:"尽性即尽其心之尽,此以前戒惧、慎独、格致、诚正工夫都已尽了。所谓'穷理尽性以至命'亦此,乃是致中和天地位,是性本合天地万物为一原,由是扩之,与天地同其大,万物同其体,斯谓之尽,而人物之性亦在尽己之性已兼了。"(《吕柟集·泾野先生文集》)可见,穷理尽性的最终目的是"致中和",而只有"致中和",才能达到天地同大、万物同体的"天人合一"之境。韩邦奇在解释张载"性与天道合一存乎诚"时说:"此在造化上说,兼体用而言之。性是天之性,太极之理,体也;道是天之道,天率天之性,一阴一阳之迭运、化育、流行,用也。然皆实理也。"(《韩邦奇集》)可见,韩邦奇有融合程朱与张载思想的倾向。韩邦奇对张载之学甚为推崇,专门著述《正蒙拾遗》一书,详明张载《正蒙》之旨。他说:"《西铭》是规模之阔大处言天道也,《东铭》是工夫之谨密处言人道也。先东后西,由人道而天道,可造矣。"(《韩邦奇集》)在韩邦奇看来,先《东铭》后《西铭》的为学进路乃是从人道而入天道之有效方法。杨爵十分推重中庸之道,他说:"天下之道,至中庸而极。理得其会同,义至于入神。非至明不能察其几,非至健不能致其决。"(《杨爵集》)在杨爵看来,"中庸"乃是天下最高的准则。因此,他在继承张载"因明至诚,因诚至明,故天人合一"思想的基础上,进一步强调人的工夫落实。他说:"戒慎恐惧,自修之极,至于中与和也。中和,性命本然之则也。"(《杨爵集》)戒慎恐惧是人修身养性的根本方法,如果能发挥到极致,就可达至"中和"之境,"中和"乃性命的本然准则;而"中和,心之本体也"(《杨爵集》),也只有实现"中和"才能回归本体,从而达到"天人合一"的最高境界。因此,明代关中学者注重对《中庸》之义的发挥,这与张载关学重视《中庸》的学术传统不无关联。

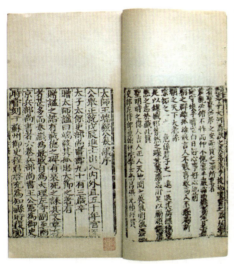

◎《太师王端毅公奏议》光绪十一年(1885)版

张载之学,尊礼贵德,以礼立教,具有很高的思想造诣和实践价值。张载礼学注重社会教化和个体落实,呈现出"以礼为用"的实学特征。宋明以降,传承和弘扬张载礼学乃是关中学者坚持不懈的优良传统。如三原王恕、王承裕父子,秉承张载躬行礼教的关学传统,"教人以礼为先",并"刊布蓝田《吕氏乡约》《乡仪》诸书"以教化乡人,关中民风为之一变。"执礼如横渠"的马理,恪守张载"以礼为教"的关学宗旨,强调礼的规范作用和社会功能。他说:"上下无以辨也,以礼辨之;民志无以定也,以礼定之。则天下寡过而治可常保也,定万民之志则天下孚而乱不作矣。"(《马理集》)这与张载"以礼立教"的教化宗旨一脉相承。马理还传承了张载关于礼"时措之宜"的思想,强调"大礼之中有合同之妙,以为其时用"(《马理集》),注重礼的"经而权"的变通应用。社会教化方面,马理"仿《吕氏乡约》,以礼淑民",得到关中乡民的普遍认同。吕柟一生,敦本厚实,推崇礼教。黄宗羲曾说:"关学世有渊源,皆以躬行礼教为本,而泾野先生实集其大成。"(《宋元学案》)吕柟认为,学者第一要紧事"当先学礼"(《吕柟集·泾野先生文集》),礼乃是规范人之身心的重要准则。他说:"教汝辈学礼,犹堤防之于水。若人无礼以堤防其身,则满腔一团私意纵横四出矣。"(《吕柟集·泾野先生文集》)人若不学礼、不守礼,私心、私欲就会蔓延身心,危害甚大。吕柟礼学,既注重学习和研究《周礼》《仪礼》等礼学经典,又重视在现实生活中践行礼的社会教化功能。在实用性方面,吕柟看到礼的"时事"问题,主张礼在实践中应有权变,他说:"夫礼因人情时事而为之节文者也,不可只按着旧本。"(《吕柟集·泾野先生文集》)即人在发挥礼的规范作用时,不可故步自封,应围绕"人情时事"而有所变通,这也是吕柟对张载礼学"时措之宜"的直接继承。晚明时,冯从吾重新回归张载礼学哲学的传统,融天道、易理、中庸之道、礼学精髓于一体,注重阐发"礼"的哲学价值和实践意义。他说:"只是尽道不尽道,合礼不合礼,便分人心道心,便分圣人众人矣。"(《冯从吾集》)冯从吾把合不合"礼"作为区分人心道心以及评判圣愚的重要准则。他还把"合礼"作为一种通达本体的践行工夫,他说,"必如此一一尽道,一一中节,一一合礼,才谓之反身而诚,才得乐",而如果"当下便一一能尽道,一一能中节,一一能合礼,当下便合本体"(《冯从吾集》)。这是一种以"礼"来贯通本体与工夫的方法论路径。冯从吾一生"敦厚以崇礼",坚持礼不可废,注重以礼立教。他在《关中士大夫会约》中第一条就谈到持守礼节的问题,他说:"其冠婚丧祭,当以会典家礼为主;至于冠礼久已不行,尤望诸公亟倡之。"(《冯从吾集》)冯从吾的这些礼学观点和实践均与张载礼学一脉相承。据上所见,明代关中学者皆秉持和传承张载躬行礼教的关学宗风,保持了关学自创建以来独具特色的礼学气质。

二、明代关学与程朱理学

蒙元以降,程朱理学成为朝廷官方的主流意识形态,在全国普遍推行。时至明代,关中学者宗传程朱者亦不在少数。不过,此时大多数关中学者对程朱理学并非一成不变地继承,虽然他们的思想带有强烈的程朱学烙印,但并未完全落于程朱理学之窠臼,呈现出在批判性继承和发展中创新的基本特征。

王恕之学远祖孔颜,近宗程朱,但其对程朱理学并非一味盲从,为学注重自身独立思考,讲求"以心考经""以心证经",往往能针对程朱学之不足,有新发明。王恕极推崇朱子《四书章句集注》,但"依文寻义间,有不惬于心者,乃敢以己意言之"(《王恕集》)。如朱子把"戒慎恐惧"和"慎独"视为两种分离工夫,前者以存天理,后者以遏人欲。王恕明确反对这种观点,他说:"若于人所不见不闻、己所独知之地而能戒慎恐惧,亦足以体道而不离矣。且隐微即人所不见闻,慎独即戒慎恐惧。人虽不见闻而己独知之,则天下之事无有著见明显而过于此者,故不可以不慎独也。"(《王恕集》)王恕认为,戒慎恐惧与慎独本质上是一种工夫,二者皆有存天理、遏人欲的作用,不能过于支离。王恕为学,"至于颇有疑滞,再三体认,行不去者,乃敢以己意推之"(《王恕集》)。这种以内心体认来验证和判断学问工夫正确性的思想方法,既是对程朱工夫论的进一步延伸和补充,同时也彰显了王恕独树一帜的思想特质。

薛敬之十分推崇程朱理学,但相对于朱子理气二分、理本气末的观点,薛敬之更加强调理气一体、相即不离。他说:"理无气何所附,气无理何所依,独理不成,独气不就,然理与气二之则不是。"(《薛敬之张舜典集》)而且进一步指出"理足以驭气"(《薛敬之张舜典集》),强调理气关系中理的主宰性。薛敬之还特别重视心气关系,提出"以心驭气"的思想。他说:"心有所守则气自无不制,气无不制者,心之驭气也。"(《薛敬之张舜典集》)在薛敬之看来,心与气是"乘"与"驭"的关系,心为气之主。他说:"心乘气以管摄万物,而自为气之主,犹天地乘气以生养万物,而亦自为气之主。"(《薛敬之张舜典集》)所以落实到工夫层面时,首先需要"存心",他认为"学者第一要心存,心一不存,便与道畔"(《薛敬之张舜典集》);同时,"学者切须要节气,气但不节,则近名外慕之心生,遂流荡往返而无所存主"(《薛敬之张舜典集》)。这是薛敬之对程朱理气论的继承和发展。

马理"论学归准于程朱,然亦时与诸儒异同,盖自有独得之见"(《冯从吾集》)。在本体论层面,马理继承程朱"理本气末"的思想,他说:"阴阳者,气也,形而下者也,一阴一阳寓于气之中,非气而为气之主者;理也,形而上者也,即太极之谓也。"(《马理集》)理即是太极,乃形而上的本体;气即是阴阳,乃形而下者。马理还提出"太虚即天"(《马理集》)的观点,把"太虚""太极""天""理"统一起来,放在同一个层次加以阐释。在工夫论上,马理在"教以主敬穷理为主"的基础上,融合了张载"敬义交修"的思想。他说:"君子主敬以直其内,制义以方其外,敬义交修而立焉,德斯博厚而不孤矣。"(《马理集》)这与张载"敬以直内则不失于物,义以方外则得己,敬义一道也"(《张子全书》)的思想一脉相承。由此可见,马理之学明显带有融合周程朱张的思想倾向。

吕柟学问宗承程朱性理之学,恪守"主敬穷理"之说,然亦能博采濂洛关闽众家之长,多有新见。在理气关系上,吕柟既不认同朱子"理气二分"的观点,也对张载"合虚与气"的说法产生质疑,提出"理气非二物"的主张,他说:"非气则理无所寻着,言气则理自在其中。"(《吕柟集·泾野先生文集》)在工夫论上,吕柟延续了其"理气一体"的思维模式,坚决反对朱子将戒慎恐惧与慎独分为两事的观点,主张戒慎恐惧与慎独只是同一工夫。他说:"戒慎是人己不交,耳不闻声,目不见形时候,于念虑未萌处著工,便是慎独工夫,亦无两样。"(《吕柟集·泾野先生文集》)此外,吕柟还特别重视对"天地一气"的阐发,他说:"吾与天地本同一气。""诸君求仁,须要见得天地万物皆与我同一气。"(《吕柟集·泾野先生文集》)显然,这是对程朱"万物一体"和张载"民胞物与"思想的积极融合和进一步发挥,尤有新意。韩邦奇一生精于研《易》,因早年研习朱子易学而著成《启蒙意见》,推阐和发挥朱子《易学启蒙》和《周易本义》的易学思想。韩邦奇易学虽来源于朱子,但多有独到之处,与朱子易学明显不同。一方面,他扬弃了周敦颐的《太极图》,其所创"维天之命"和"圣人之心"二图对后来易学发展影响很大;另一方面,他反对朱子"占不变爻"的观点,在研习汉易与宋易之优劣短长的基础上,结合历法与《尚书》五行九畴之学,融会贯通,统一占断。这些独具特色的易学思想,使得韩邦奇在关中地区乃至易学哲学史上占有不可忽视的重要地位。张舜典继承了朱子以来注重阐释《大学》《中庸》的儒学传统,提出以"明德"为宗旨,以"致曲"为工夫的观点。张舜典指出:"今所以论学以明明德标宗,不杂别旨,非意之也,述千圣之学统也。"(《薛敬之张舜典集》)在他看来,论学以"明明德"为宗旨,是为传述"千圣之学统"。对于"明德"的含义,他说:"德谓心之良能,明谓心之良知,一体而二名。是明德者,本性之尊称,即本性之实际也,非从外来,乃自有之自然,天然不待学习,不烦拟议。"(《薛敬之张舜典集》)这里,张舜典吸收了阳明的良知之说,把"明德"诠释为人先天所具有的良知、良能。他说:"人人具有此一点灵明,湛若虚空,遍一切处,而一切处不能为彼障碍。无伪妄,无变易,寂而能照,感而遂通,清水朗鉴不足以喻其体,命之明德。"(《薛敬之张舜典集》)不过,这"一点灵明"之"明德"往往又受气禀或习染的影响,将人原本所有的"明德"遮蔽了。为此,张舜典提出"学者须明之以复其初"的"致曲之功",以"致曲"为"明明德"的工夫路径。具体而言,"致曲"又分为两个层面:一是"扩充",即扩充孟子所说的"四端",并加以极致性发挥。二是"慎独",即消除各种妄念或执着,反观和磨砺自性。在这里,张舜典进一步发展了朱子的致曲论。

冯从吾之学亦以程朱学为主,同时,又深受阳明学的影响,注重心性的探讨,其思想体系趋于融阳明心学与程朱理学于一体的合流之势。冯从吾说:"吾儒之学,以理为宗。""圣人之心,浑然一团天理。""所谓一理浑然,万化从此出焉者。"(《冯从吾集》)这是对程朱理学"以理为本"思想的直接继承。同时他又说:"圣人之学,心学也。"(《冯从吾集》)这一方面反映冯从吾继承了自孟子以来的心学传统,同时也直接说明其受阳明心学的影响。冯从吾说:"古圣贤学问,总只在心上用功,不然即终日孳孳,总属枝叶。"(《冯从吾集》)既然心性之学是千载圣贤相传的学问,那么工夫修养的根本就在于涵养心性本体。因此他又说:"学问之道全要在本原处透彻,未发处得力。本原处一透,未发处得力,则发皆中节,取之左右自逢其原,诸凡事为自是停当。"(《冯从吾集》)心之本原处一旦透明,则与天相通,涵养工夫自然水到渠成。受阳明心学工夫论的影响。冯从吾又提出"识得本体,然后可做工夫;做得工夫,然后可复本体"的工夫论原则,主张"以心性为本体"和"以工夫合本体"的实践进路。值得注意的是,冯从吾特别强调"敬"的工夫,他说:"自昔大儒讲学,宗旨虽多端,总之以心性为本体,以学问为功夫,而学问功夫又总之归于一敬……敬者,圣学之要。"(《冯从吾集》)又说:"敬者,心之本体。"(《冯从吾集》)在这里,冯从吾把向来作为程朱性理之学实践工夫的"敬"转换并提高到本体论的层面,以其独特的思维方式统合本体与工夫,融程朱理学与陆王心学于一体。这是冯从吾之学区别于程朱、陆王之学的重要特征。

三、明代关学与阳明心学

明正德以来,关中学者李绅、尚班爵首先开始接触阳明心学,但并未过多宣传和了解。嘉靖年间,阳明心学经由南大吉推动,正式传入关中地区,但遭到马理、吕柟、杨爵等人的批判和质疑。及至晚明,冯从吾等关中学者开始出现心学化的思想趋向。整体来看,明代关中学者对阳明心学的态度并非完全一致,但总体上呈现出从最初接触性学习,到批判性质疑,再到后来选择性吸收与融合的发展走势。南大吉是将阳明心学自觉传入关中至关重要的人物。南大吉为学之初,深为程朱格物致知之学所困扰,直到遇到王阳明"致良知"之说,方才豁然开朗。他说:"窃尝有志于圣贤之道,乃为近世格物之说所罔,终焉莫得其门。比其长也,乃遂驰骛于词翰之场,争奇而斗胜者,然且十数年矣。既乃以守越获登尊师之门,而领致知之教,始信人皆可以为尧舜。"(《南大吉集》)通过对阳明心学的接触和深入学习,南大吉对其深信不疑。他说:"夫王先生之学,天下方疑而非议之,而某辄敢笃信而诚服之者,非所以附势而取悦也,非为其所惑也,非喜其异而然也。反而求之,窃有以见夫吾心本如是,道本如是,学本如是,而不可以他求也。"(《南大吉集》)南大吉笃信王学并非出于趋炎附势,也不是受其迷惑,更不是因心学与众不同而喜欢,而是反求诸己,看到内心本是如此,不须他求。他说:"是故纷至沓来,困心衡虑,反诸吾民,夫然后始见夫是心之良知本一也。以其运于天而言谓之命,以其赋于人而言谓之性,以其率而行之谓之道,以其修而诚挚谓之教,以其推而及之于四海谓之治,以其成而重之于万世谓之功,皆是心也,天下之所同也。"(《南大吉集》)基于"心之良知本一",所以天道、性命、率道、修教的总根源皆是心。需要注意的是,南大吉似乎也看到了阳明心学在落实上的弊端,故而他在工夫论方面特别强调"慎独",以"慎独"为致良知的核心方法。他说:"故夫慎独格物致吾之良知,以求至乎圣人之道者,则非一时之荣辱进退、聚散远迩所能加损者也。"(《南大吉集》)"依是良知,尊尊卑卑、厚厚薄薄、有有无无,不以一毫私意参乎其间,即所谓慎独也,即所谓致良知也。"(《南大吉集》)而且这种"慎独"工夫必须持之以恒、坚持不懈,他说:"夫学问之道,合内外人己而一者也,是故无用舍,无崇卑,彻少彻老,一贯焉耳。故曰唯日孳孳,毙而后已。"(《南大吉集》)可见,南大吉虽然在本体层面接受了阳明心学,但在实践工夫上仍然有自己独特的看法。

对于阳明的"良知"学,马理基本站在程朱的立场,态度坚定地提出严厉批评。马理指出:"夫良知者,即孩提之童,良心所发,不虑而知者也。与夫隐微之独知异矣,与夫格致之后至知,则又异矣。其师曰:'此知即彼知也。'又以中途有悟,如梦斯觉为言,此真曹溪余裔。其师如此,徒可知矣。乃又以其所见非程朱理学。夫程朱释经之言,自今观之,千百言中似亦有一二误处,然语其体认宗旨之真,持守斯道之正,续孔孟既坠之绪,辟佛老似是之非,则千古不可泯灭,可遽轻议之哉?今乃往往是陆非朱,又复阴主僧说,排吾儒焉……今乃复拾锄去之莠,播而种之,以乱我苗,其亦不知唐虞之政、孔孟之教、斯人之功矣。夫其亦不知斯害之大矣。"(《马理集》)马理指出,阳明学的"良知"只是孩童的纯自觉性良心所发,并非是一种道德性本体,它与《中庸》"独知"和《大学》"至知"不同。马理批评阳明良知之学"阴主僧说",阳儒阴释,乃"曹溪余裔",非孔孟程朱理学。而程朱理学虽有"一二误处",然就"体认宗旨""持守正道"而言,却是延续孔孟儒学千古不移之道。马理把阳明心学比作"莠",把程朱理学视为"苗",指出不能种"莠"而乱"苗"。概而言之,马理认为阳明心学非正统孔孟之学,对学术发展危害甚大。

关中大儒吕柟曾前后数年在南京为官讲学,在此期间,他与湛若水、阳明弟子邹守益等人交相往来,日与论辩,一时间"风动江南,环向而听者前后几千余人"(《冯从吾集》),影响甚大。对于阳明心学的流行,吕柟认为既有"为是"之处,也有"为不是"之处,应该辩证看待。吕柟指出,阳明"致良知""知行合一"等说的提出,对当时只重文字辞章而不重身心道德的社会风气,确实有一种补偏救弊的积极作用。同时,吕柟也认为阳明心学仍有很大的弊病,并对之提出了批评。其一,吕柟指出阳明所提出的"良知"过于"浑沦",没有考虑到个体的资质差异。他说:"圣人教人,每因人变化……世者儒者诲人不论其资禀造诣,刻数字以必人之从,不亦偏乎!"(《吕柟集·泾野先生文集》)因为"人之资质有高下,工夫有生熟,学问有浅深,不可概以此语之"(《吕柟集·泾野先生文集》),所以阳明这种观点有不可取之处。其二,吕柟认为阳明提出的"知行合一",实际上"知"是"知","行"依旧是"知",说到底还是抹杀了现实生活中的工夫落实。吕柟还指出:"人之知行自有先后,必先知而后行,不可一偏。"(《吕柟集·泾野先生文集》)正确的做法是先有学问之知,后做工夫之行。他说:"学问思辨的功夫,须是要在戒慎恐惧之前才能自得,是天理便要做将去,是人欲即便斩断,然后能不间歇了。故某尝说,圣门'知'字工夫是第一要紧的,虽欲不先,不可得矣。"(《吕柟集·泾野先生文集》)这是吕柟从学问工夫落实的角度,对阳明"知行合一"说的积极补充和纠正。

杨爵是与阳明弟子接触较多的又一关中学者。对于阳明心学,杨爵持批判质疑的态度。他在与钱德洪的论学往来中,曾对阳明"无善无恶"与"感物而动"等观点提出质疑。针对良知"无善无恶"的问题,钱德洪回信说:"人之心体一也,指名曰'善'可也,曰'至善无恶'亦可也,曰'无善无恶'亦可也……至善之体,恶固非其所有,善亦不得而有也……此心不可先有乎一善,是'至善'之极,虽谓之'无善'亦可也。故先师曰'无善无恶者心之体',是对后世格物穷理之学为先有乎善者立言也,因时设法,不得已之辞焉耳。"(《杨爵集》)根据钱德洪的回答,可知杨爵反对阳明对良知"无善无恶"的界定,仍然坚持孟子以来宋儒所推重的性至善论,而钱德洪认为"无善无恶"只是针对"先有乎善者立言""因时设法"而已,所谓"至善之极"其实也是"无善"的。对于"感物而动"的质疑,钱德洪回答说:"'感物而动'之'动',即'动于欲'之'动',非'动静'之'动'也。'动静'二字之意,有对举而言者,亦有偏举一字而二义备者……感于物而动,是动失其至静之体,涉于欲也,故程子曰:'人生而静已,上不容说,才说性,便已不是性矣。'谓求其性于既动之后,非性之真也,故'静'之一言,实千古圣学之渊微,非精凝湛寂、自得于神领独悟之中者,未易以言说穷也。"(《杨爵集》)钱德洪指出,杨爵在理解"感物而动"之"动"字时有所偏差,此一"动"字兼具动、静二义,并非偏指于动;而且"感物而动"之"动",因具体涉于人欲,所以才失掉性体寂感的"至静之体"。据此反观,可知杨爵认为"至静之体"非动非静,不能以动静简单论之。杨爵虽与阳明弟子多有论学往来,思想上亦有交流,然其对阳明之学的核心问题仍心存质疑,有自己的看法,并未完全接受。至晚明时,阳明心学已在关中地区广为流传,关学集大成者冯从吾受其影响,出现心学化的思想倾向。冯从吾说:"阳明先生'致良知'三字,真得圣学真脉,有功于吾道不小。'知善知恶是良知'一语,尤为的确痛快。"(《冯从吾集》)冯从吾非常欣赏良知之学,认为其对儒学发展贡献很大。值得注意的是,他对阳明"四句教"中最核心的"无善无恶心之体"却持批评态度,指出这是"告子无善无不善、佛氏无净无不净之旨",并从五个方面论证了这一观点的错误之处。其一,从阳明"知善知恶是良知"一句来证明。他说:"良知'知'字即就心体之灵明处言,若云无善无恶,则心体安得灵明?又安能知善知恶邪?其灵明处就是善,其所以能知善知恶处就是善,则心体之有善无恶可知也。"(《冯从吾集》)良知之"知"是从心体灵明处来说,而心体灵明处即是善,故由此可知心体有善无恶。其二,依据阳明"为善去恶是格物"一句来证明。他说:"先生又云'为善去恶是格物',必曰'有善无恶者心之体',则为善者为其心体所本有,去恶者去其心体所本无,上知可以本体为功夫,而下学亦可以功夫合本体,庶得'致良知'之本旨。今曰无善无恶,是去恶固去心体所本无,而为善非为其心体所本有,则功夫不合本体。"(《冯从吾集》)如果心体无善无恶,那么在逻辑上"为善去恶"就不能成立,因为无善可为、无恶可去。其三,根据《中庸》"未发之中"证之。他说:"闻之前辈有解'未发之中'者云,'未发不可以善名,不可以恶名,止可名之曰中'。不知中就是善,安得谓不可以善名?未发纯然是善,故曰'中',此句正是子思直指心体处。若曰'无善无恶者心之体',亦可曰'无中无不中者心之体矣',有是理哉?"(《冯从吾集》)依《中庸》来看,"中"就是至善之体。照此推论,"无善无恶心之体",就变成"无中无不中心之体",这从学理上来说是讲不通的。其四,以镜喻之说来证明。他说:"或者又以镜喻云,'照妍照媸者镜之明,无妍无媸者镜之体'。若以有善无恶为心之体,亦可以有妍无媸为镜之体邪?不知知善知恶之'善恶'字,即妍媸之说也,'有善无恶'之'善'字,即明之说也。镜之能照妍媸处就是明镜之明处,就是善,非专以妍为善也。"(《冯从吾集》)善恶就如妍媸,明镜之明处就在于"能照妍媸",心体之明处则在于能照善恶,并非专于一善,所以"无善无恶"是错的。其五,根据自身静坐的工夫体验来证明。他说:"且余性素喜静坐,坐久静极,不惟妄念不起,抑且真念未萌,心体惟觉湛然,当下更无纷扰,心甚乐之……心体惟觉湛然,当下更无纷扰,即此便见有真无妄,非有善无恶之验邪?"(《冯从吾集》)冯从吾说自己每在久坐静极之时,心体惟觉湛然,足见有真无妄,亦说明心体有善无恶。从上述可见,冯从吾非常推崇阳明心学,但并非完全认同阳明的良知之说,仍然继承孔孟以来"性善论"的传统,坚持宋儒以来一贯主张的本体至善论立场。

从纵向上看,明代关学的发展和演变符合思想史的发展规律,是必然的历史过程。自张载创建关学以来,关学发展虽几经流变,然张载之学始终是北宋以后,特别是明代关中学者的学术标向和精神指引,关学一脉也因之而得以不断传承。元代以降,程朱理学已成为官方主流的意识形态,而明代关学出现程朱理学化,这也是不可否认的历史事实。值得注意的是,此时关中学者在复兴关学的意识自觉下,一方面批判性地继承和发展程朱之学,为关中地区的理学增添新的思想内容和时代气息;另一方面积极融合和汇通周程张朱各家之学,为明代关学继续发展打开新的局面。从横向上看,阳明心学对明代关学的发展产生了重要影响。关学之所以在晚明得以重振,很大程度上得益于对阳明心学的吸收与融合,而且这种吸收与融合符合思想发展的结果。需要注意的是,晚明关学虽然出现心学化的倾向,但并未因此而失去关学原有的精神传统和学术立场。总而言之,基于上述纵横两个层面、三个角度的分析,可知明代关学不仅具有鲜明的地域性,同时也区别于一般意义上的"关中理学"。如果仅仅以"关中理学"简单视之,就既抹煞了明代关学的显著特征,也否定了整个关学在其发展和流衍过程中的时代性和阶段性。因此,对明代关学的重新认识和审视,将有助于我们全面认识整个关学史的发展脉络。①

第三节　明代关学的地位和影响

明代关学的"中兴",不仅继承了张载读经重礼、躬行实践和崇尚气节的学风,也从思想上不断吸收和融合着其他的思想资源,如明初河东薛瑄的朱子学、明代中期的阳明学与湛甘泉之学,并且能够针对当时的思想现状和弊端不断去修正所学,如从朱子学中发展出"重气"的思想和尚行的特点,将阳明心学对道德本体的重视和程朱之学的心性涵养工夫结合起来,等等。此一时期关学的地位和影响也由此建立,本节主要通过其四个特点加以论述。

一是主敬穷理,奠定关学发展的基调。明初,在北方讲学且能够称得上大儒的学者并不多,除河南曹端(月川,1376—1434)之外,便是山西河津的薛瑄(敬轩,1389—1464)。薛瑄曾长期在家乡讲学,由于交通的便利和薛瑄在明初北方思想界的影响,使得不少关中士子前往河津问学。正是通过这些士子,薛瑄的朱子学思想得以在关中广泛传播,并构成了明初关学最主要的思想资源。根据《关学编》的记载,明初关学学者基本上都是薛瑄的弟子或私淑弟子。现代研究也指出,薛瑄的河东之学有两条主要的扩张和发展路径,一是往南入河南,一是往西入陕西。在薛瑄的这些陕西弟子中,以咸宁的张鼎(大器,1431—1495)、凤翔的张杰(默斋,1421—1472)和韩城的王盛(号竹室)名声较大。据传,张鼎受学于薛瑄时颇得薛瑄器重,而薛瑄去世后,其文集散漫失传,张鼎则用数年时间搜辑校正并刊刻成书,这是薛瑄文集的第一次刻印,为薛瑄著作的保存与流传做出了贡献。不过,由于张鼎仕途比较顺利,大部分时间都是在外省为官,故对薛瑄之学在关中的传播不及张杰贡献大。

张杰是在山西赵城任训导时认识并从学于薛瑄的,后来因奉养母亲而不再

---

① 转引自李云:《论明代关学的基本特征》,《西北大学学报》(哲学社会科学版)2019年第6期。

出仕,居家读书讲学,并拓家塾以"五经"教授乡里,学者称为"五经先生",名重一时。张杰不仅在家乡教授弟子,还将讲学的范围扩展到天水、兰州一带。他时与兰州的段坚(容思,1419—1484)、秦州(在今天水)的周蕙(号小泉)和安邑(今山西运城)的李昶相与论学,初步形成了一个比较松散的讲学圈。因为他们讲学的范围基本集中在今陕西关中和甘肃东部一带,故可称之为"关陇之学"。

与张杰等人不同的是,关陇讲学圈中的段坚和周蕙并非薛瑄的及门弟子。段坚年轻时曾南游访学,与薛瑄的弟子阎禹锡(字子与)和白良辅过从甚密,因此也对薛瑄思想的传播起了积极的作用。段坚晚年结庐兰山之麓,扁其居曰"南村""东园",授徒讲学。而在前来问学的人中,秦州的周蕙是最为重要的一个。周蕙本是兰州的戍卒,听说段坚在家中集诸儒讲理学,遂前往听之。听之越久,其学问也越来越精纯,为远近学者之宗。关中渭南的薛敬之(思庵,1435—1508)听说后,不远千里前往天水从学周蕙。后来周蕙在游历西安时,又遇到了咸宁的李锦(介庵,1436—1486),与之论学。李锦在听了周蕙讲濂洛关闽之学后,便放弃了正在从事的辞章记诵之学,"专以主敬穷理为事",此后又经常与薛敬之等人相互讲学,相劝相规,成为关西名儒。

也正是从薛敬之与李锦开始,明代初期的关陇讲学的重心又从甘肃兰州、天水一带回到陕西关中地区,从此绵延不断。薛敬之后来更是培养了高陵的吕柟(泾野,1479—1542),在吕柟这里,河东之学终于通过私淑弟子一脉发扬光大,并最终融汇到关学的滚滚洪流之中。明初关学从思想上来看:第一,河东薛瑄的朱子学是明初关学最主要的思想资源。第二,比较传统保守,明初关学学者基本上都恪守着程朱"主敬穷理"之传。第三,北宋张载以来关中读经重礼、强调实践的学风得到继承和发扬。总的来说,明初是关学传播、融合河东之学的时期。不过,明初的关学也不是一味趋于保守,而是于保守中蕴含着变化,在一定程度上反映了时代的脉搏。正如许多研究者所指出的,明初理学界有一种重视心性,强调躬行的趋向,而这在许多关学学者思想中也有所体现。如薛敬之就非常重视"心""体",认为为学首先要从心地上做功夫。他是明初关学中一位开风气之先的学者,他为当时以"主敬穷理"为学的关学注入了更多心性涵养的因素。

二是读经重礼,延续关学传统。自张载于横渠讲学之后,关中讲学的风气时有兴盛,而讲学的依托乃是书院,书院教授学子的宗旨便是读经重礼。例如三原的宏道书院,一经成立,便吸引了远近学子,马理(谿田,1474—1555)、秦伟(西涧)、雒昂(三谷)等人皆来从学,继而形成了著名的三原学派。宏道书院的讲习是王承裕、王恕父子,而以王承裕为主,其学主要以恪守程朱之说为主,但在一些方面也体现出与关陇之学相同的特点,如重视心性、强调经学和以礼为教、躬行实践等。在心性方面,王承裕比较重视心的涵养(如"正心"),而非心性之辨或对心体含义的阐发。他指出,人之一身,以心为主,故"心正则身正,身正则万事皆正矣。是故正万事莫如正身,正身莫如正心也"。另外,王承裕也重视经学和礼教。这从宏道书院的学规、设施和教学中便可见一斑。王承裕为书院诸生所立学规之一就是每日要读经,并且《诗》《书》《礼》《易》《春秋》五部经书中必须专研一经,余下的四经也要依次学习。他还专门将宏道书院的后堂命名为"考经堂",作为讲解、讨论经书的场所。当然,对经学的强调是与科举之业分不开的,但又并非全为科举考虑。弘治年间的陕西提学副使王云凤(虎谷,1465—1517)在《建弘道书院记》中指出,王承裕以"弘道"作为书院之名,实际上就是要学者懂得为学的大道理,而不以举业为限。"道"是君子修身、君王治天下的根据,而这个根据就是每个人所固有的天命之性。因此,"弘道"就是要尽己之性、尽人物之性,以至参天地、育万物,而非仅以举业为务、以功名显达自期。

对于礼教,王承裕更是重视。冯从吾说,王承裕"自始学好礼,终身由之,故教人以礼为先。凡弟子家冠婚丧祭,必令率礼而行",并且还在三原刊布和推行《吕氏乡约》《乡仪》,以教化风俗。另外,王恕和王承裕在宏道书院的讲学还崇尚气节,反对空谈。故其门人弟子多以气节著名,如马理、雒昂与张原(士元,1473—1524)等都因在嘉靖初年的"大礼议"中上疏劝谏而遭受廷杖,雒昂与张原二人甚至因此殒命。可见"崇尚气节"为关中三原学派的一大特点。黄宗羲在《明儒学案》中称赞说:"关学大概宗薛氏,三原又其别派也。其门下多以气节著,风土之厚,而又加之学问者也。"可见,王承裕在宏道书院的讲学,是继明初关陇讲学之后,进一步将程朱理学中心性修养的内容与张载"以礼为教"精神的融合。这也使得这一时期的关学不仅继承且强化了之前关陇之学对"心""体"的重视,而且突出了对本地理学资源如张载"读经重礼"之学的发挥。

总之,随着三原宏道书院讲学的兴起,不仅关中无讲学书院的状况得以改变,而且为理学的传播提供了比较稳定的场所,培养了更多的理学人才,同时也开启了明代关中地区大规模的讲学之风。在宏道书院创立之后不久,弘治九年(1496),陕西提学副使杨一清(邃庵,1454—1530)重建西安府正学书院,并在武功修建绿野书院,在陇州(今陇县)建岍山书院等,关中讲学之风开始兴起。随后,在吕柟、马理、韩邦奇、南大吉等人讲学活动的推动下,明代关学迎来了发展的第一个高峰。

三是思想交汇,丰富关学形态。在王承裕于宏道书院讲学之后,到了正德、嘉靖年间,关中一时理学人才济济,讲学蔚然成风,这一时期关学的代表人物有高陵的吕柟、三原的马理、朝邑的韩邦奇(苑洛,1479—1555)、富平的杨爵(斛山,1493—1549)和渭南的南大吉(瑞泉,1487—1541)、南逢吉(姜泉,1494—1574)兄弟等。在这些学者的推动下,关学在明代一时中兴。

这一时期的关学不仅出现了自南宋以来第一次"中兴"的局面,而且迎来了其多元化的发展方向,呈现出如下几个新的特点:第一,阳明学的传入,为关学增添了新的思想元素和发展活力。明代关中有王学之始,是从渭南的南大吉兄弟开始的。晚清关学学者柏景伟(沣西,1831—1891)说:"明则段容思起于皋兰,吕泾野振于高陵,先后王平川、韩苑洛,其学又微别,而阳明崛起东南,渭南南元善传其说以归,是为关中有王学之始。"南元善,即南大吉,他与其弟南逢吉于嘉靖二年(1523)在浙江绍兴师从王阳明,学习良知学,南大吉对老师的学问可以用一个字来概括,就是"信"。他在嘉靖五年(1526)写给王阳明的信中说道:"兹孟子谓七十子之服孔子,中心悦而诚服之也。夫苟其中心之悦也,必得其心之所同然者矣……大吉兄弟资不敏,其幼而学也,窃尝有志于圣贤之道,乃为近世格物之说所罔,终焉莫得其门。比其长也,乃遂驰骛于词翰之场,争奇而斗胜者,然且十数年矣。既乃以守越获登尊师之门,而领致知之教,始信人皆可以为尧舜,而七十子之所以服孔子者非伪也。天命我心而我自放之,不仁孰大焉?亲生我身,而我自失之,不孝孰大焉?今而后愚兄弟可以勉强惕厉以求自存其心,自成其身,而不至不仁不孝之大者,皆尊师之赐也,故曰孔子于诸子有罔极之恩焉。"在信中,南大吉以"七十子之服孔子,中心悦而诚服之"以及自己兄弟二人的为学经历来表达对王阳明"良知"说的深深信服,以及对老师的感恩之情。另外,南大吉在写给友人的信中也说:"王先生之学,天下方疑而非议之,而某辄敢笃信而诚服之者,非所以附势而取悦也,非谓其所惑也,非喜其异而然也,反而求之,窃有以见夫吾心本如是,道本如是,学本如是,而不可以他求也。"正是由于对"良知"说的"笃信而诚服之",南大吉不仅在绍兴知府任上重建稽山书院及尊经阁,延请王阳明及其弟子前来讲学,并刊刻《传习录》,传播海内,而且在离任后与其弟南逢吉积极在家乡渭南传播良知学,使得关中、关学一改过去以朱子学为宗的情况。此一学术格局的变化对明代关学发展影响深远,此后关学遂呈现出朱子学与阳明学两大学术思想并行且交替盛衰的主线。也正是从南氏兄弟开始,关学开始了与阳明学的融合。

第二,气学和"重气"思想的出现。随着朱子学自身的逻辑展开,到了明代中期,从朱子的理气关系逐渐转出"重气"或以气为本的思想来,如湛若水、罗钦顺、杨东明等人的思想。而这种思想转向也发生在一些关学学者身上,如吕柟和韩邦奇等。吕柟是正德、嘉靖年间关学最主要的代表人物,如果说明代关学有两个发展高峰,那么吕柟就是其中之一,而另一个则是晚明万历年间的冯从吾。从为学宗旨来看,吕柟之学是以程朱为主,恪守"主敬穷理""知先行后"之说。但吕柟对程朱之学也并非完全墨守成规,这主要体现在理气关系上,吕柟将朱子的"理气二分"转变为"理气一物"。如在解释张载"合虚与气,有性之名"的时候,明确指出"理气非二物"。他说:"观合字,似还分理气为二,亦有病。终不如孔孟言性之善,如说'天命之谓性',何等是好!理气非二物,若无此气,理却安在何处?故《易》言'一阴一阳之谓道'。"另外,在性气关系上,吕柟也反对分性气为二,以为性自性,气自气,而是认为气中自有性在,性是从气中发出来。他说:"性、神皆在气中,只一物耳。故养成浩然之气,性命皆得。""天命只是个气,非气则理无所寻着,言气则理自在其中,如形色天性也即是,如耳目手足是气,则有聪明持行之性。"不过,如果仔细分析吕柟关于理气、性气关系的论述,可以看到,他虽然主张"理气一物""性气一物",认为理和性只在气上求,但其理论还不是后来所讲的气学或以气为本,毋宁说只是一种"重气"的思想,重在强调气对于理的显现和发用,故言"一物",而与同时代罗钦顺(整庵,1465—1547)讲的"理只是气之理,当于气之转折处观之",气"千条万绪,纷纭胶轕,而卒不可乱,有莫知其所以然而然,是即所谓理也。初非别有一物,依于气而立,附于气以行也"不同,也与清初黄宗羲(梨洲,1610—1695)说的理与气只是"一物而两名,非两物而一体",以及"造化只有一气流行,流行之不失其则者,即为主宰,非有一物以主宰夫流行"等说法不同。不过,吕柟对理气、性气、心性等形上问题的讨论较少,他的"重气"思想主要是强调"气"对理的实现,关联的是工夫实践,而不是单纯的理论思辨。刘宗周(蕺山,1578—1645)就指出,吕柟之学以尚行为旨。冯从吾也说,吕柟"重躬行,不事口耳","不为玄虚高远之论"。

如果说吕柟的"理气非二物"说还只是一种"重气"的思想外,那么与吕柟同时的韩邦奇所提出的"元气"说就明显具有气学的特点了。韩邦奇在本体论上并没有遵循朱子的理气之说,而是发挥了张载的气学思想。韩邦奇认为,"混沌之初也,一元之气,渣滓融尽,湛然清宁,而万象皆具一极中,《易》所谓太极,天之性也。及其动静继成之后,气化形生,并育并行,是天率之性而行,是之谓天道"。在韩邦奇看来,"元气"是一种湛然清宁的气,同时也就是《易》所说的太极,就是天之性。而"元气"在自身运动变化过程中所显现出来的条理性就是理。人之心既是湛然清宁的"元气",亦是人之性,所以韩邦奇说:"人有人之性,人率人之性而行,发而见诸行事为道,子思所谓'率性之谓道'是也。天有天之性,天率天之性而行,发而见诸化育流行为道,孔子所谓'一阴一阳之谓道'是也。"因此,对韩邦奇来说,天地之间,只是气而已。虽然正德、嘉靖年间的关学出现了王学、气学或"重气"的思想等多元化发展的趋势,但其主流仍然是程朱之学,吕柟、马理、韩邦奇和杨爵等人对阳明学都持拒绝或批评的态度,这在很大程度上影响了阳明学在关中地区的传播和发展。

另外,与前期的关陇之学和宏道书院讲学相比,这一时期的关学除了在主流上仍是以程朱为宗,还在很大程度上维持着对经学、礼教和实践的强调。如吕柟指出,"君子以行为先,以言为后",强调"明经修行",并对"五经"都有相关著述。马理对礼的重视和执守则不亚于张载,对"五经"亦有阐释。韩邦奇则精于易学,对《周易》《尚书》和《毛诗》诸经也都有阐释,等等。总之,正德、嘉靖年间的关学是处于一个各种学术思想互相碰撞并逐渐融合的时期,保守与开放并行。

四是"朱王会通",解决时代思想弊病。随着南大吉、吕柟、马理、韩邦奇等人的去世,关学与关中讲学开始走向衰微,直到万历二十年(1592),冯从吾在西安城南宝庆寺讲学,以及张舜典(号鸡山)在凤翔讲学,关学才再次兴盛,并走向第二次高峰。

万历十三年(1585),时任陕西提学副使的许孚远(敬庵,1535—1604)开始主持西安正学书院,并邀蓝田王之士讲学其中,随后,冯从吾又在宝庆寺和关中书院讲学,使关学迎来了其在明代发展的第二次高峰。冯从吾是晚明长安人,也是许孚远的弟子。许孚远从学于甘泉学派的唐枢(一庵,1497—1574)。唐枢对湛若水的"随处体认天理"之说和王阳明的"致良知"说是"两存而精究之",具有明显的会通朱王的倾向。而许孚远亦信良知之说,但他对王门后学援良知以入佛的做法，特别是"无善无恶"论极为反对，曾作《九谛》同周海门（汝登，1547—1629）进行辩难。冯从吾作为许孚远的弟子，同时又与东林学派的高攀龙（景逸，1562—1626）友善，再加上家学的影响，冯父从小就教其王阳明"个个人心有仲尼"之诗，故他对王阳明的良知说也极为笃信，认为"阳明先生'致良知'三字，真得圣学真脉，有功于吾道不小。知善知恶是良知一语，尤为的确痛快"。但对晚明流行的"无善无恶"说，冯从吾也与其师一样持批评的态度。在他看来，当时王门后学有一种"猖狂"之风，其原因就在于被"无善无恶"之说所误，而"无善无恶"说的实质是要翻孟子性善之案，从而堕于告子的"无善无不善"、佛氏的"无净无垢"之说中。尽管冯从吾笃信良知说，但他并非就以王学为宗，对他来说，晚明的学术之弊，除了因王门后学提倡"无善无恶"之说而导致的"猖狂"之风外，还有朱子学者与阳明学者之间的纷争而造成的学术分歧。为了解决这一纷争，冯从吾提出了以良知为本体、以主敬穷理为工夫的"本体与工夫合一"的为学主张。其曰："学者往往舍工夫而专谈赤子之心，则失之玄虚；舍赤子之心而专谈工夫，则失之支离，心学几为晦蚀。近世学术多歧，议论不一，起于本体、工夫辨之不甚清楚……若论工夫不合本体，则泛然用工夫必失之支离缠绕；论本体而不用工夫，则悬空谈体必失之捷径猖狂，其于圣学终隔燕越矣。"在冯从吾看来，识得本体，然后可做工夫，做得工夫，然后可复本体。本体与工夫并不是截然分开的，而是统一于同一个过程之中，因此两者不可偏废。应该说，冯从吾以"本体与工夫合一"来融会贯通程朱、陆王之学，这为晚明的思想界开出了一条新的为学之路，而与之同时影响更大的东林学派则在批评王学之中重新走向了朱子学，反而在一定程度上加剧了明末清初的朱王门户之争。同时，冯从吾的"朱王会通"说，也是明代关学发展到晚明时出现的一种新的动向，是明代中期以来关中朱子学和阳明学互相吸收融合的结果，它对清初关学也产生了极大影响。清初以李颙及其弟子王心敬（丰川，1656—1738）为代表的关学主流，走的就是一条以王学为主，会通程朱的学问之路。

除了走向"朱王会通"的道路之外，晚明关学的第二个特点就是由前期的"主敬穷理"为主转向凸显心性的价值。冯从吾明确指出："圣贤之学，心学也，心之不养而徒事于枝叶间，抑末矣。"又说："自古圣贤学问，总只在心上用功，不然即终日孳孳，总属枝叶。"事实上，对心性价值和意义的重视，明代前期的薛敬之就曾说过："为学不从心地做工夫，则却无领要，纵然力研强记，不过卤莽灭裂,成其气质,况可望德业之过人。"但此后除了少数学者如南大吉主张"致良知",强调在心体上做工夫之外,大多数关学学者恪守的都是朱子学的"主敬穷理"之传和张载的读经重礼学风,即通过"穷理"和"守礼"来收摄心性。到了冯从吾这里,传统的朱子学的学问路向开始转为对心性之学以及心性涵养的重视。如在工夫上,冯从吾就很少谈及"穷理"或"礼教",而是更强调在"一念未起"和"一念方动"时做工夫。他说:"一念未起,则涵养此心;一念方动,则点检此心,于此惟精,于此惟一,庶乎有不发,发皆中节;有不感,感皆尽道矣!"具体来说,在冯从吾那里,所谓"一念未起"时的工夫主要指戒慎恐惧和于静中体验未发之气象,而"一念方动"时的工夫则是指慎独和诚意。最后,需要说明的是,尽管冯从吾重视心体,强调戒慎恐惧、静坐和慎独等心性修养功夫,但他并非就属于王学。在冯从吾那里,对心性本体的重视,主要是针对中晚明以来朱子学者的支离之病,而对修养功夫的强调,则针对的是王门后学脱略工夫的学风以及对世道人心的警醒,其会通朱王的色彩非常明显。但若从思维方式来看,冯从吾的朱子学性格则十分明显,如他对天命之性、气质之性、道心人心、天理人欲和涵养省察的划分,无一不是一种"理气二分"的思维方法。除了冯从吾之外,晚明关学的另一位重要代表就是与冯氏同时的张舜典。张舜典主要是在凤翔一带讲学,其学以"明德"为宗,辅以"致曲"工夫,走的也是一条以心体本原为主而融合朱、王之学的学问之路。虽然从理论深度和学术影响上来看,张舜典之学远不及冯从吾,但他对晚明关学的复兴与转折仍具有重要的推动作用,清初的李颙说:"凤翔张鸡山先生,明季理学真儒也,深造自得,洞彻大原,与长安冯少墟先生同时倡道,同为远迩学者所宗。横渠、泾野而后,关学为之一振。"不管怎样,以冯从吾和张舜典为代表的晚明关学,以拯救时弊为问题意识,强调良知心体的价值,主张"会通朱王",不仅一改之前关中以程朱为宗的思想局面,而且使得自明初以来关学对"格物穷理"和经学与礼制的研习都有所弱化,而更注重内在心性的修养。

明代关学虽然在不同时期各有其思想侧重,但尊崇程朱之学,继承和发扬张载读经重礼、躬行实践的学风,不尚理论思辨,重视"学贵有用",则是其总体特征,体现了关学朴实而又保守的学术性格。不过,在另一方面,虽然明代关学发展较慢,理论创新也不足,但它最后总能跟上时代思想的步伐,能够在其发展的过程中不断吸收和融合河东之学、阳明心学、甘泉之学以及气学等,从这一点来说,明代关学也有其开放的一面。到了晚明,强烈的问题意识和现实关怀使得关学更加注重心性道德本体的挺立,并走向"朱王会通"之路,而这一转变又极大地影响了清初以李颙和王心敬(丰川,1656—1738)为代表的关学主流的发展方向。①

第四节　明代关学经典语萃

1.五福在人,若无礼乐法度,则强凌弱,众暴寡,富吞贫,放僻邪侈,自陷于罪,岂能安享五福? ——王恕

2.动容貌,须要远暴慢;正颜色,须要近信;出辞气,须要远鄙倍。——王恕

3.天下之事,处之得中则成,不得中则不成,故中为天下处事之大本。天下之事,行之以和则行,不和则不行,故和为天下行事之达道。——王恕

4.己之能知能行,人亦能之;己之不能,人亦不能。——王恕

5.诚,实也。人之心无不实,乃能自成其身,而道之在我者,自无不行矣。
　　　　　　　　　　　　　　　　　　　　　　　——王恕

6.心正则身正,身正则万事皆正矣。是故正万事莫如正身,正身莫如正心也。——王承裕

7.千古圣贤,非是天生底,只是明得此心分晓。——薛敬之

8.学者始学,须要识得此心是何物,此气是何物,心主得气是如何,气役动心是如何,方好着力进里面去。——薛敬之

9.天地无物而自不能不物物,人心无事而自不能不事事。而今天下只是一个名利关住扎了,壅住多少俊才。——薛敬之

10.心之存,则海水之不波;不存,则沙苑之扬灰。——薛敬之

11.天本无心,以人为心,圣人本无心,以天处心。——薛敬之

12.天高地下,万物流行,分明个礼乐自然。——薛敬之

13.若教天下太平,必须文章敛华就实而后可。——吕柟

14.今人把事做事,学做学,分作两样看了。须是即事即学,即学即事,方见

---

① 转引自米文科、张莹:《明代关学的形成与发展》,《甘肃社会科学》2019年第1期。

心事合一、体用一原的道理。——吕柟

15.教汝辈学礼,犹堤防之于水。若人无礼以堤防其身,则满腔一团私意纵横四出矣。能甘贫,则凡一切浮云外物,举不足为累矣。——吕柟

16.舜无间然,只在菲饮食;回称为贤,只在箪瓢陋巷不改乐处。尽学者只去其一切外慕,无所系累,方为实学。——吕柟

17.学者虽读尽天下之书,有高天下之文,使不能体验见之躬行,于身心何益,于世道何补!——吕柟

18.作圣人不是用这等力量,见得善处肯行,便是力量,溺于流俗物欲者,乃弱也。——吕柟

19.圣人教人,每因人变化。如颜渊问仁,夫子告以克己复礼,仲弓则告以敬恕;樊迟则告以居处恭、执事敬、与人忠。盖随人之资质学力所到而进之,未尝规规于一方也。——吕柟

20.教汝辈学礼,犹堤防之于水,若无礼以堤防其身,则满腔一团私意,纵横四出矣。人能反己,则四通八达皆坦途也。若常以责人为心,则举足皆荆棘也。

——吕柟

21.君子习文不如习行,习行不如习心,习心以忠信,而文行在其中矣。

——吕柟

22.当时读,只徒记诵,不曾将来身上体贴做工夫,所以易忘。且苦其难处,亦近发愤,过此则便乐矣。——吕柟

23.看经要体认玩索,得之于心,见之于行才是。若只读了,却是记诵之学,虽多亦奚以为。——吕柟

24.圣人之学,只是一个仁。——吕柟

25.孔门教人,只是求仁。——吕柟

26.夫然后知学与仕本一事,而非两途也。夫然后知学固学也,仕亦学也。

——南大吉

27.道也者,人物之所由以生者也。是故人之生也,得其秀而最灵,以言乎性则中矣,以言乎情则和矣,以言乎万物则备矣,由圣人至于途人一也。——南大吉

28.战国之时杨墨之言盈天下,得孟子辞而辟之。从汉至宋,佛老之言盈天下,得程朱辞而辟之。至于今日,非学之言盈天下,倘有辞而辟之,如孟子程朱其人乎?余窃愿为之执鞭。——冯从吾

29.言工夫并言本体,言见在并言源头,必如此而后可以泄孔子之秘,破异端之非耳。——冯从吾

30.圣贤论学,虽有自用言者,而要之以体为主,得其体则其用自然得力,但不言用则其体又不可见。其谆谆言用者,欲人由用以识体耳。既由用以见其体,又何用之非体。——冯从吾

31.今吾辈讲学于此,非徒教人,乃所以自求其益耳。——冯从吾

32.自古圣贤学问,总只在心上用功,不然即终日孳孳,总属枝叶。

——冯从吾

33.千讲万讲不过要大家做好人,存好心,行好事,三句尽之矣。——冯从吾

34.做个好人,心正身安魂梦稳;行些善事,天知地鉴鬼神钦。——冯从吾

35.开天辟地在此讲学、旋转乾坤在此讲学、致君泽民在此讲学、拨乱反正在此讲学、扶正变邪在此讲学。——冯从吾

36.格物即是讲学,不可谈玄说空。——冯从吾

37.为学不在多言,顾力行耳。——冯从吾

38.纲常伦理要尽道,天地万物要一体,仁止久速要当可,喜怒哀乐要中节,辞受取予要不苟,视听言动要合礼。——冯从吾

39.圣贤之学总在心性,而心性得不得力,又全在日用行事见得。——冯从吾

40.若论功夫不合本体,则泛然用功必失之支离缠绕;论本体而不用功夫,则悬空谈体必失之捷径猖狂,其于圣学终隔燕、越矣。——冯从吾

41.初学之士,多以安详恭敬为主,多知收敛。及至既学之后,多自以为有所得,便宽一步,自谓悟后全无碍。不知悟处就是误处,卒至放纵决裂,坏人不小,是徒知敬以成始,而不知敬以成终也。——冯从吾

42.识得本体,然后可做功夫;做得功夫,然后可复本体,此圣学所以为妙。——冯从吾

43.从心所欲,便不逾矩;从耳目口体所欲,便逾矩矣。——冯从吾

44.若能勘得破,夭寿乃人生常事,何有于毁誉得失、贫富荣辱乎?

——冯从吾

45.推而一国,必一国兴仁、兴让,而始谓之治。又推而天下,必人人亲亲长长,而天下始平。——冯从吾

46.学问之道,全要在本原处透彻,未发处得力,则发皆中节,取之左右,自逢其原,诸凡事为,自是停当;不然,纵事事检点,终有不凑泊处。——冯从吾

47.吾儒之学,以至善为本体,以知止为工夫,而曰"致知在格物",可见必格物而后能知止也。——冯从吾

48.聪明用于正路,愈聪明愈好,而文学功名,益成其美。此处一差,则聪明用于邪路,愈聪明愈差,而文学功名,益济其恶,故不可不慎也。——冯从吾

第八章 清代关学及人物

第一节 主要人物概况

一、李颙

李颙(1627—1705),字中孚,号二曲,陕西盩厔(今周至县)人,人称二曲先生,与孙奇逢、黄宗羲并称为"清初海内三大儒"。顾炎武对李颙评价道:"坚苦力学,无师而成,吾不如李中孚。"顾炎武对李颙的学行极为推重,尤其盛赞他"龙德而隐,确乎不拔"的气节和"笃信而深造"的学风。李颙被时人认为是"海内真儒,关中正脉"。清代江南靖江知县郑重在《靖江语要序》中曰:

> 二曲李先生,关中钜儒也。不屑章句之学,以阐明学术,救正人心为己任,一时贤士大夫,无不翕然宗之。当事欲疏荐于朝,辞不就道。足以康济天下,而其志终不欲以功名之士自期,是先生之素矢也。郡守骆大人令二曲时簿书之暇,必造庐晤对,以证所学。凡天德、王道、修己、治人之事,罔不日相摩切,务体之于心而达之于政,不徒托诸空言而后已。盖公之居官,不以材指而以学问,所莅之区,惟孳孳以讲学兴行是重;而先生方存省一室,位育人寰,与之相得益彰。(《二曲集》)

李颙面对皇权,表现出铮铮铁骨,清廷屡次加以征召,他皆以疾力辞,坚决不赴诏。后来,康熙帝到西安,欲约见李颙,他却借口有病避而不见,康熙帝只好索要其两本著作而去,还亲书"志操高洁"匾额赐给他,以示嘉奖。李颙少时家境贫寒,无力求学,但他凭借自己的勤奋刻苦,遍览经史子集以及佛老诸书,无师自通,逐渐声名远播,前来求学者日众。李颙曾先后讲学于陕西的蒲城、同州、华阴、高陵等地。康熙九年(1670),又应邀赴江南地区讲学,听者众多,被誉为"江左百年来未有之盛事"。康熙十二年(1673),又受聘主讲关中书院。李颙大力提倡讲学,讲会之风因之大盛,他首先为书院制订了十条会约、八条学程,并对书院讲学的时间、礼仪、次第、方法、内容、目的以及就学士子每日必修的学习课程等,都做了明确的规定。在学风上,李颙明确主张实行"明体适用"之学,要求学生做到文武兼备,博览群书,上至天官、舆地,以及礼、乐、兵、农、漕屯、选举、历数、士卒、典籍,无所不读。关中书院"讲堂茂草,铉诵阒如"。李颙倡学关中,全祖望称:"关学自横渠而后,三原、泾野、少墟,累作累替,至先生而复盛。"又说:"先生起自孤根,上接关学六百年之统,寒饿清苦之中,守道愈严,而耿光四出,无所凭藉,拔地倚天,尤为莫及。"

◎《二曲集》中华民国十九年(1930)版

在主持关中书院期间,李颙以倡明关学为己任。然而他生活在明清社会更迭之际,宋明理学已失去了以往的活力,作为宋明理学中重要学派的关学,后继乏人。为此,李颙通过介绍关学先哲冯从吾、张舜典等人的学术思想,刊刻他们的著作,并利用自己大儒的声望,不遗余力地传播关学。在李颙的努力下,关中书院在清初曾一度出现过繁荣的景象。但在他离开关中书院不久之后,讲会便烟消云散,关中书院在后来还变成了官署,日趋衰落。后关中书院成为科举的附庸,课艺、应举成了关中书院最主要的教学活动。

和冯从吾一样,李颙非常重视讲学,认为其作用在于"立人达人,全在讲学;

移风易俗,全在讲学;拨乱反正,全在讲学;旋乾转坤,全在讲学"(《二曲集》),"人或可以一日无水火,必不可一日无学;不可一日无学,则不可一日不讲。讲则人知所向,日淘月汰,天理常存,而人心不死;不讲则贸贸焉莫知所之,率意冥行,不免任气滋欲,随俗驰逐而已"(《二曲集》)。李颙认为,天天讲学会使人有羞恶之心,心就会存礼义廉耻,并能做到心静神明;不讲学则会"任气滋欲"、随波逐流、不知所向、人云亦云、毫无主见,沦为苟苟盈利之俗人。李颙的"悔过自新"说,一方面体现出李颙与黄宗羲等同属"心学内部救正"的特征,另一方面则显然继承了关学"重践履""敦善行"的学风特色。①

李颙著有《二曲集》和《四书反身录》等。其弟子众多,知名者有鄠县(今陕西西安鄠邑区)王心敬,大荔张珥、李士瑸,宝鸡李修,邠州王吉相,蒲城宁维垣,雒南杨尧阶、杨舜阶等。然而,能传其学者,惟有王心敬。

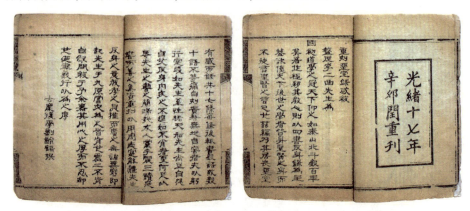

◎《垩室录感》光绪十七年(1891)版

二、王心敬

王心敬,字尔缉,号丰川,学者称其为"丰川先生",陕西鄠县(今西安鄠邑区)人,生于清顺治十三年(1656),卒于乾隆三年(1738)。他早年为诸生,25岁时,在母亲的支持下,放弃举业,前往被誉为"清初海内三大儒"之一的关中理学大师李颙处从学达十年之久。王心敬对李颙之学极为佩服,"尊闻而行知",成为李颙最得意的弟子,且"学业日粹,声闻日章"。康熙四十八年(1709),王心

---

① 转引自王文琦:《从李二曲之学看清初关学新走向》,《中国社会科学报》2020年8月13日。

敬应湖广巡抚陈诜之邀,主讲江汉书院。康熙五十三年(1714),又应江苏巡抚张伯行之请,至姑苏紫阳书院讲学。后来湖广总督额伦特闻知王心敬之名,荐之于朝,王心敬以疾力辞。随后,他又先后两次辞去朝廷的征召,在家乡终老一生。

◎ 西安市鄠邑区王心敬墓

王心敬是清代中期著名的思想家和教育家。他终身蛰居鄠县(今西安鄠邑区),以讲学和著述为业。他主张各取所长,重视实学,反对空谈,提倡明体适用。他在经世致用方面大大突破了早期儒家所讲"修齐治平"的抽象内容,将"格物致知"之"物"扩大到礼、乐、兵、刑、农田水利等事关国计民生的具体学问和知识上。王心敬一生研究范围十分广泛,涉及政治、教育、农业、军事和荒政等方面。他重新解释了《大学》中的"亲民"概念,拓展了传统儒学躬行实践的领域,赋予其更切实广泛的内容,突破了理学轻视形下之器和实际事务的限制,对于许多事关人民生计的具体学问和实践技能如农业、兵法、水利、人才选举、积贮、筹荒等都做过深入的研究。他学术思想十分丰富,曾作有《论盐法》《论水利》《论课吏》《论马政》《论饷兵》《察奸论》《陇州帮运议》《保泰说》《答问救洮兰之荒说》等多篇涉及时政及民生的文章。

王心敬所处的时代,由于康熙皇帝对程朱理学高度重视,并将程朱理学作为修身治国的理论基础,加之许多学者痛感晚明以来王学末流所造成的空疏学风和不良社会风气,于是大力提倡程朱学而批判阳明学。① 王心敬之学不立门户,对程朱理学与陆王心学主张兼收并蓄,融会贯通,力戒偏颇。他说:

> 程朱陆王在圣门皆游夏之选。我辈能实得其一二造诣,即可卓然自树于士林,原不容后生妄谈长短。

同时,从本体不离工夫、工夫不离本体的观点出发,王心敬认为"吾辈于程朱陆王正宜兼资,何可以爱恶之私,轻加排讥"。另外,在兼收并蓄的主旨下,王心敬认为对程朱陆王不应加以排斥,而应加以适当的"补救"。他说:"陆王宜补救以平实精密,程朱宜补救以易简疏通。"因此,王心敬提倡以大公之道打破门户之见。他说:"自濂洛以来,诸儒论学各自另标一宗,这固是本其自得者语人,要之不无自立门庭之见。吾道大公,是千古之公是,奚事秘为己有?秘为己有之心,即此念成私。"

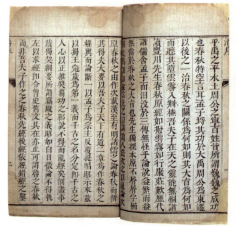
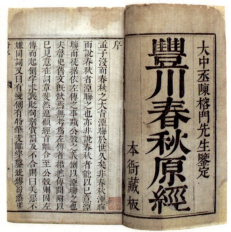

◎《丰川春秋原经》乾隆二年(1737)版

虽然王心敬强调要"会通朱王",取长舍短,不偏不倚,但更多时候他认为程朱陆王的学说还不够中正圆满,同时也是为了摆脱学者之间的门户之争,他提出,学问应以《大学》"明新止善"为宗旨,向孔孟回归。他说:

---

① 转引自米文科:《论清初关学的"朱陆会通"——以李二曲与王心敬为中心的考察》,《宝鸡文理学院学报》(社会科学版)2015年第3期。

自孔孟而后,濂洛关闽、河会姚泾,皆血脉相贯,无不可宗。然学以合天地万物一体为大,以体用工夫融会贯通为全。诸儒不免因一时之症,立补救之方,故其为说,不必兼备。善用之,皆切病之良剂;统论之,或有未满之分量。今日论学术,而欲斟酌圆满,不堕一偏,必如《大学》"明新止善"之旨,全体大用、真体实功一以贯之,然后中正浑全,印合孔孟也。(《丰川全集》)

对于王心敬在清代关学史上的地位,唐鉴在《国朝学案小识》中说:"关中之学,二曲倡之,丰川继起而振之,与东南学者相应相求,俱不失切近笃实之旨焉。"关中学者孙景烈(号酉峰,1706—1782)认为:"吾关中自南阿(指康吕赐)、丰川两先生没后,薪火岌岌不续。"(《史复斋文集》)而周元鼎在《关学续编后序》中也说:"自丰川先生后,吾关中之学其绝响矣,是不能不望于豪杰之士。"

王心敬作有《丰川全集》(正续编)《丰川续集》《丰川易说》《丰川诗说》《尚书质疑》《春秋原经》《礼记汇编》《关学续编》和《江汉书院讲义》等著作。

三、李元春

李元春,陕西朝邑(今大荔)人,字仲仁,又字又育,号时斋,生于清乾隆三十四年(1769),卒于清咸丰四年(1854)。李元春幼时家贫,其父以诸生游贾楚中,母子相依为命,几无以为生。李元春嘉庆三年(1798)中举,任大理寺评事,其后九上春官不第,遂决意仕进,归家教授,曾先后主讲于潼川、华原等书院。李元春著作甚丰富,计有《四书简题课解》《诸经绪说》《春秋三传注疏说》《诸子杂断》等多种。

李元春是清代中后期关学的代表人物之一,但其学术思想与张载关学在学理体系上直接承继得不多。据吴大澂所奏,李元春"年十四,得明儒薛瑄《读书录》,自此立志学圣贤,遍求程朱文集、语录,熟读精思",于此可见李元春的思想渊源直接来自薛瑄的河东之学。李元春受薛瑄河东之学的影响,在思想上恪守朱子学,批判王学和汉学不遗余力。他批评王学,但对王学所常讲的良知、心学并不反对。他之所以不满意王学,主要不在本体论而在工夫论上,他说:"良知不误,阳明讲良知偏重前截轻后截耳。《大学》圣经一章,其学之全功即足以正之。"(《夕照编》,青照堂丛书本)李元春认为王学有脱略工夫、空疏之弊。因而提出要以"学"治王学"不学"(脱略工夫)之弊,他指出:"良知固无终蔽时,然自有蔽时矣,蔽则非积学何由彻。"(《病床日札》)李元春所谓"学"包罗很广,既包括儒家的义理之学,也包括记诵、考据、词章之学,甚至还包括被视为俗学的科举之学。除此之外,李元春坚持程朱一派的"主敬""存诚",批评王学偏于虚寂的修养方法。李元春明确说:"朱子之学主于敬,吾生平得力亦只此一字。"(《余生录》)并且指出:"复性之事不外立身、尽伦两大端。立身、尽伦不过慎言、敏行两大端。复性之功则曰知行并进,存省效致,而其要惟在主敬、存诚、行恕而已。持此数端读圣贤之书,为圣贤之学,庶不患散而无统矣。"(《闲居镜语》)这一段话可以说是他工夫论的总纲。故张骥评论"其学恪守程、朱,以诚敬为本,而要于有恒。读书观理,以为行之端;处事审理,以验知之素。本末兼该,内外交养,威仪容止,至老如一人。问何以养之,曰'寡欲而已'"(《关学宗传》卷五一)①。

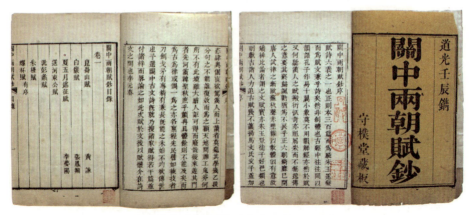

◎《关中两朝赋钞》道光十二年(1832)版

四、贺瑞麟

贺瑞麟(1824—1893),字角生,号复斋,今陕西三原人,清末著名理学家、教育家、书法家。受业于关学大儒李元春,与山西芮城薛于瑛(仁斋)、朝邑杨树椿(损斋)并称"关中三学正"。同治九年(1870)创立正谊书院,主讲正谊书院二十年。

---

① 转引自刘学智:《关学思想史》,第456—459页。

◎ 三原贺瑞麟墓

贺瑞麟以程朱理学为教，重视《小学》《四书》。"信《小学》《四书》如神明，遵横渠熟读成诵之说，严为己为人之辨，于心术隐微之际，反躬克己，学如不及。其日用伦常，自洒扫应对，以至冠婚丧祭，造次必以礼法，俾先王遗教，彬彬然见诸实行。"他特别重申为学要辨别门户，指出唯有程朱才是孔孟门户。他说：

> 其论学也，于阳儒阴释之辨，剖析微芒，不少假借。尝谓论人宜宽，论学宜严，三代以上，折中于孔子，三代以下，折中于朱子。又言程朱是孔孟嫡派，合于程朱即合于孔孟，不合于程朱即不合于孔孟，朱子之学明，然后孔子之道尊。

总体来看，贺瑞麟之学恪守程朱理学以"理"为本的思想，又以倡导张载关学礼教为己任，延讲古礼，教化风俗。同时，他又力斥陆王心学，指责王阳明"良知"学说为阳儒阴释，乱真害道。此外，贺瑞麟还批判汉学与举业，认为二者均有害于圣道。贺瑞麟一生讲学颇久，故造就尤众。其弟子较著名者有蓝田牛兆濂、兴平马鉴源、华阴王守恭、泾阳柏堃等。

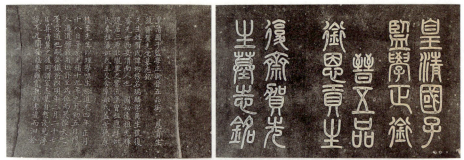

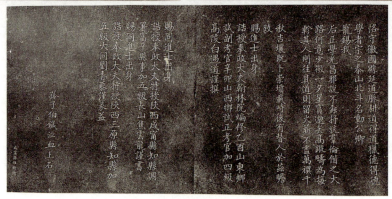

◎ 贺瑞麟墓志铭拓片

贺瑞麟一生志学,以振兴关学、延续关学道脉为己任。编校刊刻关学文献,使其得以保存和流传至今。他通过重修横渠张载祠、续编《关学编》等活动表彰关学先贤。

据贺瑞麟《文集》和《年谱》记述,其编校刊刻的关学文献有:张载的《张子全书》、王建常的《复斋录》、李颙的《垩室录感》、李因笃的《仪小经》、张秉直的《开知录》《治平大略》《徵信录》、李元春的《桐阁文钞》《性理十三论》等。①

贺瑞麟学问精湛,著述颇丰。他刊印理学经典,汇集为《清麓丛书》,为时人所敬重。主要著作有《朱子五书》《读书录要》《清麓文集》《养蒙书》《诲儿编》《三原县新志》《三水县志》等。另外,他还精于书法,楷书结构严谨,行草运笔浑厚,墨宝遍布陕西关中地区。

---

① 转引自刘莹:《贺瑞麟与晚清关学的复兴》,《宝鸡文理学院学报》(社会科学版)2018年第4期。

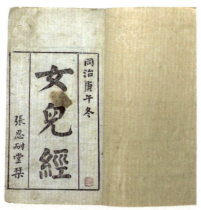
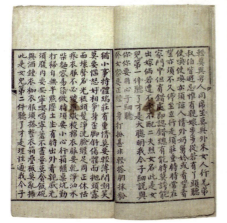
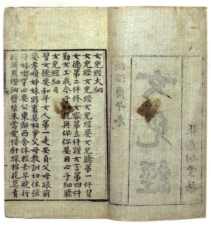

◎《女儿经》同治九年(1870)版

五、刘光蕡

刘光蕡,字焕唐,号古愚,今陕西咸阳天阁村人。生于清道光二十三年(1843),卒于清光绪二十九年(1903),身处鸦片战争与辛亥革命之间,一生都在中华民族灾难深重的清末度过。在这种境况下,刘古愚熔铸了强烈的爱国忧民情怀,积极投身到为解救民族危难而进行的各种社会运动中。受新思潮的影响,他参与了由康有为、梁启超倡导的变法运动。同时还创办讲会,筹办工厂,宣扬河套屯田,进行教育改革等。变法失败后,他在无奈中选择了隐居。尽管如此,他仍然在艰苦地寻找救国救民之路,以极大的热情投入到改善民生和国民教育中。康有为对刘古愚的思想和行实有较全面的概括:"以良知不昧为基,以利用前民为施,笃行而广知,学古而审时,至诚而集虚,劬躬而焦思,忧中国之危,惧大教之凌夷而救之,以是教其徒,号于世,五升之饭不饱,不敢忘忧天下,昧昧吾思之,则咸阳之刘古愚先生有之。"(《烟霞草堂文集序》)可以说,刘古愚是在清末国家危难之际清醒地意识到自己的历史使命,并为之不懈奋斗的为数不多的关学学人,被誉为"关学后镇"。①

○ 刘光蕡像

○ 刘光蕡墓

刘古愚身处时代的大变局中,其思想既有实学特征,也有浓厚的理学意味。尤其是理学思想,较为丰富。刘古愚的理学思想,主要集中在其所著《大学古义》《孝经本义》《孟子性善备万物图》以及《论语时习录》等文中。刘古愚没有回避理学家一直探讨的理气关系问题。在理气观上,刘古愚认为宇宙间充满的物质实体是气,理不过是气之"文理",理不具有根本性,更不可能创生万物。他说:"气之所至,即流为形,而理为之主也,有物有则也。"(《烟霞草堂遗书》)刘古愚认为理仅仅是"物之则",否认理为万物之本源,他以气为本源。但是,他又进一步为气探寻本源,他认为这个本源就是"元"和"太极"。

刘古愚还继承张载"天人合一"的理路,视天、地、人为一体,把天、地、人联系在一起以讨论人的伦理道德问题。如他在讨论儒家最重要的道德原则"孝""弟"时,即上究天道、下论人事,最终落实于心性修养上。所以,他强调立"本心",而"本心"体现在事上就是"孝弟为最真"。孝悌与忠恕相比,"孝弟是忠恕之事,忠恕是孝弟之心,忠是恕之本,恕是忠之心",此显然是以"尽己"为本,"推己"为心。所以"存心"就是"存此本心"。刘古愚认为孟子论政,"'同民'二字足以尽之";论学,"'存心'二字足以尽之"。所以,就心与事的关系而言,他认

---

① 转引自刘学智:《关学思想史》,第 488 页。

为:"惟能存心,方能同民。盖能同民者,以天地万物与我为一体也。""存心"与"同民"的统一,正表明了"天人一体"的观念。这正是刘古愚对孟子"学问之道无他,求其放心而已"的发明,也是对王阳明"心外无事"的一种发明。可以说,刘古愚的哲学思想,确实导源姚江,同时又融通关、洛、闽之学。①

六、柏景伟

柏景伟(1831—1891),字子俊,陕西长安冯籍村(今陕西西安长安区马王镇冯村)人,咸丰五年(1855)举人,曾选授定边县训导,未赴。同治六年(1867),左宗棠入关镇军期间,柏景伟为其幕僚。柏景伟较刘古愚年长十余岁,后二人成为至交挚友。柏景伟曾主讲味经书院、关中书院。其与刘古愚一起办"求友斋",并为"求友斋"拟设课目,又一起刊印图书。柏景伟晚年在辞去关中书院讲席后,归老冯籍村,筑"沣西草堂"以教授生徒。光绪十七年(1891)辞世,享年61岁。其著作被后人编为《沣西草堂集》。②

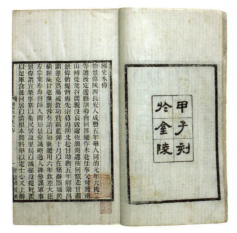

◎《沣西草堂集》中华民国十三年(1924)版

柏景伟的一个重要贡献是刊刻了自冯从吾《关学编》至清以来历次整理增订的《关学续编》,包括王心敬、李元春、贺瑞麟的《关学续编》以及周元鼎、刘得炯等人所撰关学学人传。冯从吾的《关学编》(原编)仅编至明代的王之士,所选

---

① 转引自刘学智:《关学思想史》,第496—500页。
② 转引自刘学智:《关学思想史》,第489页。

关学学人共三十三人。后赵廷璧重刻时,刘得炯补入冯从吾、王仲复。清人王心敬在冯从吾《关学编》基础上写了续编,补入自冯从吾以迄李颙等七人。之后,周元鼎又续王心敬传于其后。李元春又续之,于宋补游师雄,于明补刘宜川,于清补王零川。贺瑞麟又续编,补入刘鸣珂、王承烈等七人。以上共三种续编。柏景伟在全面考察了冯从吾《关学编》及诸三种续编之后,乃"刊恭定所编关学,而并及丰川、桐阁、复斋之续,凡以恭定之学为吾乡人期也"(《重刻关学编前序》),遂重刻《关学编》。这次重刻最重要的变化,在于把王心敬《续编》中"远及羲、文、周公,下及关西夫子而下,非恭定所编例,去之"。从柏景伟所删内容及其所写《前序》来看,他对关学概念及关学史的演变有自己的理解:一方面,要保持关学为"关中理学"的特质。另一方面,他认为关学史为不同一般的儒学史,是儒学在宋代后于关中出现的地域性学术流派发展演变的历史。不主张将宋以前的文化及人物视为关学史对待。① 这对于明晰关学概念以及关学演变历程有重要的学术意义。

第二节　清代关学的时代特征

一、躬行礼教、重视实用

王心敬继承了张载以来"以躬行礼教为本"的关学学风,从《大学》"自天子以至于庶人,一是皆以修身为本"的主旨出发,认为人人都可教而化之,对于上智之人可体道以行,中人以下不可体道者,则必须循礼以行。用王心敬的话来说就是"道即礼,礼即道,二之则不得。然道虚而博,礼则实而切。虚者非上智莫能喻,且责之也难;实则中人以下皆可使之率而由矣"(《丰川续集》卷三《三礼赘言》)。当然,王心敬用以教人的"礼"并非空洞死板的教条,也非繁文缛节的形式,而是指赋有实际内容、包含着作为人的深切感情、并已内化为人的基本的心理结构的一套礼仪规范。这样,遵礼而行也便成了王心敬所倡导的道德和精神修养的重要组成部分。在关学学风和明清总结理学思潮的双重影响下,王心敬

---

① 转引自刘学智:《关学思想史》,第503—504页。

对作为"五经"之一的《礼》作了详细阐述,在他看来,虽然要重视礼的作用,但是不能把礼当作万世不变的教条,既要遵守其原则性,又要权变,坚持灵活性。例如对于"三礼",王心敬认为,《礼记》是用来阐明关于礼的基本原则的,即"先王之大经大法于其中存焉,是即吾夫子所谓殷因于夏,周因于殷,百世而不可变者也",故须精择而熟读之;《周礼》可证古今治法之详略,即"孔子所谓损益可知者",故须详究;而《仪礼》的"冠婚丧祭仪节耳,是则随地随时可损益变易者也,止可涉阅以知其梗概"。对于《礼记》,王心敬作有《礼记汇编》二十卷,针对《仪礼》,他作有《四礼宁俭编》一长文,详细阐述了冠、婚、丧、祭等具体礼仪和仪节,有理有则,可见其论"礼"之深切。

清代关学学人李颙,本于姚江"致良知"而不悖,会通朱陆薛王而不遗。以"悔过自新"为入德之门,以"明体适用"为学问依归。其嫡传王心敬"继横渠道统,承二曲心传",力排门户之见,合朱、王之学而一之。① 可见,王心敬和他的老师李颙既继承关学"学贵以有用"的传统,同时又有感于时弊,都具有强烈的注重实践和经世致用思想。如李颙思想特点之一即为"躬行实践",认为"空疏之习,无当实用",主张应将"经世事宜实实体究,务求有用"(《二曲集》)。在这一点上,王心敬可以说比他的老师有过之而无不及。王心敬从《大学》"明亲止善"之旨出发,主张真知力行,认为读古人经时济世类书籍,必须"穷探古人经画措置本旨,融通于心,即于日用伦物中取其义旨,反上身来从身之所履经起,久之人情事变乃可原理推情,措置不差,即古人尽为我用而书不徒读耳。不然徒记古人往迹故事……徒资口谈供笔墨之用耳,曾何益于实用乎?"(《丰川续集》卷二十一《书答·答襄城刘华岳弟兄》)正是在"有益于实用"这一目标支配下,王心敬于经世致用方面突破了《大学》所讲"齐家""治国""平天下"的抽象内容,对许多事关国计民生的具体学问和知识都有所涉猎和研究,如他作有《论水利》《论盐法》《论理财》《论课吏》《论马政》《论饷兵》《察奸论》《陇州帮运议》《保泰说》《答问救洮兰之荒说》等,以及探讨当时时政和实用技术的文章。

二、重视讲学,批判举业

王心敬少时从学于王鄯(字汉候)十数年,当时所习主要是科举时文。他学

---

① 刘学智:《关学思想史小识》,《光明日报》2016年05月16日。

习刻苦,成绩优异,18岁入庠,19岁食饩,20岁后已"文名藉甚"。然二十二三岁时,"稍稍涉猎经史群籍",便对"孔、曾、思、孟之学"产生了浓厚的兴趣,立志"为丈夫",并有舍科举之念。① 对王心敬意欲放弃举业的想法,其母李夫人不但未加反对,而且欣然支持,并劝勉云:"人生要当以圣贤为期,科第固所藉以进身,德业尤所本以立身;苟德业不足,即幸掇巍科,跻膴仕,非所愿也。"在其母的鼓励下,王心敬"遍访当世明贤,择为师资"。在其母的支持下,康熙二十一年(1682),王心敬在25岁时,放弃举业,跟随李颙学习。据《二曲年谱》和《关中三李年谱》记载:王心敬"朝夕执侍,一意暗修",加之他"心若青天白日,品犹野鹤,气魄宏毅",李颙觉得他"可望以任重致远",对他犹"甚注意"。所以,当李颙别筑垩室独处之时,"时人罕接其面",而王心敬却能够"朝夕侍侧",独聆教诲。如斯侍学李颙"几十年",后因母老待养辞归。

◎《关中三李先生年谱》中华民国十七年(1928)版

另一位清代关学学人贺瑞麟在自述心路历程时说,他以前也曾"不废举业",后来却厌恶举业,明白了要做"为己"之学以求圣贤,至于如何读书也是逐渐醒悟的。他曾"泛滥诸讲学之书,卒不得其门而入",进而发现"书愈多讲愈烦而心愈无主",后经师友的启示,方明白应从《小学》读起。于是他"退而求之《小学》《近思录》,始稍有以窥程、朱之学,真得孔、孟以来相传之心法"。经过进一

---

① 刘学智:《关学思想史》,第439页。

步的学习,贺瑞麟才能"屏去世俗之陋习,而一惟程、朱是守,不敢有他途之趋"。至此,贺瑞麟才走上了正学之路。① 贺瑞麟在主讲三原学古书院和正谊书院之时,以程朱之学为教,而不教授科举制艺。因为,在他看来,科举考试积弊已久,士子从事举业之学,只是将其作为求取功名利禄的途径,而不是要修身进德、泽民救世。所以,在贺瑞麟看来,要救举业之弊,挽救世道人心,唯有让读书人重新回到传统的圣贤之学上来。他说:

> 国家科举取士,盖沿前代之习,惟以"四书""五经"命题,所以一学者之心思,欲其沉潜圣贤之道,以见之实用,此诚不易之典,士之有志于用世者,亦岂可舍此而他求哉?然古昔圣贤所以教人为学之意,莫非使之讲明义理,以为修己治人之实,非汲汲乎语言文字而为之也,况冀遂其不可必得之欲哉!今之举业,非不日读圣贤之书,至所以求于书者,不越乎词章利禄之习,则其用心为己外矣。即使阐发经义亦几无余,而反之身心事业竟若两歧,至其末流亦已甚焉,议论卑而廉耻丧,举业之本意固如是乎?抑原其所以至此,则以始学之时不知学之有本,殚精毕智只以揣摩求合,以苟一朝之富贵而已。(《贺瑞麟集》)

因此,贺瑞麟批判汉学与举业,认为二者均有害于圣道。贺瑞麟在写给黄嗣东的信中也建议书院不开科举之业,而以讲明正学为要。他说:

> 春明学舍不知系明代何人得,大人今日别辟精舍,更有一番发挥,登高提倡,应者必众,士子得闻此学,将来造就必有可观。举业一途,不开亦非缺典,一以讲明正学为事,如万不得已而不欲或废,但使知为趋时之末技而非为己之实功。本末缓急、轻重取舍正当有辨,所望大启圣学门庭作后来种子,必求精纯正大,勿为包罗合会。庶几关学一脉赖大人而后续,又不独秦士幸也。(《贺瑞麟集》)

贺瑞麟认为,举业不仅影响了士子学习圣贤为己之学的志向,而且制约和阻碍了关学的延续和振兴。因此,书院不开举业也并非是缺典,即使万不得已而不能废除,也要使士子懂得举业只是"趋时之末技而非为己之实功",如此关学一脉才有望得以延续。贺瑞麟一生讲学颇久,其对当时及后世学人影响较大。

---

① 请参阅刘学智:《关学思想史》,第462页。

三、注重"四书学",倡兴关学

明末清初,李因笃、李柏和李颙(人称"关中三李")继承关学传统,进一步阐发了张载"以礼教人"的思想,主张道德修养和明道救世。清朝统治稳固后,采取文化高压政策,以经世致用为宗旨的关学便处于隐而未现的状态。晚清时期,随着西学东渐,关学逐渐走向终结。清代关学的发展,以"四书"解经为鲜明特点,主要著述有李颙的《四书反身录》、李士璸的《四书要谛》、康吕赐的《读四书日录》、王心敬的《江汉书院讲义》、李修的《补薛存斋四书说蕴》、王吉相的《四书心解》、贺瑞麟的《四书偶记》、孙景烈的《四书讲义》、杨树椿的《四书随笔》、刘绍攽的《四书凝道录》等二十余部著作。这些著作体例丰富,涵盖答问体、注疏体、讲义体、笔记体等多种形式;内容丰富多样,既有推崇程朱理学的,也有服膺阳明心学的,更有接纳维新思想的,但很少受乾嘉汉学的影响,并不注重训诂考证,而是继续保持以义理解经的学派风格。

◎《四书反身录》浙江书局刻本

贺瑞麟"信《小学》《四书》如神明,遵横渠熟读成诵之说,严为己为人之辨,于心术隐微之际,反躬克己,学如不及。其日用伦常,自洒扫应对,以至冠婚丧祭,造次必以礼法,俾先王遗教,彬彬然见诸实行"。他对朱子《小学》和《近思录》格外重视。如在学古书院讲学时,贺瑞麟就规定,书院诸生无论大小,都必须先读《小学》,以其作为入门之书,其次是《近思录》,然后才是"四书""五经",以及周、程、张、朱等诸先儒之书。在贺瑞麟看来,"《小学》《近思录》二书,便是'四书''五经'真血脉,便是帝王圣贤正路途。学者舍此而他学,血脉乱,路途差矣"(《贺瑞麟集》)。他说:"'六经''四书'而后,求其可继此二者,莫切于《小学》,莫精于《近思录》,而亦皆成于朱子,盖所谓传授圣贤心法,以适于'六经''四书'者也。学者不学圣贤则已,欲学圣贤而不由斯二书,是犹立数仞之墙而浮埃聚沫子以为基,航断港绝潢以望至于海也,必不可得矣!……读者能于此二书深究,入德之门、造道之方,则圣贤途辙可循而入,不至误落坑堑,而'六经''四书'之旨,亦庶乎其不难尽得之矣。"(《贺瑞麟集》)可见,对贺瑞麟来说,《小学》《近思录》二书不仅涉及读书次第的问题,更关系到学术道路正确与否的重要问题。也就是说,若依《小学》《近思录》实做工夫,则"陆王、佛老之说自惑不得"(《贺瑞麟集》)。凡是被异说所惑者,都是于此二书不曾用功,学术立场不坚定,故容易误入歧途。可以说,重视《小学》《近思录》,是晚清关学不同于明代关学的一个重要特点。①

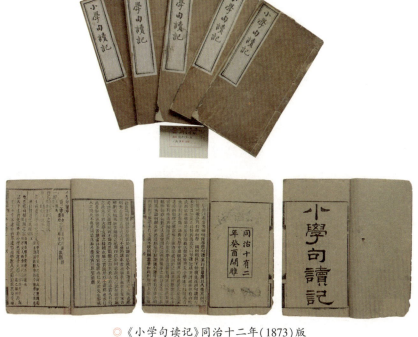

◎《小学句读记》同治十二年(1873)版

---

① 转引自刘莹:《贺瑞麟与晚清关学的复兴》,《宝鸡文理学院学报》(社会科学版)2018年第4期。

刘光蕡从小景仰张载、冯从吾、李颙等人的学行,后来进入关中书院学习,深受关学思想影响。因为受到康梁维新派的影响,刘光蕡把自己的维新主张贯注于教育活动中,并为引进西学、建立实学做了艰苦努力,时有"南康北刘"和"关学后镇"之称。由于受到西学和维新派思想的影响,刘光蕡已与传统意义上的关学学者有了很大不同,他推动关学的近代转型,可从其以新学注解的《大学古义》《论语时习录》《孟子性善备万物图说》等著作中得到明确印证。另外,被称为"关学最后一位大儒"的牛兆濂,其"四书"单经著作中则仍然包含着精微的理学思想。概而言之,清代的关学"四书学"呈现出著作繁盛、注重会通、倡兴关学的特质。①

第三节　清代关学的地位和影响

一、实现关学思想近代转型

明末清初的关学发展,一方面继承理学传统而关注朱王会通的问题,另一方面又面对时代之变,而做出了新的思考和回应,其中表现出关学思想近代转型的先声。

明末清初的李颙及其弟子们的关学思想从总体上来说,仍然传承了张载关学恪守礼教的尊崇儒家传统的学风特点。李颙继承关学传统,"力学多年,毅然以斯道为己任"。他"以正心术、励躬行为要,而下手处在静则涵养、动则省察"(《二曲集》)。李颙进一步阐发了张载"以礼教人"的思想,提倡"悔过自新""为学修德",主张培养"真儒"。他还从《礼记》中摘录关于儒者的论述,撰《儒学篇》,以此作为"真儒"的行为规范。如全祖望所说:"关学自李颙而复盛。"许世昌也说李颙一生博览群书,"以倡行关学为己任"。梁启超认为:"清初关中三李之称,谓二曲、子德、雪木也,而二曲尤为关学复兴之重镇。"②而"二曲门下最众,

---

① 转引自李敬峰:《关学"四书学":汇通诸派 务实求理》,《中国社会科学报》2017年11月17日。

② 梁启超:《梁启超全集》,北京出版社,1998年,第4261页。

执挚籍号以千计,其成就较大卓称继起者以丰川为最"①。王心敬一生为学,以孔、曾、思、孟为宗旨,反对空谈玄虚之学,为人仁慈宽恕,淡泊名利。他力倡古礼,编写《四礼宁俭篇》以教化人才,变化风俗。因此,清代学者唐鉴言:"关中之学,二曲倡之,丰川继起而振之,与东南学者相应相求,不失切近笃实之旨焉。"②王心敬是李颙众多弟子中和老师思想观念最为切近,对后世思想文化发展产生重要影响的关中儒家学者,他与李颙及其弟子们一起,对实现关学思想向近代转型起到了重要的助推作用。③ 与此同时,以李颙等为代表的关学学者基于对关学传统的认同意识与使命意识,对关学进行总结与学术的新突破,提出"道学即儒学",试图通过回归先秦儒学,还原儒学经世致用的本来面目,体现出关学"致知本于精思,力行本于守礼,精思故达天而不疑,守礼故知化而有渐"④的实学精神与通变精神。⑤

二、增强士人立心立命的使命担当

王心敬哲学思想对关中民众的思维方式和行为习惯都产生了巨大影响。在提倡和践履经世致用之学的同时,他仍然认为修身是第一位的,他说:"虽经济即道学,而要之道德则本也。且如经济者夏葛冬裘随时适变,而道德则饥食渴饮一定不易也。必一定不易者生机贯注,然后随时适变者时措咸宜,此程纯公所以谓有天德然后言王道也。"(《丰川续集》卷二一《书答·答桐城方雪皋》)

《四库提要》对明代和清代的学术差异作了如下区分:"盖明代说经,喜骋虚辨。国朝诸家,始变为征实之学,以挽颓波。"根据此说法,从宋明学术到清代学术的转变,本质上是思维方式的转变,这种转变在关中地区比在江南地区要稍微缓慢些。在江南,顾炎武对宋明理学向清代朴学的转变起到了承上启下、继往开来的重要作用;而在关中地区,这一历史重任主要由关中大儒李颙及其弟子们承担,王心敬在其中发挥了积极作用。如王心敬对经典版本的讨论、对文字字义的

---

① 梁启超:《梁启超全集》,第 4261 页。
② 谢国桢:《孙夏逢李二曲学谱》,商务印书馆,1934 年,第 140 页。
③ 贺红霞:《清初关学学风的特质及其当代意义》,《梧州学院学报》2019 年第 2 期。
④ [明]王廷相著,王孝鱼点校:《王廷相集》卷十三《鲁两生篇》,中华书局,1989 年,第 821 页。
⑤ 转引自常新:《明末清初关学的学术面向》,《孔子研究》2018 年第 6 期。

注疏和考证、对"五经"的注解等等,他的这些研究有力地促进了清初实证学术思维方式的形成,尤其是他对经世实用之学的重视和留心世务、通达古今事理的态度,使其在理论和实践上都产生了重要影响。①

王心敬的哲学思想给予后世在思维方式和行为习惯方面的影响并不是抽象的,也不仅仅是理论上的,而是具有现实意义的,即这种影响主要是通过王心敬在具体的实用科学领域所开展的一系列研究活动而实现的。除此之外,王心敬、李元春、贺瑞麟等续修《关学编》,整理关学资料,传播关中理学,对晚清关学复兴的努力,恰好构成了晚清关学的一大特点,并为关学文献的保存和流传做出了重要贡献。②

关学重使命、崇道德、求真务实、经世致用、崇尚气节的文化精神,不仅在历史上影响了一代代关中士人的风格、品行和节操,而且以其在社会生活中的丰厚遗存和深刻影响,仍然在塑造和培育着当代关中人的精神风貌和行为方式,培育着关中乃至陕西人纯朴、质实、耿直、坚韧、诚信的文化性格,也对关中乃至陕西人求真务实、勇于担当、恪守正道、博取兼容的品格和精神风貌产生重要的影响。③

第四节 清代关学经典语萃

1.辟如明镜蔽于尘垢,而光体未尝不在;又如宝珠陷于粪坑,而宝气未尝不存,诚能加刮磨洗剔之功,则垢尽秽去,光体宝气自尔如初矣,何尝有少损哉!
——李颙

2.世固有抱美质而不肯进修者,揆厥所由,往往多因一眚自弃。——李颙

3.虽各家宗旨不同,要之总不出"悔过自新"四字,总是开人以悔过自新的门路,但不曾揭出此四字,所以当时讲学,费许多辞说。——李颙

---

① 转引自贺红霞:《王心敬"明亲止善"之学研究》,《地方文化研究》2017 年第 3 期。
② 转引自刘莹:《贺瑞麟与晚清关学的复兴》,《宝鸡文理学院学报》(社会科学版)2018 年第 4 期。
③ 转引自刘学智:《张载关学的历史地位、精神气象和当代价值》,《陕西日报》2017 年 6 月 29 日。

4.杀人须从咽喉处下刀,学问须从肯綮处着力。悔过自新,乃千圣进修要诀,人无志于做人则已,苟真实有志做人,须从此学则不差。——李颙

5.明伦堂为设教之地。教化必自学校始,未有教化不行于学校,而可以言教化者也。然教化不在空谈义理,惟在明此心,体此理。人人有此心,即有此理。——李颙

6.为学不要骛高远,但从浅近做起。——李颙

7.人患不着实躬行,诚肯着实躬行,则不可一日不讲。讲则神情娓娓,日精日进;不讲则自作自辍,率意冥行。——李颙

8.学须以悟为得,否则道理从闻见而入,皆古董填塞以障灵原者也。——李颙

9.吾人为学,自有次序,今于"四书"之显且易者,尚未能躬行实践其万一,又安敢贪高慕远,过用其心于晦且难者乎!——李颙

10.良知即良心也。一点良心便是性,不失良心便是圣。若以良知为非,则是以良心为非矣。——李颙

11.为学所以自尽其心,自复其性,非以炫彩矜名也。——李颙

12.悔过自新,乃为学入门第一义。——李颙

13.立志,当做天地间第一项事,当做天地间第一等人,当为前古后今着力担当这一条大担子,自奋自力。——李颙

14.儒者之学,明体适用之学也。——李颙

15.吾辈须为天下立心,为生民立命,穷则阐往圣之绝旨以正人心,达则开万世之太平以泽斯世。——李颙

16.水澄则珠自现,心澄则性自朗。——李颙

17.明体而不适于用,便是腐儒;适用而不本明体,便是霸儒;既不明体,又不适用,徒灭裂于口耳伎俩之末,便是异端。——李颙

18.立人达人,全在讲学;移风易俗,全在讲学;拨乱反正,全在讲学;旋乾转坤,全在讲学。——李颙

19.明体而不适于用,便是腐儒;适用而不本于明体,便是霸儒;既不明体,又不适用,徒汩没于辞章记诵之末,便是俗儒。——李颙

20.澄心返观,深造默成以立体;通达治理,酌古准今以致用,体用兼该,斯不愧须眉。——李颙

21.儒学明晦,不止系士风盛衰,实关系生民休戚,世运否泰。儒学明,则士之所习者,明体适用之正业,处也有守,出也有为,生民蒙其利济,而世运宁有不泰?学须脱皮见骨,剥骨见髓,洞本彻源,真透性灵,脱脱洒洒,作世间快活大自在人。——李颙

22.国家非才不治,故学校选举为国家第一要务。——王心敬

23.治天下之道以安生养民为第一义。——王心敬

24.有学术而后有风俗,有风俗而后有人材,有人材而后有治理,是道学正治理之本源也。——王心敬

25.吾辈今日论学术,观圣经之大全,鉴前儒之流弊,要知道问学原是为尊德性,乃算得道问学,而尊德性亦正须道问学,乃算得尊德性。务令真体实功一贯不偏,乃为善学圣人,干蛊先贤,亦始不负吾辈责在明道之正职正分耳。

——王心敬

26.千古圣学,必以合真体实功、全体大用而后中正圆满、不堕一偏。

——王心敬

27.圣学参天地赞化育,要之只一真性体是万理之根宗,真敬功是学修之脉络。——王心敬

28.陆王立论,意在张皇本体之本善,未免于尽性复性实工夫容有脱疏,殊与六经四子本旨有异。苟不善学,虚见不实之弊所不能免。——王心敬

29.陆子意主于立本,故其语言间遂时有偏重德性、脱略问学之弊,且其气胜而养疏。陆王之立本良知,非陆王之私创,乃孟子之本旨,陆王可排,孟子亦可排耶?孟子之立本良知不为禅,陆王之立本良知遂禅耶?陆王语言意见之时有偏着自其病,然此属贤者过之之弊耳。——王心敬

30.敬不是空空的只收敛此心令不敢散乱,原是即惺惺中时时事事惟精惟一的意旨在内,又不是凛凛惕惕的不敢怠荒,原是乾乾翼翼而顺帝之则保合太和的脉络即具于内。——王心敬

31.欲相与讲明正学,俾知圣贤之道,有不待于外求者。——贺瑞麟

32.人须是自改过,改过须内自讼。此又非他人所能与,亦非今日戒饬所能禁止。过而能改,则复于无过。不改过又要文过,则大不是。——贺瑞麟

33.为学亦无他法,第一要路脉真,第二要功夫密。——贺瑞麟

34.师生相处,须是理义切劘。——贺瑞麟

35.先生不必事事胜于弟子,弟子也不必事事不如先生。——贺瑞麟

36.朱子所谓逐句逐字皆有着落,方好商量;程子所谓未有文义不晓而解意者;如此则所谓大意亦岂能真识而实体于身,但流于口语而已,此今日读书之大病也。审途以严义利之辨;立志以大明新之规;居敬以密存察之功;究理以究是非之极;反身以致克复之实;明统以正道学之宗。——贺瑞麟

37.唯读书足以养心。——贺瑞麟

第九章 中华民国时期关学及人物

第一节 主要人物概况

在曹冷泉《陕西近代人物小志》的理学部分,有一份开列的清麓学派学者名录,内中包含六人:贺瑞麟、杨树椿、王会昌、白遇道、牛兆濂、张元勋。该份名录中延至中华民国时期的有白遇道、牛兆濂和张元勋三人。而在牛兆濂弟子李铭诚的《清麓六先生像赞》中也开列了一份名单,内中包含六人:贺瑞麟、杨玉清、马鉴源、张元际、牛兆濂、张元勋。该份名单中除贺瑞麟外,其余诸人皆为中华民国时期的学人。至于李铭诚本人,无疑也是这份名单中不可或缺的一位。由此可知,中华民国时期关学学脉中清麓学派的成员主要为六人:白遇道、牛兆濂、杨玉清、张元际、张元勋、李铭诚。

同样,在《陕西近代人物小志》所开列的烟霞学派学者名单中,只有咸阳刘光蕡、长安柏景伟和咸阳李寅三人,该名单未延及中华民国。由于烟霞学派没有传承谱系,因此需要从刘光蕡弟子辈中予以考察。综合相关文献,可以得出如下"烟霞学派"后学名单,主要有七人:于右任、李岳瑞、宋伯鲁、王典章、郭希仁、张鹏一、张季鸾。但是,由于烟霞学派主张经世致用,深度参与社会事务,因而他们大都投身于政治、教育事业,有些人甚至很难被称为学者。但也需要指出的是,部分人士虽然事功卓著,却尚未完全脱离学术,如于右任、李岳瑞、王典章、郭希仁、张鹏一、张季鸾,他们都可以视作烟霞学派的学术传人。

总体而言,清麓学派与烟霞学派共同构成了中华民国时期关学传承的主体。

一、牛兆濂

牛兆濂（1867—1937），字梦周，号蓝川，今陕西蓝田县人。因其故居和讲学的芸阁学舍皆在蓝田灞水河川地带，且芸阁学舍为北宋吕大防、吕大临兄弟创办的芸阁书院遗址，故取号蓝川，世人称"蓝川先生"。牛兆濂是贺瑞麟的关门弟子，被视为"传统关学最后一位大儒"。

据说牛兆濂出生时，其父曾梦见宋代理学家"濂溪先生"周敦颐来到家中，便给儿子取名"兆濂"，字"梦周"。清光绪元年（1875），牛兆濂入私塾，因资质聪颖，被乡里呼为"神童"。清光绪八年（1882），牛兆濂参加县考，名列榜首。光绪十年（1884），肄业于关中书

◎ 牛兆濂像

院，后入志学斋，专攻儒家经学。第二年，充任志学斋斋长。因其爱好广泛，曾遍读兵、农、钱、谷、水利、算术之书。光绪十二年（1886），补廪膳生员，并被聘为塾师。光绪十四年（1888），听柏景伟讲学于关中书院，并受教于李菊圃、黄小鲁等人。次年应乡试，中举人第28名。光绪十六年（1890），任白水书院山长，开始治程朱之学。光绪十九年（1893），拜贺瑞麟为师。光绪二十八年（1902），牛兆濂在为纪念北宋理学家"蓝田吕氏"兄弟而建的芸阁书院遗址上，建芸阁学舍，聚徒讲学。

1911年辛亥革命胜利，新政府屡次相召，争取牛兆濂参加革命，共商大事，但他屡以身体欠佳为由谢绝。1912年初，原陕甘总督升允率兵攻陕，企图复辟。牛兆濂不顾个人安危西出礼泉，以民生之计和时局大势晓以利害，终使升允罢兵。1913年至1918年，他专事讲学于三原清麓书院，以弘扬儒学为己任，慕名来学者与日俱增，多时达数百人。1926年军阀混战，牛兆濂对当局政府一味投降、对内自相残杀极为愤慨。1931年"九一八"事变，牛兆濂义愤填膺，减食数月以志爱国之心，并积极倡导抵制日货，用攘夷之说激励学生爱国救亡。

◎ 蓝田牛兆濂故居

牛兆濂著述甚丰,有《吕氏遗书辑略》四卷,《芸阁礼记传》十六卷,《近思录类编》十四卷,《音学辨微》《芸阁礼节缘要》《秦观拾遗录》《礼节要录》《续修蓝田县志》《蓝田新志》等各若干卷。另有《蓝川文钞》十二卷,《蓝川文钞续》六卷及《蓝川诗稿》等。

二、张元际

张元际(1851—1931),字晓山,号仁斋,清末西安府兴平县(今陕西兴平)人。为清末贡生、国子监学正。

张元际七八岁时,随父读书于墓庐,刻苦用功,习孝爱之礼。20岁入县学,为庠生,受业于高兰亭。年稍长,张元际游学长安,求学于关中书院柏景伟,又从史梦轩就读于泾阳味经书院,受业于刘光蕡之门数年。由于倾慕贺瑞麟的学问人品,张元际又随本县马养之到三原清麓书院听贺瑞麟讲学,在此深受启迪,益发勤学,遂专心治学,淡于功名,造诣颇深。

光绪十三年(1887),张元际返回兴平后,在县城城隍庙设堂讲学,求教者甚众。光绪十八年(1892),他遵父遗训,自筹经费在故乡创办了尊经学堂。光绪十九年(1893),创建宏仁书院,位于陕西兴平城南庄头村,名为"爱日堂"。光绪二十七年(1901),张元际又自筹资金在桑镇杨双山村设立"明经学堂",每年四月初四会讲。张元际晚年曾主讲于清麓书院,扩充书局,使《清麓丛书》普行天下。他学问渊深,诲人不倦,讲学秦中,风动海内。光绪三十一年(1905),他与乡人共同赞助知县杨宜翰筹办私学。晚年主讲爱日堂(宏仁书院)和正谊书院,远近至者,室不能容。

中华民国十九年(1930),杨虎城将军主陕时,以张元际为师,聘他襄助。中华民国二十年(1931)正月十五日,张元际逝世,终年81岁。杨虎城将军赠予其"关学薪传"匾额,其一生不涉官场,不慕荣利,讲学著书,乡人称贤。

张元际著有《孔子辑要》三卷、《四偿录》一卷、《谒庙侍行记》二卷、《易以反身录》二卷、《四行记》四卷、《道统百篇》一卷、《关学续编》三卷、《爱日堂前集》十卷等。此外,他编有《兴平县乡土志》六卷,有光绪三十三年(1907)刻本;《(民国)重修兴平县志》八卷,有中华民国十二年(1923)铅印本等。中华民国十二年(1923),他应县知事王廷珪之邀,参与编纂《重修兴平县志》一部,共八卷。

三、张元勋

张元勋(1863—1955),字鸿山,号果斋,清末西安府兴平县(今陕西兴平)人,其兄为张元际。张元勋自幼读书,后师从泾阳书院刘光蕡。光绪二十一年(1895),入西安大学堂学习。光绪二十八年(1902),应山西学台刘嘉深延聘,从教于"衡文书院"。光绪二十九年(1903),被陕西临潼黄县长聘为子师,未及一年又被西安大学聘任为教授,治学二年,辞职归家,致力理学研究。张元勋曾题联云:"关学无传今几载,斯文欲继赖何人?"其致力于传习关学,并将关学精神落实于日用常行,他讲学于正谊、宏仁、芸阁等书院,与牛兆濂一道为革命及百姓奔走,其高风亮节,时人莫不敬仰膜拜。1955年张元勋逝世,终年92岁。

张元勋的著述有:《清麓年谱》二卷,中华民国十一年(1922年)刻本;《原道》二卷,中华民国八年(1919)铅印本;《道统渊源》一卷,铅印本,年代不详,卷首有宣统二年(1910)序,刊行当在此年或稍后;《晚晦斋文集》十二卷,中华民国三十三年(1944)刊行;《原心》一卷,陕西师范大学藏,版本不详;《大学传习录》一卷,中华民国三十六年(1947)印本;《天元勾股迳求和较术》一卷,收入《时务斋课稿丛钞》,光绪二十三年(1897)味经刊书处刻本。此外,张元勋及其弟子赵振灿等编有《清麓丛编》《宏仁丛钞》《正学隅见》等书,收录张元勋等人讨论学问及时事的相关文章。

四、李铭诚

李铭诚(1880—1953),字子慊,号穆轩,河南卢氏人。李铭诚由河南负笈入关,问业于牛兆濂。曾先后在正谊书院、凤鸣书院、宗铭书院讲学,融通关洛之学并薪火相传。据记载,李铭诚在书院讲学期间,学人众多,学风颇盛,"四方学者源源而来,至庠舍不能容"①。牛兆濂的画像上留有他的赞语:清明在躬,气志如神。学养道立,德厚行敦。和而有节,恭而能温。乾坤命脉,系此一生。

在面对列强侵略、西学东渐的局面时,李铭诚提出"厥后欧风东渐,美雨西来,不膏清施之道学不行于世,即吾夫子之道学亦不见齿于人口"。他还认为:"无何欧风东渐,美雨西来,中国变于夷狄,人类及乎禽兽,天地易位,人命草菅,往圣之学不传,太平之开无望,天下岌岌乎殆哉!"②可见李铭诚主张恢复儒学之心甚笃,匡救国难之心甚深。

李铭诚著述有:《养蒙正教》,中华民国三十二年(1943)印本;《庇荫轩存稿》,中华民国三十五年(1946)印本。

五、孙迺琨

孙迺琨(1861—1940),字仲玉,号灵泉,世称灵泉先生,淄川县董家村(今淄博市淄川区杨寨镇)人。

孙迺琨出身书香门第,家学醇厚。其祖父孙在洵,潜心研究宋明理学,造诣颇深,著有《〈易经〉解义》《〈春秋〉解义》等,见解独到,对宋明理学有新的发展。孙在洵德行高洁,严

◎ 孙迺琨像

---

① 史道明:《李穆宣先生行状》,转引自孟文强编:《新关学》,知识产权出版社,2020年,第15页。

② 史道明:《李穆宣先生行状》,转引自孟文强编:《新关学》,第25页。

守礼法,为人恪勤恪谨。孙迺琨继承了家学家风,并秉承了家学传统。他在正谊书院读书期间,每日俯而读、仰而思,鸡鸣即起,夜深方息;专心致志,熟读精思;节衣缩食,不懈益进,三年未尝解衣而眠。三年间,他阅读了大量理学专著,学识更加丰富,学术更加精粹,造诣更加深醇,对儒学和理学有了更深层次的了解。孙迺琨为贺门高徒,名噪陕中,时人称为"铁人",被誉为"贺门曾子"①。

中华民国十三年(1924),应陕西正谊书院电请,孙迺琨多次入陕,为正谊书院主讲。期间,他常会晤陕、甘、豫等省的著名学者,共同探讨经术、治道,声望甚高,一时各地竞相刊印其《易经》讲稿。其"筚路一方,倡行绝学,推行古礼"的做法颇有关学遗风。由于他系统接受了关中理学思想,也受到关学学风的熏陶,因此,其治学以朱子的《小学》《近思录》为入门阶梯,主张"朱子以前以《四书》为精要,朱子以后以《小学》《近思录》及《章句集注》并为精要"。孙迺琨四十余年如一日,几乎将毕生精力奉献给了关学事业。

孙迺琨的主要著作有《易经绪论》《大学讲义》《中庸辑说讲义》《太极通书问答》《通书说略集义》《贺清麓先生年谱》《灵泉著述摘要》及《周易辑说讲义》八卷、《灵泉文集》八卷、《春秋集义》十二卷等。

六、张季鸾

张季鸾(1888—1941),名炽章,今陕西榆林人,曾担任孙中山的秘书,是《大公报》的创始人之一。

张季鸾早年留学日本,在日期间,他利用课余主编倡导革命的《夏声》杂志,开启了新闻救国之路。"九一八事变"之际,张季鸾提出:"天下兴亡,匹夫有责!东三省官民,立于边防之第一线,故每一个人皆有重大责任!"并主持《大公报》第一时间独家报道了这一事变。1936年,"西安事变"爆发后,张季鸾撰写了《给西安军界的公开信》。信中,张季鸾用

◎ 张季鸾像

---

① 请参见政协淄博市委员会编:《一代名儒孙迺琨》,中国文史出版社,2019年,第18页。

主要篇幅奉劝"大家同哭一场！这一哭，是中华民族的辛酸泪，是哭祖国的积弱，哭东北，哭冀东，哭绥远，哭多少年来在内忧外患中牺牲生命的同胞！你们要发誓，从此更精诚团结，一致地拥护中国"。刊载这篇社评的《大公报》当即被中华国民政府翻印数十万份，用飞机空投至西安军界。

据《大公报》的陈纪滢回忆："当时参加事变的几位东北军高级将领曾说：'我们看了这篇社评，又激动，又泄气。那篇文章说得入情入理，特别把东北军的处境与遭遇，说得透彻极了，所以我们都受了莫大感动。'军心涣散，将士转向，不能不说与这篇文章有重要关系。"

1941 年 7 月，张季鸾在生命的最后日子里，写下了《抗战四周年纪念辞》，文中殷殷嘱吁："现在敌伪猖獗，江海沉沦，国耻日深，亟待昭雪，而战时经济之变动，需要吃苦者更多，故需要大后方及海外各界同胞一致努力者亦更切。"文章最后，张季鸾高呼："全世界人类自由万岁！"这是他一生所写几十万字社评的最后九个字。1941 年 9 月 6 日，张季鸾在重庆病逝，社会各界纷纷发去唁电，毛泽东主席特致唁电"坚持团结抗战，功在国家"，周恩来等的唁电称其为"文坛巨擘，报界宗师"。不可不说，张季鸾忧国爱民的情怀和执笔为公的大义彰显着近世儒生的担当。

七、李仪祉

李仪祉（1882—1938），字宜之，今陕西蒲城人。清光绪二十四年（1898），李仪祉参加同州府试，名列榜首。他曾先后入泾阳崇实书院、三原宏道书院学习，受先贤刘光蕡、柏景伟及西方民主思想的影响至深。1913 年，李仪祉赴欧洲留学，在此期间，他经常阅读德国的《前进报》《人民国家报》，深受马克思和恩格斯社会主义学说的影响。1915 年学成回国后，任南京河海工程专门学校教授、教务长，曾

◎ 李仪祉像

一度主持校务。1919 年"五四运动"爆发后，李仪祉热情支持学生的爱国行动，他在《工程家之面面观》一文中写道："实行爱国，唯有工程家做得远大，实行打倒帝国主义，唯有工程家做得结实。"他把爱国与求学、政治与技术统一起来，恰

恰彰显了张载"道学与政术为一"的主张。

1922年,李仪祉任陕西省水利分局局长兼渭北水利工程局总工程师。任职期间,他对省内诸河流进行了广泛深入的调查研究,写了《论引泾》《考察龙洞渠报告》《测勘黄、渭航道报告》等科学论著,为陕西的水利事业发展奠定了理论基础。他还一度担任浙江省建设厅顾问,设计了杭州湾新式海塘。1930年,在李仪祉的主持下,天津第一个水工试验所创办成功,为中国水利工程研究创造了条件。此外,在关中"八惠"水利工程建设期间,为了使各项水利工程正常进行,并为兴建更大的水利工程设施做准备,李仪祉在西安主持创办了陕西省水利专科班。这是继渭北水利道路专门学校之后他创办的又一所水利专门学校。

1933年至1935年,李仪祉任黄河水利委员会委员长兼总工程师。在此期间,他致力于黄河治本计划的勘测与研究工作,先后撰写了《黄河概况及治本探讨》《导治黄河宜注意上游》《治黄关键》《黄河水文之研究》《函德国恩格尔斯教授关于黄河质疑之点》等40余篇论文与报告。此外,他还参与了中国长江、汉水、海河、永定河等河流的规划治理和研究工作,写下了200多篇(部)专著和论文,属于水利方面的有180篇(部),其中有十余部专著出版发行。

纵观李仪祉的一生,不可不谓是读书报国、经世致用的一生。

八、于右任

于右任(1879—1964),原名伯循,字诱人,后以"诱人"谐音"右任"为名;别署"骚心""髯翁",晚年自号"太平老人",今陕西三原人,中国近现代政治家、教育家、书法家。

清光绪五年(1879),于右任出生于陕西三原县东关河道巷。光绪二十一年(1895),于右任以第一名的成绩考入县学,成为秀才。光绪二十四年(1898),参加岁试时,又以第一名的成绩补廪膳生,被陕西提督学政叶尔恺誉

◎ 于右任像

为"西北奇才"。其后于右任在三原宏道书院、泾阳味经书院和西安关中书院继续求学,受教于刘光蕡,与吴宓、张季鸾并称为"关学余脉"。

于右任早年是同盟会成员,长年在中华民国政府担任高级官员,同时也是中

国近代书法家,是复旦大学、上海大学、国立西北农林专科学校(今西北农林科技大学)的创办人和复旦大学、私立南通大学校董。

1949年11月,于右任随中国国民党迁往台湾,1964年11月10日病逝于台北。于右任善书法,喜作诗,晚年诗作大都抒发怀乡之情,著有《右任诗存》《右任文存》《右任墨存》。

九、党晴梵

党晴梵(1885—1966),名沄,字晴梵,号待庐,灵泉村(今陕西合阳)人。

清光绪十一年(1885),党晴梵出生于陕西合阳县灵泉村的一个儒商家庭。其8岁即已能诗。稍长,受业于同邑名儒侯晋康、同玉章诸先生门下。因为同玉章邃于金石,嗜于理学,党晴梵多受其熏陶。1906年,党晴梵赴上海求学,入于右任主持的中国公学就读。其间,经陈英士介绍,加入同盟会,从此踏上革命的道路。1910年,他从中国公学毕业,返回陕西从事革命宣传工作。1911年10月,继湖北

◎ 党晴梵像

"武昌起义"之后,"西安起义"亦告成功,党晴梵任秦陇复汉军东路大都督府参谋。同年,他在西安创刊《国民新闻》,这是陕西有大型报纸之始。1912年,"中华民国秦军政分府"大都督张凤翙鉴于辛亥革命后西北人才缺乏,提出创立西北大学,党晴梵任西北大学教员,后又任陕西第二师范教员,在教育岗位上培养爱国学生。

党晴梵著述有《冯翊耆旧传略》《晴梵诗稿》《待庐变风集》等。

十、曹冷泉

曹冷泉(1901—1980),原名赞卿,字襄忱,曾用名曹一民,别名向辰、冷翁、公羽等,安徽颍上人,后定居陕西。

1923年,曹冷泉考入南京国立东南大学。1925年,他参加了"五卅大罢工",后于11月加入中国共产党,曾任东南大学党组织的负责人。"四一二事

变"后,曹冷泉被任命为中共南京市临时领导小组成员,并与宋绮云等成立南京党组织第一小组——清凉山小组。后担任陕西《中山日报》社社长。1931年夏天,曹冷泉创办《青白通讯》,后又协助宋绮云办《西北文化日报》,并任编辑,兼任西安师范学院教师、新加坡《星洲日报》国内特约记者等,积极从事学运工作。

中华人民共和国成立后,曹冷泉曾任安徽大学校委委员,安徽省文联常委,陕西师范学院、陕西师范大学教授,民盟陕西省委委员,陕西省政府第三、四届委员,西安市雁塔区第二、三、四届人民代表等。其著作有《陕西近代人物小志》《刘古愚的哲学思想体系》《关学概论》等,书中多以现代学术的方式对关学相关问题进行研究。

第二节　中华民国时期关学的时代特征

中华民国时期的关学是接续传统关学与转向现代关学的重要阶段,虽然在谱系、文献等方面未得到全局概览,但并不可否认,其与关学一脉相承。就思想史而言,晚清至中华民国时期,来自西方的政治思想推动着政治变革的同时,也对主流意识形态——儒家思想进行了强有力的挑战。随着科举制的废除和中华民国的建立,至新文化运动兴起,各种思潮百花齐放,百家争鸣。作为中国传统文化核心思想的儒家思想,在这一时期经历了大起大落,甚至随着西学的强势输入,变成了被部分思想家攻伐的对象,一度处于弱势地位。即便如此,儒学依然没有中绝。以陕西地方的关学学派为例,其在历史上受少数民族的影响不少,但始终未丧失自身学派之宗。学派的形成必须依赖一定的地域学风,而关学在张载之后"再传何其寥寥"的格局,对于地方学派而言虽然是一种悲剧,但从张载的"民胞物与"到牛兆濂的"中国何分你我",这显然是一种学风的继承。这样看来,学风比学派的思想观点似乎具有更大的稳定性与传播优势。由此出发,所谓地方学派研究的真正价值并不在于对某种思想观点的坚持,而在于对优良学风的继承与发扬。从这个角度看,与其说中国的现代化追求需要各种不同的学派,不如说首先需要的恰恰是一种面向新时代的新的学风。

儒学作为诞生于春秋时期的学说,从孔、孟初创时起,就兼具个人指向的人格塑造和社会指向的政治理想,而《大学》之道更是建立起"不可须臾离也"的从格物致知到诚心正意,以至修身、齐家,终至治国、平天下的,其终极指归是政治理想的实践。因此,无论先秦抑或中华民国时期,政治认识都是考察当时儒学思想不可回避的一个重要维度。诸儒们虽然未深度参与政权建设,但对于涉及民生、时政的问题从不回避,勇于担当,这正是"为生民立命"的体现。

众所周知,中华民国之际,辛亥革命推翻了清王朝,终结了帝制时代。虽然复辟运动此起彼伏,但很多有识之士已开始接受新学,并力图为国家之存亡贡献力量。例如,中华民国元年(1912),"天下鼎沸",牛兆濂与张元勋避身三原正谊书院,"守义不出",开始思考儒家经典命题之"出处"问题。这些思考见于张元勋《晚晦斋文集》卷四《出处问答》一文,在该文中,二人"设为问答,彼此诘难",回应了许多重大问题。其中第四个问题是:明末诸老宁死不仕满清,是由于"夷夏之防"之故,那牛兆濂、张元勋等不仕恢复汉人统治秩序的中华民国难道是"宁死不为汉人乎"?该问题相当犀利,而回答则是"夷狄而进于中国,则中国矣;中国而沦于夷狄,则夷狄矣。以德不以地也。今我汉不汉矣。君臣之义如之何?其废之"。大意是清朝虽然是被明末人视为夷狄的满族所建立,但他们认同了汉族固有的文化,而辛亥革命虽然颠覆了满族建立的清朝,但汉人建立的新政权中华民国则是"汉不汉",即破坏了汉族固有的文化传统,这一点(文化层面的变革,而非指推翻清朝)使牛兆濂、张元勋非常不满。因此,尽管辛亥革命曾以颇能激起汉民族主义的"驱除鞑虏,恢复中华"的口号来争取人心,并成功"恢复中华",建立政权,但中华民国所恢复的中华却不是牛兆濂、张元勋等人愿意看到的中华。

至于中华民国的什么现象招致二人"汉不汉"的责难,二人在随后的答问中予以揭示:"存发,汉制也。明末诸大老以死力争之,尚留得中心一点。大清不夷我族,而我甘自隶于外洋,为渊驱鱼,此类是也。感大清存留之恩,窃欲全复先朝之制,可乎?且夕瓜分中国,尽输于洋矣,思之心悸。"原来"汉不汉"的指责是针对头发的问题。《孝经》有云:"身体发肤,受之父母,不敢毁伤,孝之始也。"头发在儒家观念中是作为孝的起点的,具有重要意义。

在牛兆濂和张元勋看来,存发是汉人文明的重要内容,清朝虽然强迫汉人剃发留辫子,但毕竟"尚留得中心一点",而辛亥革命前后的剪辫运动剪去的不只是清朝后人的象征,更因为剪发过甚而突破了汉制"存发"和不敢毁伤的理念。更进一步,牛兆濂和张元勋认为剪辫运动后的发型源自"外洋",将中国传统的发型按照西方的标准加以"改造"是"甘自乘于外洋",是为列强侵略、瓜分中国助力,会导致侵略者"旦夕瓜分中国",从而使中国"尽输于洋",即有被彻底征服的风险。因此,牛兆濂和张元勋并非忠于清朝,而是他们对中华民国政权持有不同政见。正如同时期的梁漱溟所言:"旧派只是新派的一种反动,他并没有倡导旧化。"牛兆濂、张元勋从未像康有为、罗振玉那样倡导恢复帝制,他们不是旧政权的追随者,也不是新政权的建设者,他们只是对辛亥革命及中华民国时期的政治理念和实践持有不同看法。这一点与在新文化运动时期作为反对派而倡导文言文的章士钊、吴宓一样,可以被视为中华民国多元化思想界版图中的一块。

中华民国十三年(1924),陕西蓝田地方绅团武装与陕西督军刘镇华的镇嵩军发生冲突,刘镇华欲"发兵屠蓝",牛兆濂约蓝田县长李惟人,"急以书请见","陈《治安策十二条》",得以避免战事。中华民国十五年(1926),西安被刘镇华镇嵩军围困达十个月之久,在蓝田的镇嵩军以军礼接见牛兆谦,被其感动,但这也没能阻止镇嵩军对西安的攻伐。牛兆濂"慨然以请命自任,即日手谕县区,令各具保",对于维持人心稳定起到了一定的作用。

"九一八"事变后,东北沦陷,牛兆濂对时局感到非常担忧,曾作《感时诗》十二首以明志,并号召国人团结起来一致抗日。牛兆濂认为,当时的局势已经恶化到了"死亡危在呼吸,诚无生存之望"的地步,因此他呼吁父老子弟"破除苟安偷生私见,勿受人愚弄,从此协力,暂决一死,喋血东洋,以雪国耻"。如果能在战场幸存,"则可为中国图一日之存";即使"身死沙场",亦能"名垂青史""不使后人唾骂谓中国无人"。虽然与日寇短兵相接的是中国军队,但抗战是全体中国人共同的事业,只是各行各业有其相应的方式。作为传道讲学之人,牛兆濂通过诗歌"以固人心,以作士气",希望外界"勿谓讲学人无爱国心"。

其后,张元际、张元勋兄弟组织义勇军数百人,准备赴前线抗敌。牛兆濂在听闻好友的壮举之后,曾以诗相赠,予以激励。后来,张元勋等人虽然没能实现战场报国的壮志,但他们始终保持着对抗战时局的关注。张元勋《答日本侵略》一文记载了他面对门人关于日本侵略诸问题时的回答。张元勋勉励诸生:"他日效命疆场,即藏此躯于失地丧身之所,如被日人发掘,犹能以雄鬼杀贼。"

而此时中国国民党政府仍然致力于内战,牛兆濂作《阋墙诗》"呼吁国、共两党和各民主党派消除政见,共同抗日"。张元勋也认为抗战期间当"专御外侮,不同内忧","无论各党派、各军阀,凡有兵权者,以及官商军民所有兵力财力,半急国难,半顾后防"。"西安事变"得以和平解决,国共两党共同抗日,也是以牛兆濂、张元勋为代表的关学诸儒所期望的。由此可见,关学以传统儒家"知其不可为而为之"的精神来匡扶时政,其担当天下大义的学风在中华民国世事维艰的境况中彰显得尤为突出。而牛兆濂、张元勋等人的救世义举也正体现着张载视"道学与政术为一"的主张。

第三节　中华民国时期关学的地位和影响

辛亥革命后,儒学在思想界失去了独尊地位,再度成为百家争鸣中的一家,与三民主义、社会主义、无政府主义等各种思潮进行角逐。这一时期,从全国范围内看,对儒学有继往开来影响的典型代表有熊十力、梁漱溟、马一浮、钱穆等人及其弟子辈,诸人构建了被后来学术界称为"新儒家"的中华民国新儒家群体。相比之下,同样作为儒学传人的中华民国时期的关学诸儒虽然继续著述、讲学、开办书院,但在思想史上并未留下鲜明的形象。这一点固然主要是由于作为地域性学派的关学在全国的辐射性不强,在儒学衰落的情况下更显得难以为继,甚至因为文献不足征而难以进入思想史专家的视野。但对于某个学派思想的评价尺度是与政治、军事领域的成王败寇不同的,随着中华民国时期关学文献逐渐被发现,重新评价中华民国时期关学的时机正在成熟。这里首先需要剖析的便是中华民国时期关学的理论边界问题,诸儒立足于儒家学说,对西学批判地吸收,同时又放眼世界,构想出涵盖各国的世界性政治组织,为张载的"四为"思想注入了新的内涵。

中华民国三十四年(1945),曹冷泉对当时仍然古冠古服、固守儒学的张元勋等人不以为然,大加讥讽:"清麓之学……力反时代潮流。日持敬于所谓已发未发之间,不知今世是何年,而犹以身荷道统自任,可谓迂矣。闻近日清麓书院之师徒,皆古服古冠,日咕哔考亭遗言,诚不知其何说也。"在以曹冷泉为代表的现代研究者看来,在中华民国时期还坚持以礼教、已发未发为特征的关学是迂腐而落后的。曹冷泉显然不是儒学或关学系统中人,故认为关学应当与时俱进,改弦更张。但问题是对于"今世是何年",以及何为"时代潮流",基于不同的立场,其认识往往会大相径庭。在时代潮流面前,儒者们是否没有选择的权利,而只能强行随波逐流,才是与时俱进?

"今世"指的是晚清至中华民国时期,这一时期的中国社会最突出的两大问题,在政治上是英、法、俄、日等列强的侵略,在思想上是西学东渐所引发的不同层次的中西体用之争。关学诸人并非"不知今世是何年",以思想而言,李铭诚云:"厥后欧风东渐,美雨西来,不膏清施之道学不行于世,即吾夫子之道学亦不见齿于人口。"又云:"无何欧风东渐,美雨西来,中国变于夷狄,人类及乎禽兽,天地易位,人命草菅,往圣之学不传,太平之开无望,下岌岌乎殆哉!"就政治而言,张元勋在抗战期间云:"艰难启圣,多难兴邦,当兹抗战篷严之会,慨世运之滔滔,痛人心之泄泄,风会日降而日非,邦畿日削而益甚,前防以汤、武御外寇,后防即当以羲皇、文、周控国基。"无独有偶,梁漱溟在中华民国十年(1921)出版的《东西文化及其哲学》中便断言:"世界未来文化就是中国文化的复兴。"①

张元勋曾于光绪三十年(1904)撰《原道》一书,书中将西方不同于中国之处主要概括为两个大的方面:一方面是西方的器物制造,另一方面是西方的纲常伦理。张元勋认为,"西方在器物制造方面比较先进,而中国在纲常伦理方面有其殊胜之处",双方应该互相学习,以维护儒家纲常伦理为主。张元勋在《原道》中的思想"是关学最新的理论成果,对关学的理论发展做出了重大贡献"②。张元勋对西学的认识代表了中华民国时期的关学诸儒对西学的认识,诸儒并不排斥西学,其总体主张接近于"中体西用",较之于彼时出现的诸儒全盘西化论之类的激进主张,张元勋等人在面对西学时形成了与"新儒家"梁漱溟等人类似的态度,可以说中华民国时期的关学实际上构成了中华民国"新儒学"理论版图的一个重要版块。

总之,以牛兆濂、张元勋、李铭诚为代表的关学传人始终坚持着关学传承,并通过创办书院、讲学论道、匡扶时政等形式予以强化。与此同时,诸儒与河南、山东、山西、浙江以及朝鲜的儒士们交流频繁,取长补短,使关学的影响走出关中,及于全国。诸儒秉持关学精神,积极调解军事冲突,并呼吁国共合作,团结抗日。在理论上,诸儒从儒学理念出发,对西学保持谨慎,坚持"中体西用""东道西器"

---

① 梁漱溟:《东西文化及其哲学》,上海人民出版社,2015年,第117页。
② 转引自刘宗镐:《试析张元勋〈原道〉的哲学思想》,《宝鸡文理学院学报》(社会科学版)2016年第6期。

的理念,通过观察世界局势,构想了一个平等、包容的世界性政治组织,在关学理论上取得了重大突破。同时,一些爱国儒士,如于右任、郭希仁等秉承刘光蕡、柏景伟经世致用的理念,积极投身于政治、军事、教育等事业,事功卓著,对近代陕西乃至全国的建设做出了重要贡献。①

第四节 中华民国时期关学经典语萃

1.存尔心,安尔止。慎虑始,无只悔。频复厉,亦可耻。——牛兆濂

2.一动一静,必恭必正。当为则为,不可干以私。虽欲强之,孰得而强之。非礼不动,吾于是观勇。——牛兆濂

3.礼是人生日用,无一时、无一处、无一人、无一事可以离得他。有礼则安,无礼则危;有礼则生,无礼则死。——牛兆濂

4.宰天地万物而终始之者道也,顺之则治,逆之则乱,非圣人不能进之,非几于圣者不足以知之。——牛兆濂

5.好学则日新不已,可以无远不至矣。——牛兆濂

6.《存心说》

天下国家之本在身。身之主则心也。欲修身而不用力于身之所主,则无主之身,势不可以独存。欲存天下国家者,不可不先存此身。而欲存其身者,必自存心始。夫心之为物,与生俱来。身存而谓其心之不存,不待智者而知其不可。然或谓之亡,或谓之放,或谓之不在,孔、孟之书每切切言之,抑又何说？况朱子固曰:"心一而已。"孟子言:"仁,人心也。"而舜之命禹,则曰:"人心,道心。"又不免分别之,是必有不可不辨者。知其所以异,而后存心之功可得而言矣。盖人之所以为心者,气也。所以宰乎气者,理也。气,人心也。理,道心也。气之属,耳目口鼻、四肢之欲是也。理之属,仁义礼智之禀是也。必尽去饮食、男女而求所谓仁义礼智之天理,则离气而言理,天下无无气之理也。然则所谓存者,不过于饮食、男女、动静云,为一一处之,各当其理,而人欲之私,不得以一毫参焉。心之所在,即理之所在。夫是之谓在理而不在欲,在内而不在外,在则不亡,存则不

---

① 转引自孟文强编:《新关学》,第21—30页。

放。心有不常存者乎？此修身之要,治平之本也。至其用力之处,不有曰"操则存"乎？夫存者,心也。操之者谁乎？是必于此心之外,别有一心以操之。吾恐其互相攫挐,自为纷扰,愈存则愈亡矣。又或屏弃外物,恪守此心,或寄寓形象,强制此心,又或专用心于内,把捉勉强,而不知制外养中之道,虽其用力之失,深浅不同,其不能存心,则一也。善乎,伊川之言曰："只外面整齐严肃,则心便一,一则自无非僻之干。"故欲存心者,不由外庄人,决无有成之理。朱子训蒙诗"防欲当施御寇功,及其未至立崇墉"是也。尹氏曰："存者,圣人也。存之者,君子也。"君子所存,存天理也,可谓约而尽矣。子慊请问存心之要,为述其说如此。

——牛兆濂

7.圣经贤传,趣味无穷。熟读详玩,乐在其中。富贵何荣,世味何浓。涵泳讽诵,义理昭明。神为之凝,气为之平。——李铭诚

8.艰难启圣,多难兴邦,当兹抗战篷严之会,慨世运之滔滔,痛人心之泄泄,风会日降而日非,邦畿日削而益甚,前防以汤、武御外寇,后防即当以羲皇、文、周控国基。——张元勋

9.为学之道,莫先于立志。而志之所至,气必至焉。立志是为大本。立志不刚不大,则义理不足胜其气质,学力找不足移其习俗,如何会有成就！

——孙迺琨

10.人生宇宙间,全在立志——立志为端人则为端人,立志为正士则为正士,立志为名贤则为名贤。不思立志发奋,悠悠忽忽,虚度光阴,生无益于时,死无闻于后,与草木鸟兽同归澌灭而已,何足为有无哉？——孙迺琨

11.自古仁人孝子都从苦里做过来,生于忧患,死于安乐。凡事要思量苦的,莫思量甜的。大凡苦处是天理,甜处是人欲。思天理则心广而明,思人欲则心狭而暗。清浊由此分,圣凡由此判矣。——孙迺琨

12.处顺境不若处逆境。伊川之道德在涪陵一贬,国朝于清端为古今廉吏第一,得力在罗城一困。盖金非炼不精,玉不琢不成,锋刃不淬厉不快。人理、物理其致一也。——孙迺琨

13.自古大圣大贤以及英雄豪杰,未有不勤者也。宋朝朱文公一生未尝晚起;晋朝陶士行在州无事就运甓习勤;孔子则终日不食终夜不寝,编至于三绝;周公则夜以继日,仰思待旦;文王则日昃不遑暇食;大禹则寸阴是惜,惟其日夜勤劳如是,故其有功于天地,有神于生民,炳铄乎今古。以吾中下之资,而欲不勤可

乎？——孙廼琨

14.诗书以勤读而熟,义理以勤思而精,德性以勤修而粹,身体以勤劬而健。天行健,一日一周只是个"勤"。君子以自强不息法天,亦勤而已。不勤难得人上人。——孙廼琨

15.志趣以专一而定,读书以专一而熟,穷理以专一而精,居敬以专一而密,力行以专一而笃。固为学之道,必先辨门户。取精若门户一差,学术与道术皆杂,异日即成就卓越,犹恐偏僻固滞,有生心害政之弊,为学术世道之患。
——孙廼琨

16.圣贤者,固人之纯粹以精者也。然欲为纯粹以精之人,必有纯粹以精之学;有纯粹以精之学,乃有纯粹以精之道。——孙廼琨

17.心力专,而成功速也,学术方得纯正。若泛观博涉,鲜有不流于杂者,金取百炼,欲其精也。[①]——孙廼琨

---

① 转引自政协淄博市委员会编:《一代名儒孙廼琨》,第57—58页。

第十章 关学与书院文化

书院是中国历史上一种特殊的教育、文化机构,它集聚徒讲学、藏书、学术研究、祭祀及化民成俗等功能于一体,在中国传统社会和学术文化的发展、人才的培养、社会的进步等方面具有突出的作用。就陕西地方来讲,书院有着优良的办学传统。宋元时期,陕西书院的教学内容以理学为圭臬,课程与官学大同小异。其中最著名的当推宝鸡眉县的横渠书院(当时并未得此名,横渠只是张载的讲学之地),其由张载创立,门人徒众甚多,皆传习张载理学思想。明清之际,因各书院主导者思想的变化及时代的变迁,内容有所变革。创建于明弘治八年(1495)的宏道书院,依据朱熹白鹿洞书院院规订立学规20条以约束诸生。书院有考经堂,藏书逾千卷。王承裕亲自授课,其父王恕亦时至书院指教诸生。书院学生分20岁左右和10岁左右两种,有堂上学生与堂外学生的区别,均按勤惰及成绩优劣为升降标准。当时,书院学生中著名者甚多,如康海、吕柟、马理、雒昂、张原、秦宁、王佩等,均名震一时。

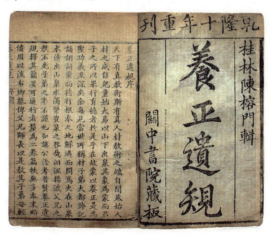

◎《养正遗规》关中书院乾隆十年(1745)版

清代关中书院的教学内容有所改进。清康熙十二年(1673),周至关学大师李颙主讲关中书院,立《关中书院会约》《关中书院学程》,重开会讲。清乾隆三十六年(1771),书院延请经师戴启祖等一批名士主持教席,在全省生徒中选拔优秀学生来院深造,日有课,旬有试,几年之间成效显著,一时关中乡试考中者多半出自关中书院,书院再次兴盛。清道光十六年(1836),林则徐为陕西巡抚,令关中书院以"关中水利议"为题进行考试,征询筹划关中水利的意见。同治十二年(1873),陕西布政使谭钟麟整顿书院,订书院课程五则:重躬行、讲经义、稽史事、通时务、严课程。直至清末,书院教课以经史子集为主,考课以诗、古文、词、八股试帖、策论、杂著为主;月官课一次,巡抚、布政使等分月主持;月堂课二次或三次,由院长主持;住院肄业者,举贡廪增附生皆有,唯无初学的童生,可见教育质量之高。关中书院一带,是明清时期西安的文化教育中心,从书院院址往东,依次为长安县学、西安府学、咸宁县学和文庙所在,此处街道被称为"三学街",后因关中书院而改名为书院门。

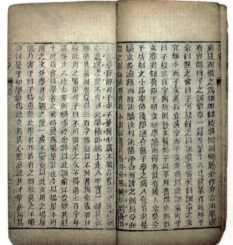
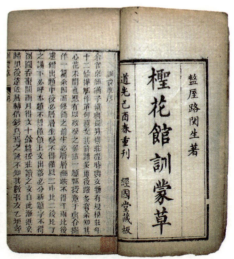

◎《桯花馆训蒙草》关中书院道光二十九年(1849)刻本

清代后期,书院教学内容变化最为显著,此时的书院典型当推设立于泾阳县的味经书院和崇实书院。味经书院以实学为主,不课时文,诸生研究《钦定七经》及《通鉴》诸史、《大学衍义》《衍义补》《文献通考》等书,引之识义理、稽故实,使之知学古为贵。山长日登讲台,逐条讲贯,察其课程,阅其札记,别其勤惰,严其出入,使之知植品为先;择一方面,以之专理一方之学。创建之初,即制定教约,规定课程,教学称盛。清光绪十一年(1885)于院内立求友斋,以天文、地理、经史、掌故、理学、算学课士,"以开风气"。后完善章程,增扩教学内容,除读《朱子语类》《五礼通考》外,还增开算术及《平三角举要》。筑通儒台,以实地测验。立白蜡局,创复幽馆。又立时务斋,欲沟通中西,救时局,不以空谈为教。清光绪十七年(1891)奏立刊书处,选院内高才生20人司校雠,"共筹万金",拟每年刊刻正经正史各一部。

崇实书院位于泾阳县城内陕甘味经书院东侧,在陕甘味经书院"时务斋"基础上扩建。书院分为四斋:致道斋以《周易》"四书"《孝经》为本,先儒性理之书附之,兼考外国教务风俗、人情,致力格致各学,以储备明体达用之材;学古斋以《书经》《春秋》"三传"为本,历代史鉴记事附之,兼研外国政治、刑律、公法、条约,以备奉使之选;求志斋以"三礼"为本,正续《通考》附之,兼及外国水陆兵法、农林、矿务,以培经世之才;兴艺斋以《诗经》《尔雅》为本,周秦诸子及考据之书附之,兼习外国语言文字并推算测量,以及声、光各学以裕制器尚象之源。刘光蕡主讲该书院后,课程注重格致、英文、算术、工艺制造等内容,曾分有"政事""工艺"二斋进行学习、实习及议论时局,并曾将城郊南北二桑园作为教学实验场地。

除上述著名书院外,在一般州县书院中,学生一部分是秀才,一部分是未中秀才的文童。已中秀才的属"文生课",以备应乡试为目标,每月来院听讲一次或两次,送文章、诗词请师长修改,年龄不受限制;未中秀才的属"童生课",以备应童生试而入州县学为目的。一般经过考试合格入院读"四书""五经"的童生,年龄在15岁以上。较有名的书院,则主要是"文生课",以应乡试以至殿试为目标。参加"文生课"者,多不在书院;参加"童生课"者,则常年住院。

陕西书院的教学方法因办学宗旨的差异而各有不同。创办最早的学古书院有一首《学古歌》,歌谓"读书贵勿取糟粕,博约二事宜兼举。立德立功并立言,三者不朽德为主""古人学古立大节,今人学古图华阮""处则学为君子儒""出则尽瘁于王庭"。此歌明白表示,书院读书要去粗取精,博约并举,立德为主,不图利禄。能出仕,要为国尽忠;不能出仕,则要做个有德行的"君子儒"。这是民间兴办书院的办学宗旨。清代中期书院改为官办后,除了弘道、味经、崇实、正谊等著名书院坚持自己独特的办学宗旨外,大多数州县书院实际上均以备应科举作为最终目标,并以此组织教学。

在以张载为首的关学学者的指引下,陕西书院的学术主旨及办学风尚承续了关学传统,以匡时救世为目的,以经世致用为纲领,其主要表现在两个方面:一是明体适用的办学主张,二是化民造士、政教合一的教育救国论。关学学人们的书院实践使得陕西的书院在精神传承上形成了自身鲜明的特点:强调道德修养、重视人格培养;强调经世致用、重视实学教育。陕西书院具有三大传统:一是传承理学(关学),二是重视实学,三是融汇新学(西学)。

虽然关中书院众多,但由于作者笔力有限,本章只集中介绍横渠书院、学古书院、正谊书院、崇实书院、味经书院、关中书院、宏道书院、芸阁书院,讲述书院对关学,乃至对儒学发展的影响,以及彼此间的联系。

第一节 横渠书院

横渠书院原为横渠崇寿院,是儒、佛、道三教合一的场所。据说,张载15岁时居家横渠大振谷口,为父守灵。他一面耕地种田,奉母教弟,一面去横渠崇寿院读书,在这里探索宇宙、探索人生、探索社会。后来因他被邀请到开封、长安及武功绿野书院、扶风贤山寺等地讲学,门徒一时聚集。北宋熙宁三年(1070),张载辞去崇文院校书之职回到横渠,在崇寿院正式设馆讲学,研究儒学,创立了关学。张载去世后,他的弟子为了纪念张载的功绩,尊称他为横渠先生,把崇寿院改名为横渠书院。① 张载曾在此讲学七年,并于此著《正蒙》一书,弟子有范育、苏昞、吕大均、吕大防、吕大临、吕大忠等。

据记载,张载38岁时考中进士,后来做过几任地方官,因政绩卓著,升任崇文院校书。但因不愿卷入当时新旧党派论争旋涡,遂托病请辞,谒告西归。北宋熙宁三年(1070),张载回到了故居横渠镇,开始了他一生最后七八年的著书讲学活动。他隐居于穷乡僻壤,不愿同官府往来,仅依靠家中的田地生活。虽然不是很宽裕,但他却"处之益安",整日读书讲学,常与弟子们探讨问题,并著书立说。吕大临在《横渠先生行状》里说张载六七年间,"终日危坐一室,左右简编;

---

① 转引自张载后裔关学思想文化学会编纂:《北宋张载族裔考述》,中国石鼓印社,2020年,第111页。

俯而读,仰而思,有得则识之,或中夜起坐,取烛以书,其志道精思,未始须臾息,亦未尝须臾忘也"(《张载集》)。可见张载勤思善学,以至于此!朱熹对张载也倍加赞扬,"横渠之学,苦心力索之功深……为学者少有"(《近思录》)。张载经常"以知礼成性,变化气质之道"教育弟子们。他教学的主要内容是儒学思想,但常杂糅他学,"故其学以《易》为宗,以《中庸》为体,以孔、孟为法"(《宋史》)。张载历多年苦索精思,潜心研究,于北宋熙宁九年(1076)秋写成《正蒙》这部重要的哲学著作。"正蒙"是订正蒙昧之意。他曾对弟子们说:"此书予历年致思之所得,其言殆于前圣合与!大要发端示人而已,其触类广之,则吾将有待于学者。正如老木之株,枝别固多,所少者润泽华叶尔。"(《横渠先生行状》)张载的弟子们对《正蒙》一书也非常尊崇,奉为儒家的经典。

◎ 横渠书院

元朝统一全国后,元世祖忽必烈在其关中封地推行汉法,"崇文尊儒"取得成功。元成宗铁穆耳继承这一治国方略,继位后下诏为大儒营建"特祠"以供祭祀观瞻。元元贞元年(1295),奉诏在原横渠书院旧址上始建张子祠,初名"张子特祠"。元延祐四年(1317),阳陵人李中出任郿县教谕,经过郿县时拜谒张子祠,见祠内破烂不堪,回县府后找主簿刘样商议重修张子祠,以示观瞻,广宣圣教。刘样允诺第二年兴建。后因刘样要回乡为母奔丧,便由县尉杨粹代为督办,历经三年竣工,由文礼恺撰写碑文记之。元泰定三年(1326),在张子祠内恢复横渠书院,成"后祠前书院"格局。明嘉靖三十四年(1555)十二月,陕西关中发生大地震,凤翔知府刘泾到横渠拜谒张子祠,看到断壁残垣的凄凉景象,到县后责命知县吴守礼重建张子祠。

明王朝建立后,亦推行"崇文尊儒"的政策,理学(新儒学)被朝廷重视。明洪武十四年(1381),郿县县令林思正重修书院。万历三年(1575),知县姚继先重修书院。成化十八年(1482),由郿县知县史贤亲自督修张子祠时,对横渠书院也进行整修,于成化二十年(1484)全部竣工。之后,横渠书院曾多次同张子祠一块被重修或整葺。

清康熙二十二年(1683),康熙皇帝銮舆周巡,在山东曲阜孔庙亲自主祭孔子后,又御书"万世师表"匾额,高悬于孔庙大殿,并将这次盛典颁谕全国。之后,又将这一殊荣推恩于周敦颐、张载、程颢、程颐、朱熹五大儒,举行谒祠大典,还御书"学达性天"匾额派差官分送至各地悬挂。康熙二十三年(1684),陕西督学许孙荃视学关中时拜谒张子祠,看到祠内衰败,于是便自己筹划重修张子祠。同年,又修横渠书院。康熙二十四年(1685)工程竣工,举行了谒祠悬匾仪式,陕西督抚两宪大员及凤翔府、县官员等盛装参加大典。清光绪十一年(1885),郿县知县长会林等人筹资,对张子祠内的横渠书院进行修建,这是清代以来的最后一次修建。清宣统元年(1909),横渠书院改为郿县第二高等小学堂,内设有乙种实业学堂,为郿县职业教育的发端。

中华民国初,小学堂改为小学,1978年至1987年,书院旧址被横渠乡医院占用,小学新迁横渠梁家湾。1988年成立的"张载祠文物管理所"住进原书院的西部。同年,眉县县政府决定搬迁横渠地段的医院及地税所,至此,张载祠的历史规模基本上被恢复了。在历史上,张载祠发挥着关学思想的传播作用。而在今天,无论是张载祠还是横渠书院,都是关学发展与流传道路上的中流砥柱。

第二节　学古书院

元延祐七年(1320),三原邑绅李之敬出资五万贯,在县城西北隅即书院门街北端建学古书院。首聘泾阳县程增为主讲。程增精研典籍,继承汉儒的朴实学风,当时人称"悦古先生"。书院初设即有就学者百余人。后来至学古书院讲学的有白慎独、张宏、胡责诸儒,皆时之名士。元至正十八年(1358),书院停办,后改建为三官庙,以祭神灵。明弘治元年(1488),王恕(三原县北城人,时任吏部尚书)力主重建书院,得到地方官娄廉、徐政的支持,于是拆除神像,修补书院堂舍,并扩建讲堂计大庭5间,题"传心"二字,旁筑读书室18间,后居室12间。清乾隆二十九年(1764),知县张象魏又劝捐建书斋10间,并将沿河(清河)官地房租拨为书院经费。

清道光初年,长安李儁主持书院。李撰在当时为关学大儒,又经督学岳楼支持,首捐千金,使得书院图书及设备更加充实,学古书院一跃而为陕甘两省士人修业的有名学府。

清同治四年(1865),知县余赓飏延请贺瑞麟主讲学古书院。贺瑞麟预约不开帖括(科举考试文体名,考生总括经文,编成歌诀,便于诵读,称为帖括)、八比(八股文)之课。主持院事之后,他新拟书院章程六条,略曰:经费宜通筹也、职事宜专责也、院长宜礼请也、士子宜廪资也、试课宜变通也、教道宜切实也。

以上六条,涉及书院的行政管理、学生管理、教学管理、教学内容、教学方法等诸方面的内容。与此同时,贺瑞麟还手定了《学古书院学约》和《传心堂学要》各六条。《学古书院学要略》曰:审途以严义利之辨;立志以大明新之规;居敬以密存察之功;究理以究是非之极;反身以致克复之实;明统以正道学之宗。《学古书院学约》和《传心堂学要》中的一些条款,至今仍有非常重要的借鉴意义。

贺瑞麟品性严正,虽盛暑严寒,必正襟危坐,无倚侧容。接引后进,皆规以礼法,从不为诽言所动。他克勤克俭,为节约书院经费,主动将往时掌院束脩240金、薪水60金裁减一半,余以为士子助学资金并书院买书之用。

贺瑞麟重视书院图书的收藏、整理及保管工作。学古书院旧时无藏书,清同治四年(1865),贺瑞麟主讲该院后,渐次购买图书千余卷。为了保管好藏书,使之更好地发挥作用,不致散失,贺瑞麟要求后人"严其奉守,谨其察视,勿使虫鼠尘埃得以损败秽污",并且要不断补充新的藏书。

贺瑞麟认为,"为学亦无他法。第一,要路脉真;第二,要功夫密"。其教育生徒,先以自己所编《养蒙书》授之,次《小学》《近思录》,再及"四子"(指周、程、张、朱),而后渐次以至"六经"。他认为《小学》《近思录》当与"四子"并,而尤加亲切。"学者如能笃信并谨守之,则一生受用必多。"最后,又教以其所辑《朱子五书》《信好录》等。

贺瑞麟训词诸生,诲人不倦。每日晨昏,会食、会讲皆有仪矩。训词诸生,自斋长、纠仪、纠业、值日、值食、值厕,悉有签,轮流交代,左右门帘、寝阁,俱有铭一,必须切实执行。这种严格的管理制度,"关中自横渠以来,未之有也"。

贺瑞麟对学生总是循循善诱,耐心教导。在坚持言教的同时,贺瑞麟很注意以自己的行动影响学生。例如,有一次一个学生因忧成疾,跳井身亡。贺瑞麟并未强调这一事件的客观原因,而是主动承担责任,深自罪责。他认为学生跳井,皆因自己不善引导所致。这种将学生放在心上,主动为学生承担责任的行为,使大家很受感动。为了促进诸生的学业,贺瑞麟经常鼓励学生"师生相处,须是理义切劘","先生不必事事胜于弟子,弟子也不必事事不如先生"。孟子曾言"得天下英才教之"乃是一大乐事,在贺瑞麟这里,其教养学生的切己之心与希望学生成才的气度似有孟子之乐在其中。

中华民国四年(1915),学古书院改为三原高等小学堂。中华民国八年(1919),小学堂迁走,于右任创办的渭北中学迁入。学堂办学宗旨为"读书毋责取糟粕,博约二事宜兼举。立德立功并立言,三者不朽德为主。以德立功乃有功,无德之言言无取。有德即乏功与言,亦自昭昭垂千古。古人学古惟明道,今人视之为迂腐。古人学古立大节,今人学古图华。诚意正心为之本,文章功业为之辅,处则学为君子儒,性中良贵荣圭祖(指学成居乡行义,为人所仰,比之高官更为光荣),出(任官职)则尽瘁于王庭,表表朝绅立当宁"①。明确指出,学堂所要培育的人才是"君子儒";在学习上提出"博约"二字为宗旨,就是要学生在博览群书的基础上,运用理性思维辨疑,达到学有所得,修身力行。这也是关学学风的重要彰显。

第三节 关中书院

关中书院始建于明万历三十七年(1609),其前身是关中首善书院。当时,

---

① 转引自史飞翔:《关学与陕西书院》,西北工业大学出版社,2016年,第175—176页。

关中大儒、工部尚书冯从吾因直谏招忌,被削职归陕,在府治东南古刹宝庆寺讲心性之旨,从学者"几千余人"。当时因讲习的地方窄小,陕西布政使汪可受、按察使李天麟等人遂于寺东南小悉园为冯从吾修建"首善书院",后改名为"关中书院"。当时,关中书院规模宏大,中间讲堂6间,题匾"允执"(即后称的"允执堂")。关中书院取"允执"二字命名讲堂,不仅寓意要坚持儒家的中庸思想,而且暗合关中之名。左右各有房屋4间向南排开,东西号房各6间。讲堂前有方塘半亩,后有假山一座,竖亭于中,砌石为桥。后又新建斯道中天阁一座,以祭祀孔子。书院有门两重,大门2楹,二门4楹,郡丞刘孟真所书"八景诗"以壮其观,学者王大智以隶书为书院题名。书院以朱子《白鹿洞规》为学规,建成后,聘冯从吾、周淑远等主持会讲。经费采取置公田及俸余增置办法解决。从此,关中书院成为西安城里环境幽雅、书声琅琅、夺席谈经的求学之地。它与位于东南江苏无锡的东林书院遥相呼应,成为西北讲学议政和培养士子的文教中心。

◎ 关中书院

明朝末年,宦官当权,政治黑暗。冯从吾在京目睹朝政日益衰微,内心无限悲凉,当时他与邹元标、钟龙源等名流相约在北京城隍庙讲学,并创办首善书院,企图以此唤醒人心。不想,首善书院遭阉党查封捣毁,讲学被迫中止。在对当政者彻底失望之后,冯从吾怅然西归,返回故里长安,深居简出,著书立说。惟逢每

月初一、十一日、二十一日,讲学于关中书院。为避免悲剧重演,冯从吾煞费苦心地一再阐明关中书院会讲内容:

> 勿及朝廷利害,边报差除,及官长贤否,政事得失;毋及个人家门私事与众人所做过失,及词讼请托等事、亵狎戏谑等语。其言当以纲常伦理为主,其书以《四书》《五经》《性理》《通鉴》《小学》《近思录》为主。

冯从吾如此做法无非是想远离政治,使书院免遭政事牵连。即便如此,关中书院最终还是未能逃脱阉党魔掌。把持朝政的魏忠贤集团,借镇压东林书院之机,顺势诋毁关中书院。明天启六年(1626),熹宗皇帝下旨:"一切书院俱著拆毁。"时任陕西巡抚的乔应甲为迎合魏忠贤旨意,于同年十二月将关中书院捣毁,并将书院"斯道中天阁"中供奉的先圣孔子塑像"掷之城隅"。一代大儒冯从吾面对此奇耻大辱,不胜愤慨,以绝食抗争,不久,便抑郁而终,享年71岁。

◎ 《柽华馆试帖汇钞辑注》道光二十一年(1841)版

◎ 《柽华馆全集》中华民国二十六年(1937)版

明崇祯二年(1629),思宗皇帝追赠冯从吾为光禄大夫、太子少保,谥号"恭定",同时下令修复关中书院。崇祯五年(1632),关中书院在冯从吾含恨去世六年后,被重新修葺,冯从吾的牌位也被供奉于关中书院的斯道中天阁。

明末清初,战火连连。关中书院中的士子们四散逃去。烽火连天中,关中书院成了官府囤积弹药的库房,几近废墟。一直到清康熙三年(1664),时任陕西巡抚的贾汉复令西安知府叶承祧、咸宁知县黄家鼎重修关中书院,扩建了院址,增设东廊作为讲学先生的寓所,并设西圃作为学生憩息之场所。在允执堂后又建"精一堂"5楹。另外,还建立左右肋堂及两厢各5楹,并将书院大门由向西改为向南开,始建"关中书院"牌坊。至此,关中书院规模空前,一度成为督学使署。

清康熙十二年(1673),总督鄂善再次修复关中书院。此后,经再三聘请,关中大儒李颙开始主持关中书院,立《关中书院会约》《关中书院学程》,重开会讲,听讲者众。李颙登台讲学时,"德绅名贤,进士举贡,文学子衿之众,环阶席而侍,听者几千人",连总督鄂善、陕西巡抚阿席熙也来听讲。这是继冯从吾之后,关中书院的再度复兴。遗憾的是,随着李颙的离开,关中书院又开始走向衰落。可以说,关中书院也承载着传播关学思想的使命,并且其复兴与衰落的状况在某种程度上也反映了关学的时代特点。

清雍正十一年(1733),朝廷向关中书院赐帑银1000两以增膏火,为关学的发展提供了长久稳定的物质基础。清乾隆二十一年(1756),赐御书"秦川浴德"匾。清乾隆三十六年(1771),陕西巡抚毕沅赴任后,认为关中书院关乎风俗教化,遂下令对书院大加整修,并延请江宁进士戴祖启主持院务。"不数载,关中乡会试中膺馆选者大半皆书院之士。"清同治十二年(1873),布政使谭钟麟订立书院课程五则:"重躬行、辨经义、稽史事、通时务、严课程。"但好景不长,太平天国起义,战火重新燃起,当局无暇顾及文教事业,致使关中书院再次衰落。

清光绪七年(1881),时任陕西巡抚的冯誉骥再次下令整修关中书院,书院功能有所恢复。当时附设志学斋于院东,购置图书并增加膏火。住院诸生讲习,日有札记。越数年,按察使黄彭年、布政使曾龢又立斋舍,并购书赠予书院。时考课以诗、古文词、八股试帖、策论、杂著为主。每月官课一次,获超等、特等诸生奖赏膏火,一等以下无奖赏;每月堂课二至三次,由院长主之。经过此番整顿,关中书院无论是从教员管理到学生管理,还是图书资料建设、教学质量等多方面均得到改善,关中书院的学术声望显著提高。

清光绪二十九年(1903),陕西巡抚升允奏请朝廷,改关中书院为优级选科及初级完全科两级师范学堂。1906年,关中书院因兴新学,再度修葺一新。院内房屋总计370余间,书院占地130多亩。不久,关中书院改为陕西师范大学堂,时为西北五省最高学府。此后,关中书院便开始由传统经学教育转向接受西方的现代教育。

中华民国初年,关中书院改为省立师范学校,直至1949年中华人民共和国成立后,关中书院被列为陕西省重点文物保护单位。其间,它曾一度被改名为"陕甘宁边区师范学校",1950年恢复原名"陕西省立西安师范学校"。1963年,西安师范学校撤销,西安市第五中学迁入。次年,在省市文化部门的主持下,拆除了斯道中天阁,在其原址上建起宿舍楼。1982年,"西安市师范学校"与"陕西师范大学西安专修学院"合并为西安师范专科学校。1985年,学校一分为二,一部分为西安师范专科学校(翠华路校址),一部分为西安师范学校(关中书院校址)。2009年,西安师范学校并入西安文理学院,成为西安文理学院书院校区。

关中书院从明万历三十七年(1609)创立,到清光绪二十九年(1903)易名,先后历时二百九十四年。数百年来,关中书院历尽沧桑、屡遭劫难,但它始终弦歌不辍、薪火相传。明清两代在关中书院先后讲学、任教的著名学者有冯从吾、周淑远、龙遇奇、萧辉之、王弘撰、李颙、史复斋、戴祖启、路德、柏景伟、牛兆濂等。关中书院先后培养了众多人才,如明代焦渊博、祝万龄,清朝入关后陕西第一位状元王杰,乾隆年间进士、官至吏部的王零川,嘉庆年间进士、东阁大学士、爱国名相王鼎,道光年间进士、东阁大学士、"救时宰相"阎敬铭,绝意仕进、力主变法、有"南康北刘"之称的刘光蕡,同治年间进士、军机大臣赵舒翘,光绪年间进士、维新志士、被誉为"关学宗传"的宋伯鲁等,学人灿若星辰。

特别值得一提的是,作为当时陕西的最高学府,关中书院对关学的复兴与传承起到了巨大的推动作用。清康熙五年(1666),王弘撰主讲关中书院,不论科举时艺,惟重人品与文格,主张人贵诚、文贵简,成为清初关学复兴的倡导者。清康熙十二年(1673),李颙出任关中书院山长,讲授阳明心学,为关学在清初复兴的重要代表。李颙弟子孙景烈长期在关中书院讲学,培养了颇多学子。清同治四年(1865),刘光蕡肄业于关中书院,其后创办味经书院、崇实书院教授生徒,创建时务斋,推行维新主张。陕西维新之士李岳端、报界宗师张季鸾、中国国民党元老于右任,都受业于刘光蕡。清光绪十三年(1887),柏景伟主掌关中书院,以"同为关中人,当同以关学相助,孳孳于修己治人之学"劝勉诸生。清光绪二十九年(1903),被称为"关学最后一个大儒"的牛兆濂出任关中书院总教习,以身倡导,毅然肩负起复兴关学、"为往圣继绝学"的伟大使命。

时至今日,关中书院已有四百余年历史。四百多年来,关中书院为关学的承续与发展做出了重要贡献,也为陕西的文化教育事业做出了贡献,它已成为一种精神的象征,成为一种"历史的记忆"和"精神的基因"。①

第四节　宏道书院

宏道书院(清乾隆时因避讳改为"宏道书院")始建于明弘治八年(1495),次年完工,是三原学派的标志性书院。三原学派则是明代中期崛起于陕西关中地区的著名的理学学派,因其创始人王承裕及其弟子多为陕西三原人,故名之。王承裕(平川,1465—1538)是明代前期重要的关学学者,其在宏道书院的讲学,不仅标志着明代关中地区书院讲学之风的兴起,同时还表明明代关学进入了一个新的发展时期,在关学史上具有重要的意义。

弘治六年(1493),王恕由吏部尚书致仕,其子王承裕亦于这一年得中进士,因未出仕,便陪王恕返乡。回乡后,王承裕先是在僧舍讲学,讲学之地取名为"学道书堂"。马理(谿田,1474—1555)、秦伟(世观,号西涧)、雒昂(字仲侁,号三谷)等人皆从之游,从而开创了三原学派。后来由于学者众多,僧舍容纳不下,遂建宏道书院,其建设资金来自当地商贾士绅的捐助。宏道书院的主要建筑有弘道堂和考经堂,其中,弘道堂是讲学之所,考经堂则兼具讲学、藏书之作用。

宏道书院的管理较为严格。王承裕为宏道书院立有学规 20 条,分别是明德、学道、诵读、讲解、察理、学礼、作古文、作诗文、博观、明治、考德、改过、作字、游艺、会食、夜课、考试、遵守、归宁、给假;又立小学规 14 条(《弘道书院学规》)。对于来学者,亦进行区别,所谓"冠者有堂上、堂外生徒之别,童子亦有堂外、堂下,皆君以勤惰、修窳而登降者",而"群弟子辰至酉归,执经受业,网敢或懈"(《建弘道书院记》)。此外,王承裕又"出书数千卷,厨之考经堂"(《建弘道书院

---

① 转引自史飞翔:《关学与陕西书院》,第 164—167 页。

记》)。正是由于王恕、王承裕父子的有效管理,宏道书院的讲学在当时很兴盛。弘治十三年(1500),时任陕西提学官的王云凤曾慕名来访,当见到"冠者数十人,童子数十人,进退周旋惟谨"(《建弘道书院记》)的情景时,甚为叹服。

◎ 宏道书院

宏道书院的建立在当时具有重要的意义。在宏道书院之前,明代关中学者讲学并无专门的书院或讲堂,虽然当时三原还有学古书院,但其并非专门的讲学书院,对当地的理学教育亦未起多大作用。因此,宏道书院的建立开创了明代关中地区的书院讲学之风,为关学的发展提供了较为稳定的物质基础。

在宏道书院建立不久以后,关中地区以书院为基础的讲学之风亦逐渐流行开来。弘治九年(1496),当时的陕西提学副使杨一清(邃庵,1454—1530)在西安府重建正学书院,选陕西各地有才华的学生入正学书院,并收集各府县学校的图书于书院之中。此外,杨一清还在凤翔府陇州(今陕西陇县)创建岍山书院,在武功建绿野书院。这些书院与三原宏道书院共同推动了明代关中理学的发展。

当时主持宏道书院讲学的主要是王承裕,王恕则优游于西园、东园,潜心于经书传注之中,亦偶尔为王承裕的弟子讲学。王氏父子讲学的重点首先在经学,他们强调读经、治经,如王承裕要求学院诸生每日读经书,并且"五经各治一经,余四经亦当次第而观"(《弘道书院学规》),并在宏道书院内专设"考经堂"。考经堂即是宏道书院专门的讲经之所。又因王恕、王承裕分别以《易》《诗》中进士,故其门人弟子亦多治此二经。三原学派对经学的重视,与南方的阳明学注重对道德形上本体的体悟形成鲜明的对比,可以说是明代关学的一个基本特征。

虽然宏道书院的讲学以经学为主,强调学子对儒家经典的学习,但其所主张的经学并非只是口耳记诵之学,而是主张以心证经、以心考经。其次,于读经之外,宏道书院还非常重视礼教。以礼教人自北宋张载开始,一直以来都是关中的传统学风。如明末刘宗周说:"关学世有渊源,皆以躬行礼教为本。"(《明儒学案》)王承裕在宏道书院的讲学也继承了关学的这一学风。他为宏道书院所定学规中就有"学礼"一项,要求"有志学礼之士先读《朱子家礼》,次读《仪礼》《周礼》诸书,身体力行,以化风俗"(《弘道书院学规》),而小学规的第一条即是"学礼"。

再次,王恕、王承裕父子亦十分注重理学的教育。这是因为宏道书院的宗旨并非仅以举业为目的,更重要的是弘"道"。王云凤在《建弘道书院记》中指出,王承裕以"弘道"为书院之名,即表明书院的讲学并非只限于科举之学,而是以"尽性"为为学大道理,不仅要尽吾人之性,还要尽人物之性,以至参赞天地、化育万物,这才是"弘道"之意。

最后,王恕、王承裕父子的讲学,崇尚气节,不为空谈,故"其门下多以气节著",如马理、雒昂与张原(士元,1473—1524)等人,皆因上疏谏议而遭受廷杖,雒、张二人因此殒命。后来,富平的杨爵更是以气节闻名。因而,重气节也是明代关学的又一个特征。

另外,宏道书院为关中地区培养了大量的理学人才。《弘道书院出身题名》即著录了42人,其中如马理、秦伟、雒昂、张原、李伸、赵瀛等人尤为有名。而在王承裕之后,马理与高陵吕柟的往来讲学,则成就了明代关学发展的第一次高峰。冯从吾在《关学编·自序》中说:"光禄(马理)与宗伯(吕柟)司马金石相宜,钧天并奏,一时学者翕然响风,而关中之学益大显明于天下。"

综上所述,王恕、王承裕父子的三原宏道书院讲学,以经学为主,但其解经并不拘泥于程朱传注,而是强调以心证经和体认躬行、并重视主体的心性修养,强调"尽性"以弘道。宏道书院的创建不仅开创了明代关中地区书院讲学之风,培养了马理等大量的理学人才,同时也为关学的发展提供了长久稳定的物质基础。此外,王氏父子的讲学,重视礼教,崇尚气节,不为空谈,这些都对三原士子和其他关中学者产生了较大的影响。虽然宏道书院的讲学最后作为支流汇入渊源于河东薛瑄之学的关中理学发展潮流之中,但他们为明代关学的发展提供了新的思想资源,并凸显了关中地区理学的特色。①

第五节 味经书院与崇实书院

味经书院位于泾阳县城内姚家巷,系清同治十二年(1873)陕甘学政许振祎奏建。书院以讲堂为中心,其前两侧各有号房8排,并有"时敏斋""日新斋",朴素庄重,规模宏伟。清光绪十一年(1885)扩建东院,增建了藏书楼、清白池、刊书处和售书处等。

味经书院创办伊始,就明文规定禁食鸦片、禁赌博、禁群饮、禁骗诱、除贷及禁闲游,对学生的学习功课有严格的要求。清光绪二十一年(1895),刘光蕡亲自为书院"时务斋"制订了"厉耻、习勤、求实、观时、广识、乐群"六条学规,体现了鲜明的爱国主义教育精神。同时,其与其他书院也多有不同:一是其他书院讲习八股文,味经书院则以实学为主;二是其他书院除授课外,师生不常见,味经书院的教师则日登讲堂,亲自授课,对学生严于管教;三是其他书院全由官府掌管,味经书院则由士绅管理。

据史料记载,关中大儒刘光蕡于清光绪元年(1875)乡试中举,翌年赴京会试落榜,绝意仕进。从此留心西方新学,决心以教育救国为己任。时值帝国主义列强侵略、瓜分中国。清朝政府腐败无能,割地赔款,"无辱不有",亡国之祸迫在眉睫。这一现状极大地激发了刘光蕡的爱国热忱。他认为如果要救国,则要维新。而要维新,就要学习外国。首先要提高全民族的科学文化知识和技术水平。为了落实"人人读书识字"的救国主张,从甲午战争以后,刘光蕡自筹费用,用"社仓"生息的办法,于咸阳的天阁村、马庄镇、魏家泉、西阳村和扶风的午井

---

① 转引自张波、米文科:《关学研究探微》,中国社会科学出版社,2017年,第155—162页。

镇、礼泉的烟霞洞,创设了6所义学。清光绪十年(1884),刘光蕡采取募捐集资的办法,在泾阳创立了"求友斋",开设经史、道学、政治、时务、天文、地理、算学、掌故等课程并亲自讲授。同时,在斋内附设"刊书处",出版各类自然科学和时务新书。清光绪十三年(1887),刘光蕡由味经书院山长柏景伟推荐,讲学于味经书院。

◎ 味经书院

在味经书院的东侧,还有一个书院与其并立,即崇实书院。此书院系清光绪二十三年(1897)陕西学政赵维熙会同陕西巡抚张汝梅所奏建。原名"格致实学院",翌年奉批改名"崇实书院"。书院建成后,聘请当时正在味经书院执教的刘光蕡兼任该院山长并为主讲。崇实书院就是在"时务斋"的基础上创建的,书院的规章制度和教育方针、教学方法,是在"时务斋"的基础上逐步得到完善和发展的。

崇实书院设立"致道、学古、求志、兴艺"四斋,其中以"求志""兴艺"两斋为重点,以"厉耻""习勤""求实""观时""广识""乐群"为学规。在刘光蕡主持崇实书院期间,他加强对学生进行爱国思想教育,并主张培养学生的实际操作能力。由刘光蕡主持,在书院开办工厂、农场等作为学生的实习基地,切实地将教育与劳动、知识与实践紧密地结合起来,由此培养了一批能"坐言起行"的可用人才。

◎ 崇实书院

由于刘光蕡兼任味经书院主讲,他不仅教授《朱子语类》《资治通鉴》《五礼通考》《大学衍义》及"四书""五经"等传统经史、理学,还非常重视引导学生学习西方自然科学。在其主持下,书院刊刻了《梅氏筹算》《平三角举要》等多种算学书籍和其他科技类书籍,供学生学习自然科学知识。为了使学生有实践的机会,刘光蕡于光绪十六年(1890)在味经书院筑造观象台,置经纬仪于台上,让学生进行实际测算。陕西在清朝末年至中华民国初年,精通数学及测绘技术的学者,多出于刘光蕡门下。

清光绪二十六年(1900),刘光蕡辞去味经书院及崇实书院山长职务,隐居礼泉烟霞洞著书立说,间或聚徒授课。清光绪二十九年(1903)二月,刘光蕡受甘肃总督聘请任甘肃大学堂总教习,他结合甘肃实际为广大学子讲学。此外,刘光蕡还恢复左宗棠过去购置的毛纺织机器厂,为甘肃开辟了利源。但刘光蕡终因积劳成疾,病逝于兰州甘肃大学堂。

刘光蕡主讲过的味经书院以教学质量之高和培育人才之多闻名陕甘两省。

据《味经书院志》记载，从建立书院至清光绪十九年（1893）的二十一年间，书院在科举制度下，登第为"进士"的有18人，为"举人"的有72人，其他登科为"副贡""优贡"者22人。在戊戌维新运动中起了骨干作用的李岳瑞、陈涛、杨蕙、张鹏一、邢瑞生、雷延寿等人，或是味经书院的学生，或是刘光蕡的门下弟子。辛亥革命及中华民国时期，在西北军事、政治和科教文化上起了重要作用的于右任、朱光照、茹卓亭、李子逸、王授金、冯孝伯、杨西堂、杨松轩、郭希仁、张季鸾、李仪祉等，都曾是味经书院的学生。

清光绪二十八年（1902），在"废科举、兴学堂"的潮流中，三原宏道书院改为"宏道大学堂"，陕西学政沈卫将味经书院、崇实书院及味经书院刊书处归并于"宏道大学堂"，自味经书院和崇实书院受学而出者则遍布关中、西北，并继续将所受之学传承开去。

第六节　正谊书院与芸阁书院

正谊书院是晚清陕西著名书院之一。清光绪七年（1881），由乡绅冯中承创立，位于鲁桥镇（在今三原县）以北的清凉塬（在今三原县鲁桥中学），有房舍二十余间，土窑十余孔。陕西巡抚冯誉骥曾题"正谊书院"匾。清末著名理学家贺瑞麟长期主讲于此，专治理学，屡刊程朱著书，收藏古旧书籍数卷，传名为"清麓丛书"。戊戌变法后，当时陕西五大书院中的关中书院、宏道书院均改为学堂，味经书院、崇实书院因并入"宏道大学堂"而废弃，唯正谊书院犹存。中华民国初年，正谊书院改为清凉塬属泾小学校，历时约三十年。

由于正谊书院为民间书院，因此来院学习者食用自备。清末"废科举、兴学堂"后，大部分书院改为学堂，学习官方编印的教科书，而正谊书院独树一帜，仍沿习理学，不随时俗。中华民国三十七年（1948），正谊书院停办，它是陕西省保留到最后的一所有名的书院。

书院以儒家"正其谊不谋其利，明其道不计其功"为办学宗旨，故名"正谊书院"。书院初由山长贺瑞麟主讲，不延别师。专修义理之学，不以时文为务，清末时声誉颇高。关中名儒牛兆濂亦曾一度主讲于正谊书院。

◎ 正谊书院

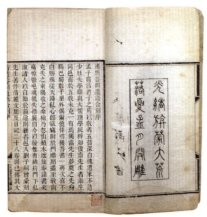

◎ 正谊书院藏本《清麓答问》光绪三十一年(1905)版

"传统关学最后一位大儒"牛兆濂淡泊仕途,多次辞去清廷所授之官,严守慈母"学做好人"之训,研读程朱理学,致力教书育人。先后受聘于白水彭衙书院山长、陕西师范学堂总教习、省存古学堂教务等,主讲于西安鲁斋书院、三原清麓书院,亲手创办蓝田芸阁学舍,讲习蓝田乡约,以礼教化民。

此处所提到的芸阁书院,原为吕大临兄弟读书讲学之地。明成化二十年(1484),陕西巡抚檄知县刘震建祠祭祀吕大临。祠后有芸阁寺(芸阁乃吕大临的字)。明弘治年间,提学副使王云凤搬去寺内佛像,书匾额"芸阁书院",但日久院舍崩塌。明万历二十九年(1601),知县王邦才将院舍翻修一新。清光绪二十七年(1901),牛兆濂为纪念"蓝田吕氏"四兄弟而创建"吕氏四贤祠"——"芸阁书院",约集好友,"增广学舍""岁时会祭",开始聚徒讲学。恢复、扩建"芸阁书院",在学界声誉日高。中华民国二年至中华民国七年(1913—1918),牛兆濂在其师贺瑞麟创建的三原清麓书院连续主讲理学。

在此期间,牛兆濂极其重视儒家历代经籍和诸子之书的刊印与传播。他的老师贺瑞麟曾劝勉富户资助,校刻传经堂藏书十三经及有关注疏,宋代濂、洛、关、闽等诸子书和元、明、清理学家文集等69种,木刻版分散藏于各家。牛兆濂倡议筹款2000金,将书版一概赎回,使这些文化典籍稍后得以印刷,广为传播。①

◎ 芸阁书院

中华民国七年(1918),牛兆濂于芸阁书院讲学,盛时学生数百人,遍布陕、陇、晋、豫数省以至朝鲜,芸阁书院之名因之大噪。②

牛兆濂也将其所学言传身教于弟子。他关心国事,爱国忧民,秉承了关学经

---

① 转引自史飞翔:《关学与陕西书院》,第179页。
② 转引自史飞翔:《关学与陕西书院》,第122页。

世致用精神,常怀兼济天下之忧,践行实学救国的理想。他多次上书省、县当局,呼吁减轻农民粮秣赋税和其他负担。陕西大饥之年,他主持家乡蓝田县赈灾,严肃政纪,廉洁奉公。为筹赈款,牛兆濂写诗登报,到处呼救,终得江南义绅巨款,救活饥民无数。他自己则藜藿充饥,亲自劳作,转运赈粮。牛兆濂曾言道:"饿殍载途,吾忍饱乎!"他领命于关中西部禁烟时,不避风雨,日夜兼程,密访严查,以断祸根。辛亥革命后,清军反扑围攻西安,大战在即,牛兆濂作为清末举人,虽属前朝遗臣,但因不忍生民涂炭,甘冒生命之危、叛臣之名,奔赴乾陵,说服清帅升允退兵罢战,挽救生灵无数。当西安军民热烈欢迎他谈判凯旋时,他却从间道归家,不受荣名。军阀刘镇华围困西安八个月,他婉讽其撤兵,使围城得解。蓝田驻军与绅团发生冲突,刘镇华欲发兵屠蓝田,他急书劝阻,祸患遂平。中华民国十九年(1930)东北三省沦陷时,他心系国家安危,出于民族公义,他在报上发表《阋墙诗》,倡议国共两党停止内战,外御其侮。中华民国二十二年(1933),日寇进占山海关,承德失守,牛兆濂组织五百义勇军,通电全国出师抗日,慨切陈词,决心殉国。

中华民国二十六年(1937),卢沟桥事变爆发,牛兆濂寝食不安,病情加剧,但仍于病榻之上口授写作以完成《续修蓝田县志》。纵观牛兆濂一生,其所为、所学、所教,持身之严,守道之坚,造诣之深醇,践履之笃实,品性之高洁,教泽之广被,实为关学式微之际最坚定之守护者,他既体现了儒家学人崇高的节操与坚定的信念,也凸显了陕西人特立独行的性格风貌。

在"孔子之学为世诟病,天地之心几乎息矣"之时,牛兆濂认为废科举、止八股可行,但不能不讲儒学。国势日衰、外寇入侵、内乱环生的根本原因在于学绝道丧,义理不明,教育腐坏,纲常不立,寡廉鲜耻,世风日下,所以必须倡导国学以拯救民心。牛兆濂认为,优秀文化传统是我们的精神支柱,学习西方时绝不能数典忘祖,全面西化。当政府聘请他出任关中书院总教习时,他就以开设程朱理学为前提条件,执教数月后,有人提出异议,他立即辞去职务,退还聘金,回到自己办的芸阁书院讲理学。他坚守"为天地立心,为生民立命,为往圣继绝学,为万世开太平"的信念①,于正谊书院和芸阁书院觉民行道,在传播关中理学思想的同时,开悟着后继学人。

---

① 转引自王相民:《牛兆濂文存·前言》,陕西人民出版社,2017年。

第十一章 关学学风与关学精神

关学在长期的历史浸润中形成了独特的地域学风与精神气质,学风与精神的形成是相得益彰的,它既受到地域民俗风化的熏染,又在教化民俗民风之中彰显其内在的精神价值。因此,把握关学的学风与精神,不仅仅是其地域性格的表达,更是对关学思想特征的立体性把握。

第一节 关学的学风特质

北宋理学的兴起,与当时儒学的学风转向有着密切的关系。北宋著名的理学家张载所创建的关学,作为宋代理学的主要学派之一,与当时的濂、洛、新、蜀诸学派一样,都是汉唐至北宋儒学转型和学风变革的产物。本章拟分别考察北宋儒学复兴和理学崛起的背景,张载的理学体系建构及关学学风特质诸相关问题,并在此基础上对传统关学学风的现代意义做初步的探讨。

一、北宋儒学复兴和理学崛起的背景

儒学的复兴和理学的崛起是宋代最重要的学术文化运动,它标志着唐宋之际儒学的转型及其学风的重大转变。对于张载创建的关学及其学风特质,应当将其置于当时儒学复兴和理学崛起的大背景之中加以考察。学术界以往在论及北宋理学的兴起这一话题时,多用"佛老挑战—儒家回应"的模式加以说明。其实,除了儒家回应佛老的挑战这一重要原因之外,导致宋代理学兴起的原因还包括政治、经济、思想、文化、士风、学风等多重社会条件的变化,应当对其进行综合性的考察。限于篇幅,本章的考察将紧扣其主导因素和基本线索,亦即赵宋统治集团"文治"取向的形成,"以儒立国"国策的确立,以及统治集团与儒家士人的

上下互动,"推明治道",从而引发了儒家学风的转变,并进而促进儒学的复兴和理学的崛起。让我们依自上而下的顺序,从当时统治集团的政治方略、士人政策和文化政策等方面谈起。

赵宋王朝建立初期的最迫切的问题,是如何巩固和稳定政权,"为国家建长久之计"。据司马光(1019—1086)所撰《涑水记闻》载,太祖(赵匡胤,927—976年)曾召赵普(922—992年)问曰:

> 天下自唐季以来,数十年间,帝王凡易十姓,兵革不息,苍生涂地,其故何也?吾欲息天下之兵,为国家建长久之计,其道何如?

赵普答曰:

> 陛下之言及此,天地人神之福也。唐季以来,战斗不息,国家不安者,其故非他,节镇太重,君弱臣强而已矣。今所以治之,无他奇巧也,惟稍夺其权,制其钱谷,收其精兵,则天下自安矣。

不久,太祖果然依赵普之计,收回了武臣手中的兵权。表面看来,这仅仅是一项政治谋略的施展;其实,它关乎赵宋"偃武修文"这一新的治国方略的确立。作为赵宋立国基本政策的"文治"取向,包括了两个方面的含义:一是在政治上转而寻求文士的支持与合作,二是在文化上注重从儒家经书中探寻"为治之道"。实际上,这两个方面才是"为国家建长久之计"更深层次的内涵。

至真宗、仁宗之际,儒学的复兴开始以理学的早期形态出现。咸平四年(1001),真宗下诏,在向州县官学颁赐"九经"的同时,也将"九经"颁发给民间聚徒讲学的书院。王夫之在回顾了"三代之隆,学统于上"、孔子之教"上无学而教在下"之后,指出:"宋分教于下,而道以大明,自真宗昉。"(《宋论》卷三《真宗》,《船山全书》第11册)这是对真宗旨在使民间教育和私家讲学合法化的文化政策给予了高度的评价。陈亮(1143—1194)曾说:"本朝以儒立国,而儒道之振独优于前代。"(《上孝宗皇帝第三书》)明确地将"以儒立国"作为国策,应当说始自真宗,这为后来理学的崛起提供了必不可少的政策环境。

全祖望(1705—1755)在《宋元学案序录》中说,仁宗"庆历之际,学统四起"(《宋元学案》)。在范仲淹(989—1052)、欧阳修(1007—1072)等"在朝"诸公的倡导下,出现了"学校遍于四方,师儒之道以立"(《宋元学案》)的新局面。当时,朝野士人多以"谋虑兴致太平"(《宋史·范仲淹传》)为己任,儒家学者治经、讲经的重心也在于"推明治道"。这是真宗、仁宗之际复兴中的儒学的主要特征。

以上所述表明，从太祖到真宗、仁宗朝，对"治道"的关注和探寻已成为朝野上下的共识和普遍的社会心理。可以说，这才是宋朝儒学复兴的原动力。

至神宗熙宁、元丰时期，士人在议政和参政过程中对"治道"的积极探寻，还激发了他们淡漠已久的理论思考兴趣，促使以张载和"二程"为代表的理学终于形成。儒士阶层越来越意识到自己的使命在于维护和传续儒家的"学统"，越来越意识到"学统"高于"治道"。他们既关心"治道"（现实政治原理），又力图超越"治道"，越来越把兴趣和注意力集中于作为"治道"终极依据的儒家形上学的建构上。如果说，宋朝的儒学复兴其早期阶段是以"推明治道"为特征的，带有浓厚的直接为政治服务的色彩的话，那么，待理学正式形成以后，虽仍坚持"道学与政术"不二的主张，但此时的儒学本身已经具有了相对独立的性质和不同于以往的新的学术形态。

二、张载的理学建构及关学学风特质

如前所述，宋代儒学的复兴和理学的崛起，标志着唐宋之际儒家学风的重大转变。首先，需要对"学风"这一术语做出比较严格的界定。在中国学术思想的发展进程中，随着思潮的兴衰更替和学派的互动消长，其间必然会有学风因时代而转变，或学风因学派而多样化等现象的发生。若从此视角界定学风，则所谓学风就不是泛指作为特定学派外在表现形式的学术风格，或作为某一时代学坛普遍状态的学术风气，而应当指与一定学术思潮或学术派别有关的学术风尚的形成、盛衰和更替，包括新的学术方向的开拓，新的学术范型和知识结构的重铸，新的问题意识的确立，新的理论范畴和观念的提出，新的思想方式和学问传播方式的形成，以及学者的为学态度、治学方法、精神气质和人格境界，等等。

其次，就唐宋之际儒家学风转变的实质来看，经学是两汉以来儒家传统学问的基本形态，自汉迄唐，经师们多采用训诂、注疏、章句的方法以治经，故在汉唐注疏家身上体现出来的是一种实证化的学风。这种学风的根本弊病是，过于注重儒家话语的形式化方面，反而使儒家之"道"掩而不彰。正如《宋史·道学传序》所说："两汉而下，儒者之论大道，察焉而弗精，语焉而弗详，异端邪说起而乘之，几至大坏。"（《宋史·道学一》）皮锡瑞（1850—1908）曾经准确地指出经学发展到宋代"风气遂变"的史实。此一学风变化的实质，是儒学传统知识范式的转换：从汉唐经学的实证化范式转换为宋代经学的哲学化范式。也正是在此范式转换的过程中形成了理学思潮。理学作为宋儒从经学中分离演化出来的学术新形态①,提倡不尊汉注、不守唐疏的自由精神,专意于义理的发挥。

张载理学体系的建构,正是在这一学风转向的过程中完成的。

朱熹在回答门人"横渠似孟子否"的问题时说:"一人是一样,规模各不同,横渠严密,孟子弘阔。"(《宋元学案》)张载自己则说:"某唱此绝学亦辄欲成一次第。"(《张子语录》)朱熹的评语和张载的自白,都道出了张载自觉为儒家建构"严密"而又有"次第"的天人哲学体系的学术志向。

张载哲学的内容相当丰富,涉及宇宙论(天道论)、人性论、道德论、认识论、修养工夫论等诸多层次。而张载的哲学体系,则是以"天人合一"为总体架构的。② 张载所谓"天人合一",主要涉及天道与人道这两大层次之间的内在联系和双向作用问题,亦即在承认天与人"有分"的前提下,通过修养工夫等途径达致天、人之间的贯通或一致。

这里值得特别注意的是,张载明确主张"人不可以混天"(《横渠易说》),意在强调天和天道是独立于人之外和超越于人之上的终极存在。张载所谓天道,是宇宙间整全、总体("太和所谓道")而又无限("无穷""何尝有尽")的最高存在,是现实世界万物生化的根源和过程,它以"气化"或"造化"为创生化育的功能。单独地看,"二程"有时也会承认天、天道和天理是外在于人的存在;然而一旦改换视角,从天人关系的角度看问题,他们便表现出与张载不同的阐释取向。无论从程氏兄弟批评张载"别立一天",还是从他们反对区分人道与天道,都不难看出这一倾向性。程颢指出:"若如或者别立一天,谓人不可以包天,则有方矣,是二本也。"(《河南程氏遗书》)朱熹认为:"或者别立一天,疑即是横渠。"程颐主张:"道一也,岂人道自是人道,天道自是天道?"(《河南程氏遗书》)程颢更谓"只心便是天""更不可外求""故有道有理,天人一也,更不分别"(《河南程氏遗书》)。这样,"二程"便把处于外在超越层面的天、天道等内在化或将其与主体同一化了。虽然张载为学重"心解""心喻",却不会以心为天道,故他指出:"有谓'心即是《易》,造化也。'心又焉能尽《易》之道?"(《横渠易说》)"二程"以

---

① 陈俊民:《道学与宋学、新儒学、新理学通论》,载《张载关学与实学论文集》,西安地图出版社,2000年,第410页。

② 陈俊民:《张载哲学思想及其关学学派》,人民出版社,1986年,第102页。

心同一于天或天道造化,成为后世"内在超越说"的来源之一;他们对天、人关系的消解,则是宋以后儒学超越性品格薄弱的原因之一。可以说,张载将外在超越的天道置于自己学说的首位,发展出了一套在学术路线和类型上都有别于洛学的独特系统。

就学理层面看,在张载哲学"天人合一"的总体框架之中,各层次都是以"体用不二"为基本结构的。例如,作为天道论基本命题的"太虚即气",就是以"虚气"为构成模式的,而虚气关系亦即体用关系。再就张载的人性论言,其根源于虚气构成模式的两重人性,亦即"天地之性"和"气质之性",虽"合两"而非并列,但二者也是体用、本末关系。张载哲学体系中各层次基本结构的同构对应关系,是"天人合一"的理论基础。

张载哲学体系的各层次之间,还具有多层一本的特征。所谓多层一本,是指各层次之间均一本贯通,就是说,天道本体亦即性体,亦即人性本体。多层一本之本,同时也指向"理",这正如王夫之所说,天与人"惟其理本一原","惟其本一,故能合"(《张子正蒙注》)。多层一本或一理贯通,是"天人合一"之所以可能的条件。

在张载哲学中,天道与人性之间具有双向作用。一方面,"人生固有天道"(《张子语录》),人性以天道本体为终极依据。另一方面,天道则是成性工夫的目标,"必学至于如天则能成性"(《经学理窟》)。就是说,人要以"反本"为归依,"反之本而不偏,则尽性而天矣"(《正蒙》)。

就实践层面看,由于成性有"上达反天理"的要求,所以需要通过"善反"的实践工夫,以实现"天人合一"的最高精神境界。张载指出:"儒者则因明致诚,因诚致明,故天人合一,致学而可以成圣,得天而未始遗人。"(《正蒙》)这里所谓"因明致诚"及"因诚致明",与"变化气质"等工夫进路一样,都是实现"天人合一"的具体途径。

考察宋代的关学学风问题,不能忽略其与当时理学学派之间的关系。宋代理学的奠基人是张载和程氏兄弟,这三位理学大师,分别是作为西部理学的关学学派和作为中原理学的洛学学派的领袖。关、洛学者常有机会一起论学,各自对对方既有吸取,又有批评。从这种自由论学的关系中,最易看出两派各自学风的特质。本章旨在讨论张载的关学学风,而对关学学风的理解,有时也需要通过与"二程"的洛学学风之间的比较才能把握其特质。本着详人所略、略人所详的原

则,我们将张载关学学风之特质归纳为以下五个方面:

(一)"勇于造道""志道精思"的理学建构

张载的弟子范育(巽之,生卒年不详)在所撰《吕和叔墓表》中,记载了张载与其弟子吕大钧(和叔,1029—1080)之间的对谈。大钧曰:"始学必先行其所知而已,若天道性命之际,正惟躬行礼义,久则至焉。"张载对曰:"学不造约,虽劳而艰于进德。""君勉之,当自悟。"大钧后乃"信先生之学本末不可逾,以造约为先务矣"。张载将"造约"与"进德"定位为本末关系,强调为学"以造约为先务"的教言,为今集所罕见,弥足珍贵,当时也少有人如此明确地提出以"造约"为先的学术主张。所学"约"或"不约",是宋代理学家的常用话语。程氏兄弟曰:"学者不必远求,近取诸身,只明人理,敬而已矣。"又曰:"此理至约,惟患不能守。"(《河南程氏遗书》)程颢说:"所守不约,泛滥无功。"(《宋元学案》)对于"约"的含义,"二程"与张载的诠释有所不同:"二程"主要指"人理";张载则主要指"天道性命之际",并以天道为先。

张载倡"造约"为先务,是欲克服传统儒家"知人而不知天"的偏弊,为儒家建造实在的天道论。他认为,"《易》即天道",又认为:"《易》,造化也。圣人之意莫先乎要识造化,既识造化,然后其理可穷。""不见《易》则何以知天道?不知天道则何以语性?"(《横渠易说》)故史书屡称张载"勇于造道"(《宋元学案》)、"志道精思"(《横渠先生行状》),这些评断是很有见地的,有助于我们把握张载理学建构的重心所在。

(二)"道学""政术"不二的政治主张

张载在《答范巽之书》中明确提出:"朝廷以道学、政术为二事,此正自古之可忧者。"在这里,张载对当时权力中枢(朝廷)的批评,是切中要害的;同时,其中也贯穿了一种新的政治理念,即主张"道学"应当对"政术"亦即现实政治事务发挥范导和制衡的作用。从深层哲理上看,这种政治理念是张载以天道本体论为基源推衍而出的必然结果。当然,张载并不满足于仅仅为现实政治提供形上的学理根据,而是力图从中推导转化出能够在政事中发挥实效的原则,在这里则表现为对君主提出"治德"的要求。他依据孟子所谓"唯大人能格君心之非""一正君而国定"(《孟子正义》)的思想,主张:"能使吾君爱天下之人如赤子,则治德必日新,人之进者必良士,帝王之道不必改途而成,学与政不殊心而得矣。"(《答范巽之书》)在张载看来,实现道学与政术相统一的政治理想,关键在于作为最高统治者的君主是否具有"父母之心",亦即张载所指出的:"大都君相以父母天下为王道,不能推父母之心于百姓,谓之王道可乎? 所谓父母之心,非徒见于言,必须视四海之民如己之子。"(《答范巽之书》)君主是否能够"推父母之心于百姓",这既是儒家王道政治(仁政)的实质所在,同时也是儒家"以德治国"传统的重心所在。依张载的诠释,儒家所谓"以德治国"并非泛言"德治",其重心首先不是指向百姓的,而是指向君主的,首先要求君主具备"治德",这就对统治者个人的道德修养提出了极高的要求。君主的"治德",不仅是衡量君主统治是否具有合法性的一个重要标准,也是朝纲治乱所系,君主是否能够发挥道德表率作用,会直接影响臣僚的道德水准。这正如张载所说:"仕者入治朝则德日进,入乱朝则德日退,只观在上者有可学无可学尔。"(《经学理窟》)张载提出"推父母之心于百姓",当然并不希望其"徒见于言",而是希望经由"为政者在乎足民"(《正蒙》)来加以落实,亦即以"足民"作为推行政事的基本原则。

与洛学人物靠近政治与文化中心的处境相比,关学学者身处西部边缘地区,故其与洛学学者在政治上的着眼点不尽相同,也未过多地卷入上层政治斗争的旋涡。他们主张"学贵有用",对政事抱着更务实的态度。关学学人关心种种具体的社会事务,表明了他们为实现道学与政术在基层社会的统一所做的努力。

(三)"知礼成性""变化气质"的道德修养方法

朱熹称:"横渠工夫最亲切。"(《张子语录》)又称:"横渠说做工夫处,更精切似二程。"据《宋史·张载传》记载:张载晚年居横渠,"敝衣蔬食,与诸生讲学,每告以知礼成性、变化气质之道,学必如圣人而后已"(《道学一·张载传》)。

所谓"知礼成性",是让学者通过学习"礼"的知识、理解"礼"的本质,培养自己遵循外在伦理规范("礼")的自觉,以完善自己的德性。张载说,"盖礼者理也,须是学穷理,礼则所以行其义""须是先求得礼之义然后观礼"(《张子语录》),"学者且须观礼,盖礼者滋养人德性"(《经学理窟》)。我们知道,儒家拥有非常丰富的有关"礼"的知识,也很重视礼仪规范方面的实践。张载这里所说的"观礼",有模仿、学习的意思。张载还说:"某所以使学者先学礼者,只为学礼则便除去了一幅当世习熟缠绕。譬之延蔓之物,解缠绕即上去,上去即是理明矣,又何求!"(《张子语录》)"二程"对张载重视以礼为教的方法评价很高,说:"子厚以礼教学者最善,使学者先有所据守。"(《张子语录》)

张载关于"变化气质"的理论,对后世影响很大。在张载看来,"变化气质"

是非常重要的道德修养工夫。他说:"为学大益,在自求变化气质,不尔皆为人之弊,卒无所发明,不得见圣人之奥。"(《经学理窟》)"变化气质"的作用是改变"气质之性"、偏邪不正之气。通过"变化气质"的努力和积累,同时配合"善反"或"反本"的工夫,其最终目标是在自己身上实现"天地之性",达到"性与天道合一"的"圣人"境界。

(四)"以礼为教""敦本善俗"的社会教化使命

张载除以"礼"教学者外,还在更广泛的范围内"一循古礼为倡",开展社会教化,以敦本善俗。这也是他所积极关注的"治道"内容的一个重要组成部分。张载指出:"养民当自井田始,治民则教化刑罚俱不出于礼外。"(《经学理窟》)张载针对当时"袭用流俗"、礼制混乱的状态,"一循古礼为倡,教童子以洒扫应对;女子未嫁者,使观祭祀,纳酒浆,以养逊弟,就成德"。在张载的倡导和推动下,"于是关中风俗一变而至于古","关中学者用礼渐成俗"(《宋元学案》)。程颐对此非常赞赏,言:"自是关中人刚劲敢为。"而张载则自我评价道:"亦是自家规矩宽大。"(《宋元学案》)由此可见,张载重视"以礼为教",是欲自觉为社会建立起一个有效的社会价值和道德规范系统("宽大"之"规矩"),以维护社会的基本秩序。

明代关中大儒冯从吾称,张载"先生学古力行,笃志好礼,为关中士人宗师"(《关学编》)。明清以来的关学学者,也都相当重视张载所倡导的"以礼为教"的社会教化工作,可以说这是关学传统学风的一个重要特征。

(五)关心民生、多方"营画"的经世致用作风

张载遵循儒家经世致用的"仁政"和"治道"传统,除关注礼、乐、兵、刑等社会事务外,他更关心的是民生,尤其关注对"贫富不均"问题的解决。他曾经说:"仁政必自经界始。贫富不均,教养无法,虽欲言治,皆苟而已。"(《横渠先生行状》)张载关于"仁政必自经界始"的设想和"井田"方案,是针对当时严重的土地兼并致使广大农民失去土地的状况所提出的。对于"井田"方案的实施,他说:"纵不能行之天下,犹可验之一乡。"(《横渠先生行状》)据史志记载,张载在他的家乡(今陕西眉县横渠镇)确实认真实施过井田计划,同时还带领乡民兴修水利,开凿了东、西两条"井田渠",推动了当地农业生产的发展。虽然在张载去世后,井田实验未能坚持下去,但这却是他实践"为万世开太平"伟大理想的一次重要努力。

另外,在张载的经世观念中还有一个为学者所忽略的方面,即他并不像许多儒者那样迂腐,也不主张人们在经济上安于贫困,而是非常鲜明地倡导为改变经济上的"贫贱"状况而积极进取、多方"营画",具有开拓精神。张载说:"人多言安于贫贱,其实只是计穷力屈,才短不能营画耳。若稍动得,恐未肯安之。须是诚知义理之乐于利欲也乃能。"(《经学理窟》)这种为摆脱贫困、改善民生而积极"营画"的进取精神,为儒家的经世观念和实践注入了极其宝贵的活力。①

第二节 关学的思想特色

关学既有深邃的理论,又重视实用。这可以概括为以下三个方面:

首先,学风笃实,注重实践。黄宗羲指出:"关学世有渊源,皆以躬行礼教为本。"(《明儒学案·师说》)躬行礼教、学风朴实是关学的显著特征。受张载的影响,其弟子蓝田"三吕"也"务为实践之学,取古礼,绎其义,陈其数,而力行之"(《宋元学案·吕范诸儒学案》)。明代吕柟其行亦"一准之以礼"(《关学编》)。至清代的关学学者王心敬、李元春、贺瑞麟等人,依然守礼不辍。

其次,崇尚气节,敦厚善行。关学学者大都注意砥砺操行,敦厚士风,具有不阿权贵、不苟于世的特点。张载曾两次被荐入京,但当发现政治理想难以实现时,毅然辞官,回归乡里,教授弟子。明代杨爵、吕柟、冯从吾等均敢于仗义执言,即使触犯龙颜,被判入狱,依旧不改初衷,体现了大义凛然的独立人格和卓异的精神风貌。清代关学大儒李颙,在皇权面前铮铮铁骨,操志高洁。这些关学学者"穷则独善其身,达则兼济天下",体现出"富贵不能淫,贫贱不能移,威武不能屈"的"大丈夫"气节。

最后,求真求实,开放会通。关学学者大多不主一家,具有比较宽广的学术胸怀。张载善于吸收新的自然科学成果,不断充实丰富自己的儒学理论。他注意对物理、气象、生物等自然现象做客观的观察和合理的解释,具有科学精神。后世关学学者韩邦奇、王徵等都重视自然科学。三原学派的代表人物王恕以治《易》入仕,晚年精研儒家经典,强调用心求学,求其"放心",用心考证,求疏通之

---

① 转引自刘泉:《张载思想讲演录》,陕西人民出版社,2020年,第177页。

解,形成了独特的治国理念。关学学者坚持传统,但并不拘泥于传统,能够因时而化,不断地融合会通学术思想,具有鲜明的开放性和包容性特征。由张载到"三吕"、吕柟、冯从吾、李颙等,这种融会贯通的学术精神得到不断传承和弘扬。①

第三节 关学的精神气象

关学在传衍过程中,尽管学术观点屡有变化,但其学术精神却有着前后的一贯性特征。关学的学术精神体现在学术使命、学术宗旨、治学作风、治学方式和学者品格等诸多方面。

一、"立心立命"的使命意识

张载是一个有自觉学术使命意识的哲学家,他提出的"为天地立心,为生民立命,为往圣继绝学,为万世开太平"的名言,是对自己哲学的学术使命的高度概括。2005年4月29日,连战在北京大学的演讲中说:要"为民族立生命,为万世开太平",就是对张载这段名言的变通引用。张载这段话的意思是说:要以哲学揭示宇宙的本质和规律,并进而确立人在天地间的主体地位(人是天地之心);以哲学来探索人生的价值理想和精神家园,从而为广大民众确立一个安身立命之所;以哲学来继承和发扬面临危机的圣贤之学,承续中华文化的优秀传统;以哲学为人们设计一个万世太平、永远美好的理想社会。概而言之,就是为人们提供一个正确的世界观、人生观、文化观和社会观。张载的这四句名言,表达了一个哲学家的崇高使命和远大志向,受到后代哲学家的赞赏和认同,至今仍可视为对哲学使命的高度概括,冯友兰称之为"横渠四句"。关学的后继者们,大都以这种使命意识来自励,无论他们在哲学思想上是否与张载一致,但在对自己学术使命的自觉上,皆不同程度地保持着张载的精神。张载的弟子吕大临,尽管深受"涵泳义理,空说心性"的洛学影响,但他仍保持着"以教化人才、变化风俗为己任"的学术使命感。明代关中硕儒吕柟,青年时代即与友人相约"文必载

---

① 转引自张岂之:《关学文库·总序》,载刘学智《关学思想史》,西北大学出版社,2015年,第5页。

道,行必顾言"(《关学编·泾野吕先生》),入仕为官后上疏力劝明世宗倡明圣学,他认为圣学的意义在于"上对天心""下通民志","太平之业,实在于此"(《关学编·泾野吕先生》),体现的正是张载"立心""立命""继绝学""开太平"的精神。生活于明万历年间、被时人誉为"关西夫子"的著名理学家冯从吾,是关中书院的创立者,主持关中书院二十余年,培养弟子五千余人。他办学、讲学的目的非常明确,"开天辟地在此讲学,旋转坤乾在此讲学,致君泽民在此讲学,扶正变邪在此讲学","千讲万讲,不过要大家作好人,存好心,做好事"(《学会约》)。明末清初被尊为"海内三大儒"之一的李颙,终生以"明学术,正人心"为自己的崇高使命,他说:"大丈夫无心于斯世则已。苟有心斯世,须从大根本、大肯綮处下手,则事半而功倍,不劳而易举。夫天下之大根本莫过于人心,天下之大肯綮莫过于提醒天下人之心,然于醒人心,惟在明学术。此在今日为匡时第一要务。"(《二曲集》)李颙认为,学术乃是"生人之命脉,宇宙之元气,不可一日息焉者也"(《二曲集》)。由此不难看出,有自觉的使命意识和强烈的学术责任感,是关学的重要精神。张载的"立心立命",吕大临的"教化人才、变化风尚",吕柟的"对天心""通民志""兴太平",冯从吾的"作好人,存好心,做好事",李颙的"明学术,正人心",都是对自己学术使命和治学志向的明确表述。正由于有这种自觉的使命感和责任感,关学学者们大都把个人的学术活动与国运民命、匡时救世紧密结合起来,以"主持名教,担当世道"(李颙语)为己任,使自己既成为学者,也成为社会历史价值的承担者,努力实现为学与经世、治学与做人的高度统一。

二、"勇于造道"的创新精神

张载是北宋时期伟大的哲学家,但他学无师承,他的哲学是自己经过几十年探求体会出来的。他自称"学贵心悟,守旧无功"(《张载集》),并说治学应"濯去旧见以来新意""多求新意以开昏蒙"(《张载集》)。张载一生穷神研究,探索宇宙人生的真谛,著有《正蒙》《横渠易说》《经学理窟》等著作,在前代哲学的基础上,"芭蕉心尽展新枝,新卷新心暗已随。愿学新心养新德,旋随新叶起新知"(《张载集》),以"古今无两"的"学问思辨之功"和"勇于造道"的创造精神,为中华民族的智慧宝库增添了熠熠光彩。故范育《正蒙序》说:张子之书"有'六经'之所未载,圣人之所不言"(《张载集》)。朱熹也说:"横渠之学,是苦心得之。"张载在中国哲学史上第一次建立了比较完整的气一元论哲学体系。

"气"是中国古代哲学用以表示物质存在的基本范畴,在张载以前没有超出宇宙构成论和生成论的范围。张载在前代哲学的基础上,提出了比较系统的气论,建立了较完整的气一元论哲学体系。把气论从宇宙构成论和宇宙生成论发展为本体论,并在气范畴的基础上建构了自己的哲学体系,形成了与"二程"的理本论、陆九渊的心本论鼎足而立的气本论哲学体系。

张载是宋代理学的奠基人。理学(或称道学)是北宋兴起的学术思潮,是儒家学说的新形态。理学的基本特征是使儒学哲理化,为儒家的伦理道德提供一个本体论的依据。理学形成于北宋,成熟于南宋,盛行于明代,成为封建社会后期的统治思想,占据着学术思想的主流地位。在漫长的700余年间,学者辈出,成果累累,产生了极其深远的社会影响。在理学发展史上,张载处于相当重要的地位,他是理学的奠基人之一。学术界认为,"宋初三先生"胡瑗、孙复、石介是理学的先驱,而周敦颐和张载则是理学的真正奠基者。张载作为理学奠基人的主要贡献是:首先,提出了理学的一系列基本范畴和命题。其次,建构了理学的基本框架。最后,确立了理学"民胞物与"的价值理想。张载在《西铭》中提出了"天地之塞,吾其体;天地之帅,吾其性。民吾同胞,物吾与也"的理想人生境界,"二程"之后的理学家,几乎无不推崇备至,认为其"言纯而思备","深发圣人之微意","真孟子以后所未有也",并都以此作为理学所追求的价值理想。正由于张载为理学奠定了基础,所以深得后世理学家和统治者的推崇。"二程"把他与孟子、韩愈相比,朱熹称其学为"精义入神",说"横渠所说,多有孔孟所未说底"。历代统治者也给张载以很高的荣誉。宋理宗封他为"郿伯","从祀孔子庙庭"。元代赵复立周敦颐祠,以张载与程、朱配祀。明清两代,张载的著作一直被统治者视为理学经典,作为开科取士的必读书,并先后汇入御纂的《性理大全》和《性理精义》。由此足见张载在理学史上的重要地位和深远影响。

张载是宋代四大学派之一——关学的创始者。张载哲学,在关中地区影响很大,从学者甚众,一时门生如云,声势颇大,以张载为创始者的关学学派,一直延续到清末民初之际。从关学形成和发展的总体来看,它在中国理学史和哲学思想史上具有显著的特点和独特的地位。张载哲学思想的内容十分丰富,对中国哲学史和关中思想文化史的贡献是多方面的。以上所论,仅就其大端言之,但亦足以表明张载哲学及关学在历史上的重要地位。

三、"崇礼贵德"的学术主旨

张岱年曾云:"张载学说有两个最重要的特点,一是以气为本,二是以礼为教。"后来的关学后继者,虽多未能发扬以气为本的思想,但"大多传衍了以礼为教的学风"。关学的"以礼为教",约有二义:一是崇尚古代的礼制,二是重视道德的教化。在礼制上,张载平生用心于"复三代之礼",认为推行"三代"的井田制可以实现"均平"理想。在德教上,张载认为"知礼以成性,性乃存,然后,道义从此出"。这就把"礼"和"德"贯通了,由"崇礼"引申到"贵德"。从这一认识出发,他提出了自己的道德理想和精神境界。其主要内容,一是"诚明互用"的立身之本。他说诚明是"天德良知","性与天道合一乎诚"。诚是人成功的根本,不诚则无物。人的修养有"自明诚"与"自诚明"两种方式,前者是由聪明到诚实,后者是由诚实到聪明,二者是互动的。诚而不明会流于愚笨,明而不诚会走向狡诈。只有把诚实和聪明统一起来才是一个真正的人。二是"民胞物与"的道德境界。张载云:"乾称父,坤称母;予兹藐焉,乃混然中处。故天地之塞吾其体;天地之帅,吾其性。民吾同胞;物吾与也。"(《正蒙》)既然物与人都生在天地之间,都秉有天地之性,那么每个人都应该以万民为同胞,以万物为朋友。

三是"太和之道"的崇高理想。"太和"就是至高无上的和谐。"太和"既是张载对太虚本体状态的描绘,又是张载追求的最高理想境界。因此,他说"太和所谓道"(《正蒙》)。"太和"一词出于《周易》对乾卦功能的赞颂,本义就含有深厚的价值意蕴。张载称"太和"为"道",就从本体和价值的统一上赋予了"太和"以崇高的地位。他说:"语道者知此,谓之知道;学《易》者见此,谓之见《易》。"这种至高无上的和谐,就是张载追求的普世价值的理想境界。在张载看来,世间的万事万物虽然存在着种种矛盾、对立和斗争,但终归会化解矛盾,实现和谐,即"有象斯有对,对必反其为;有反斯有仇,仇必和而解"(《正蒙》)。四是"大心体物"的人生态度和自觉精神。"大其心,则能体天下之物,物有未体,则心为有外。世人之心,止于见闻之狭;圣人尽性,不以见闻梏其心,其视天下无一物非我,孟子谓尽心则知性知天以此。天大无外,故有外之心,不足以合天心。"(《正蒙》)就是说要超越个体狭隘的见闻和私心,弘大其心境,体察万物、承载万物、关爱万物,与天心合一,就能达到"体物未尝遗"(《正蒙》)"视天下无一物非我"的普世价值境界。天地之性不是某一个体所独有的,乃是所有人的共同本源，而这就决定了人们不应该局限于仅以一己私意为取向的狭隘的价值视野，而应该具备关怀万物、关爱他人的宏大价值情怀，做到"立必俱立，知必周知，爱必兼爱，成不独成"(《正蒙》)。

张载这种"崇礼贵德"的学术宗旨，对关学有深远影响，后代关学学者都不同程度地认同和发展了这种精神。张载弟子吕大临后来虽受洛学影响，但仍然没有改变关学"躬行礼教"的主旨，论选举、述兵制、行井田、制乡约、明教化都主张葆"赤子之心"，弘"孟子之义"。明代关学学者吕柟，著《礼问内外篇》，其任国子监祭酒时，以"四书""五经"及《仪礼》为教材，贯彻"礼以立之，乐以和之"的教育方针，并把正心、修身、忠君、孝亲作为道德教育的基本内容，注重对学生道德品行的培养，要求学生严格按各种道德规范和礼节约束自己。他说："若无礼以提防其身，则满腔一团私意，纵横四出矣。"(《泾野子内篇》)吕柟认为，从"正己"入手，通过改过行善的工夫，就能达到张载所说的"乾坤便是吾父母，民物便是吾胞与，将己身放在天地万物中作一样看，故曰：仁者以天地万物为一体"的精神境界。与吕柟同时的杨爵，大力倡导"克己复礼之学"，认为"人若非礼则率意妄为"，从而把习礼视为把握人本性之善、制约人言论行为、完善人道德品节、实现为仁之道的重要途径和工夫，并把礼的内容和标准具体化，以适应不同地位和处境的人。后来冯从吾在关中书院讲学时，也始终坚持德教为先的原则，提出"讲学即讲德"，制订《书院会约》，规定了各种礼仪，着力培养"粹然之养，卓越之识，特然之节"的真人品。他说："学者须是有一介不苟的节操，才得有万仞壁立的气象。"明末清初的"关中三李"，继承关学传统，进一步阐发了张载"以礼教人"的思想。李因笃主张理学应以经学为本，为人应以"圣人为规矩"；李柏提出"当仁不让于师"，要求人们在道德修养上艰苦磨炼，防微杜渐；李颙提倡"悔过自新""为学修德"，主张培养"真儒"。李颙还从《礼记》中摘录关于儒者的论述，写了《儒行篇》，以作为"真儒"的行为规范，并以此要求从学者。

由此可见，从张载到李颙，"关学世有渊源，皆以躬行礼教为本"(《明儒学案》)，"崇礼贵德"是关学源远流长的传统精神，虽然不同时期的关学学者，强调和侧重的具体内容有所不同，但其以礼为制、以礼教人、以德为先、以德为本的思想主旨都是一以贯之的。就恪守礼制的一面言之，"崇礼贵德"无疑有着保守性的局限，但其重视道德价值、培养道德人格的精神却包含着积极的因素，至今仍有现实意义。

在宋代理学的濂、洛、关、闽四派中,关学是最具"经世致用"之求实精神的学派。关学的创始人张载,建立了以气为本的哲学体系,其理论深邃、逻辑严密、分析细致,达到了很高的思辨水平。张载为学不尚空谈,而是"语学而及政,论政而及礼乐兵刑之学",有着鲜明的求实作风。早在青少年时代,张载即向邠人焦寅学习兵法,并曾想组织兵力对西夏作战,以解除西北边患。21岁时上书延州知府范仲淹,提出"边议"九条。走上治学道路之后,他依然关心当时的军事、政治,不把"道学"与"政术"视为"二事"。在张载38岁至50岁的十二年为政期间,"躬行礼教""敦本善俗",建立了卓著的政绩。晚年回到横渠镇著书讲学时期,一方面与弟子们读书论学、著书立说,另一方面仍联系实际、关心时政、体察民情,并试验井田制。在张载看来,治学、讲学的目的是为社会服务,是为了培养合格的实用人才,"学与政"应"不殊心而得"。张岱年说:"关学和洛学,两派的学风颇不相同。关学关注研究天文、兵法、医学以及礼制,注意探讨自然科学和实际问题。"张载的这种"经世致用"的求实精神,也基本上为后世关学学者所继承和发扬。

从宋末至清初,关学学者无论是入仕为官,还是著书讲学,都表现出求实尚用的可贵精神。元朝统一后,朱子之学北传入关,为关学复起创造了条件,尽管当时的关学受到程朱之学的影响,却仍然保持着张载的"实学"学风。杨奂、杨恭懿、同恕诸人,治学总是从"志于用世"出发,"指陈时病","耻为章句",其著述"往往有关名教"。明代关学中兴,学者们虽然受到朱、王二学浸染,但其实学之风,持而不坠。吕柟、杨爵、马理、冯从吾这些关学后劲,都不以"空谈性命"为尚,而是以"学贵力行""体用一原"为宗旨。吕柟认为学问应"从下学做起",把"做事"与"做学"统一起来。他还要求弟子们要"干禄念轻,救世意重"。杨爵提出,为学既要"慎思不息",也要"有睹有闻",主张深入实际,亲身体验,认识事物,应对事态。冯从吾力倡"困而能学""学而能行"的习行学风,认为知识能运用于实践,才是真学问,他以学射为例,阐述学行结合的道理,说"学射者不操弓矢而谈射,非惟不能射,其所谈未必当"。明清之际,随着实学思潮的激荡,关学学者在时代思潮的大合奏中,又一次高奏起"经世致用"的乐章。李因笃提出,研究经学的目的是通晓治国之道,以有裨于国计民生。据此,他在自己的学术著作中,结合现实,针砭时弊,陈献良策。例如,对于以科贡之法还是以选举之法选拔人才这一问题,李因笃的看法是"天下必无无弊之法,善用之可也"。李柏针对夸夸其谈、华而不实的学风,倡导"石不言而自坚,兰不言而自芳,海不言而自深,乾不言而自刚"的笃实精神。李颙更是以"开物成务,康济时艰"为己任,提出"儒者之学,明体适用之学也"的重要思想。他说:"明体而不适用,便是腐儒;适用而不明体,便是霸儒。既不明体,又不适用,便是异端。"又说:"道不虚谈,学贵实效";"立身要有德也,用世要有功业。"为了经世实用,李颙于政治、军事、律令、农田、水利、天文、地理无不广泛涉猎,并明确地把张载的"为天地立心,为生民立命,为往圣继绝学,为万世开太平"作为自己"立志""治学""做人"的崇高目标,指导自己的人生实践。"经世致用""开物成务"的实学精神,是关学八百余年来培育的优良学风,它不但在宋明理学中独具特色,也在整个中国的思想史、学术史上放射着光彩,是至今值得我们珍惜和学习的优良传统。

四、"崇尚节操"的人格追求

关学学者大都治学与做人并重,努力把真理追求和人格追求相统一。他们不但在学术研究上做出了杰出贡献,而且在砥砺节操、锻铸人格方面,为学人们树立了崇高的榜样。崇尚节操的精神也是由张载开风气之先的。张载的中年时代,正是王安石任宰相行新法之际,对王安石的新法,张载在政治上是基本赞同的。但由于张载是北方学者,在"南北异乡,用舍异道"的风气盛行之时,又不能不同"旧党"多有联系,而与"新党""语多不合"。加之其弟张戬(当时任监察御史)与王安石矛盾尖锐,使张载深感不安,觉得"时已失,志难成"。为了不卷入新旧党派之争,他毅然托病辞职,"谒告西归",隐于"人不堪其忧"的穷乡僻壤,以讲学著述为生,"处之益安",其高尚气节,为时人所称道。后来关学学者多能继此高风。明代吕柟、杨爵、冯从吾等人不但在学术上弘扬道德、重视节操、倡"仁心""善心"之说,立"正己""正心"之本,而且身体力行,躬身践履,养成了高尚的道德品质和超群拔俗的气节。他们少年笃学,刻苦攻读,孜孜不倦,进德修业,志在圣贤。或以"文必载道,行必顾言"为准则(吕柟),或以"做天下第一等人,为天下第一等事"为鸿志(杨爵),或以"个个人心有仲尼"为箴言(冯从吾)。入朝为官时,刚正不阿,忠肝义胆,不畏权贵,直言敢谏,"直声震下"。吕柟因先后上疏武宗、世宗"亲政""兴礼""勤学",几乎被权倾朝野的宦官刘瑾杀害,后被皇帝下狱、贬官;杨爵因上疏批评皇帝"任用非人,兴作未已,朝讲不亲,信用方术,阻抑言路"而被世宗两度入狱究治,在狱中数年,被毒打折磨得屡濒于死而素志不移,泰然自若,最终被削职为民;冯从吾任御史时,坚决与贪官污吏作斗争,冒死直谏指责神宗"朝政废驰",因此两度被罢官,多次受宦官诬陷,而不改忠贞之节。任职地方时,他们勤政廉洁,不收贿赂,拒收馈赠,兴利除弊,秉公执法。吕柟为解州判官时,"善政犁然";杨爵任河南监察御史时,反对朝廷横征暴敛;冯从吾在河南长芦负责监政时,严厉打击不法商贾及税吏。明代的关学学者大多走的是因"学著"而后为"官",又因不愿与黑暗势力同流合污而"辞官"为"学"的人生道路。吕柟曾两度辞官还乡;杨爵一次辞官,一次被罢官;冯从吾曾三次辞官,一次被罢官。这种从因"学"而"官"到辞"官"为"学"的曲折道路,也是他们崇高节操的突出表现。

明清之际的关学学者,在天崩地解、朝廷更迭的历史风浪中,也表现了可歌可泣的民族气节和坚贞卓绝的人格精神。李因笃深感亡国之痛,矢志反清复明。被诏举为官时,力辞不赴,以死抗拒,后被迫受命不到一月,即以母老无依为由上书37次,终被获准回家养母。李柏在改朝换代之后,隐居太白山中,躬耕田亩,攻读诗书,当朝廷由地方贡举他出仕时,断然拒绝。李颙在极端艰难的环境中,自奋自立,"超然于高明广大之域""自拔于流俗之上",安贫乐道,终生不仕,明亡之后,坚守民族气节,不肯臣事清廷,与顾炎武交往论学,共图复明大计。康熙朝时,李颙被举荐为"博学鸿儒",在官府的威逼利诱下,自称病笃,坚不就任,甚至以死相抗,绝食六日。此后,屏居土室,反锁家门,拒不外出。康熙至陕时又欲召见,李颙以病恳辞不赴。关学学者这种坚贞气节和高尚人格,受到当时士人和后代史家的高度赞颂。例如赞吕柟为"真铁汉""真祭酒""当代师表""家之孝子,乡之善人,国之忠臣,而天下之先觉天民也";誉杨爵为"直节精忠,有光斯道""万古清香雪里梅"①;称冯从吾为"关西夫子""直声震天下";颂李颙为"天之北斗,地之泰山""志操高洁"。《明儒学案》中说:关学学者"多以气节著,风土之厚,而又加之学问者也"。诚哉斯言!

五、"博取兼容"的治学态度

关学学者虽学有宗旨、业有专攻,但在治学态度和方式上,遍览博采,不守门户,善于吸取各家之长,能够掌握多门知识。个中原因,一是他们的代表人物大

---

① 转引自赵馥洁:《终南文化与关学精神》,《西安翻译学院学报》2009年特刊。

都走的是"坚苦力学,无师而成"的学术道路;二与他们"经世致用"的求实学风相关;三是关学在历史上没有如程朱理学那样被作为统治思想而受到封建王朝的大力扶植和着力推崇。张载作为理学的奠基人之一,曾被统治者封为"郿伯",从祀孔子庙庭,但他的学术思想特别是"以气为本"的本体论,并未受到封建统治者的赞赏。所以从总体上看,关学是宋明时期的一个民间学术派别。

  关学的博取兼容特征主要表现在两个方面:一是主张多方面探求知识,努力开拓广阔的学术领域。关学学者如张载、李复、韩邦奇、李颙、李因笃,不但提倡"博学""取众",而且本身就是天文学家、地理学家、数学家、医学家、律吕学家、文学家、诗人。他们善于学习和掌握当世自然知识和人文知识的最高成果,并将其渗透于哲学、经学之中以建立起知识广博的学术体系。张载明确提出"惟博学然后有可得""学愈博则义愈精微""见物多,穷理多,如此可尽物之性"(《经学理窟》),大力提倡"取益于众"。杨爵也指出"博学才能精通"。李因笃提倡博学强记,他本人深谙经学,精于音韵,擅长律诗,颇通天文、历法、治河、漕运、盐政、钱法诸术。李颙主张广泛学习,认为"咸经济所关,宜一一潜心"。二是能兼容各派学说,吸收不同学派的学术思想,在学派分野中,往往保持一种中和性格。张载"少孤自立,无所不学",苦心力索终于达到了"吾道自足,何事旁求"的程度,创立了别具特色的关学。张载之后,关学学者一方面保持其宗儒、崇礼、求实的关学传统;另一方面则出入于关学之外的其他学派。张载的亲炙弟子"三吕"和苏昞在张载去世后"及程门而进之",使关学有了洛学"涵泳义理"的特点,但在学术主旨上仍"守横渠学甚固",表现出兼容的态度。明代中叶关学中兴,涌现出一大批学人,高陵吕柟、三原马理、朝邑韩邦奇、富平杨爵、渭南薛敬之、长安冯从吾是其中铮铮者。他们多受其他学派特别是受朱熹、王阳明之学的影响,既守关学的学旨,又吸收各家之长。吕柟的"仁心说"、冯从吾的"善心说",显然有着王学"良知说"的烙印,但他们又以关学来调停朱、王,融通朱、王。明末清初的李颙,在理学自我批判的时代思潮中,对关学做了总结,其总结方式是按照"躬行礼教为本"的关学宗旨和"崇实贵用"的关学学风,将程朱陆王"融诸一途",提出了富有特色的"悔过自新说"和"明体适用说"。关学这种博取兼容的学术态度,虽然会使"学统"不纯、"学绪"不贯、"学路"曲折,却体现了兼容并包、不守门户、勇于吸收、善于融合的可贵精神。①

---

① 转引自赵馥洁:《论关学的基本精神》,《西北大学学报》(哲学社会科学版)2005年第6期。

第十二章　新时代下的关学传承

第一节　关学的现代诠释

张载一生多在陕西关中横渠镇讲学,学者称其为横渠先生,在他的周围形成了一个有独特思想旨趣和风格的地域性理学流派,史称关学。南宋朱熹首次将张载与周敦颐、邵雍、"二程"(程颢、程颐)等人的思想并列加以考察,著于《伊洛渊源录》之中。但"关学"提法的出现似要晚一些。"关学"之名,较早见于冯从吾于万历三十四年(1606)完成的《关学编》中,冯氏说:"我关中自古称理学之邦,文、武、周公不可尚已,有宋横渠张先生崛起眉邑,倡明斯学""而关中之学益大显于天下。"(《关学编自序》)冯氏乃"取诸君子行实,僭为纂次,题曰《关学编》"。冯氏称关学为"关中之学",并明确将此"学"纳入理学的范畴。此后,《宋元学案》使用了"关学"这一概念,说:"关学之盛,不下洛学。"(《吕范诸儒学案》)历史上常将张载创立的关学,与周敦颐之濂学、"二程"之洛学、朱熹之闽学等学派并列,称"濂洛关闽",如清代张伯行说:"宋兴而周子崛起南服,二程子倡道伊洛之间,张子笃志力行关中,学者与洛人并,迨至朱子讲学闽中,集诸儒之成,而其传益广,于是世之言学者,未有不溯统于濂、洛、关、闽而以邹鲁之道在是,即唐虞三代之道在是也。"(《濂洛关闽书原序》)由此观之,在朱熹之后不久,关学已被"世之言学者"视为宋代理学的四大流派之一。

对关学及关学史的研究在明代已经开始,冯从吾所撰《关学编》共述及关中理学家33人,此对关学史研究具有开先河的意义。晚清关中学者李元春、贺瑞麟又对该书进行了增订。清人王心敬依冯氏《关学编》的体例,撰写了《关学续编》。王心敬说:"关学有编创自前代冯少墟先生。"该编"实始宋之横渠,终明之秦关(王之士),皆关中产也"。王心敬乃"取自少墟至今,搜罗闻见,辑而编之",成《关学续编》。此二编之作用,如王心敬所言,"编关学者,编关中道统之脉络也。横渠特宋关学之始耳","横渠以后诸儒,乃龙门、华阴、砥柱之活瀚汪洋,泾、渭、丰、涝诸水之奔赴也"。由此,关学之"源流初终,条贯秩然"。清道光十年(1830),李元春编《关中道脉》一书,收集增订《关学编》,包括冯从吾《关学编》《张子释要》《关中三先生要语录》及《关中四先生要语录》四种书,该书是有重点地诠释关学文献的尝试。

清末至中华民国初期,中国内忧外患,时局动荡,关学研究虽处低谷,但仍未中断。中华民国初期的学者张骥亲访关学诸家门人,采集关学典籍,在前人研究基础上,编成《关学宗传》五十六卷,共收录宋元明清关中儒家学者240余人。张骥表白其《关学宗传》是"以理学为范围",所收诸儒又"仅以关中为限",即"以地系人,纵讲关中之学",明确了关学的"关中"地域性和理学特征。中华民国二十四年(1935),署名王瑞卿等人所撰的《陕西乡贤史略》也曾提及关中学者数人,但该书不是关于关学思想的系统研究,仅是从乡贤角度略作介绍而已。

20世纪中后期,随着整个中国学术事业的振兴,关学研究也出现了转机,并日趋兴盛,此一时期,学术问题逐渐展开,思想交锋激烈跌宕。在世纪之交,关学研究又有较大的推进,研究新论不断出现,理论热点此起彼伏。本章的评述仅限于20世纪的关学研究,并以大陆学者为主。

一、20世纪以来关学研究的状况及方法论思考

20世纪初期的关学研究,用"蜻蜓点水"来形容,看来并不过分。因为有关关学的专门性论著根本没有,所见者也只是粗略提及而已。20世纪30年代前后,钟泰著《中国哲学史》、冯友兰著《中国哲学史》、范寿康著《中国哲学史通论》、张岱年著《中国哲学大纲》等,多是在泛论宋代濂、洛、关、闽之学时对张载思想略加论述,对"关学"以及关学史则未加关注,少有提及。中华人民共和国建立前后,侯外庐主编的《中国思想通史》(第4卷,该卷撰写修订历时二十多年,于1959年由人民出版社出版)则首次对关学进行了较为系统的、有意义的论述。书中提及"北宋时期陕西地方的关学,以张载为核心,形成了一个重要的学派"(第545页),并详述其传人。20世纪的后五十年,相继出版了数部有关张载研究的著作,如张岱年的《张载——十一世纪中国唯物主义哲学家》(1956)、姜

国柱的《张载的哲学思想》(1982)和《张载关学》(2001)、陈俊民的《张载哲学及其关学学派》(1987)、程宜山的《张载哲学的系统分析》(1989)、龚杰的《张载评传》(1996)、丁为祥的《虚气相即——张载的哲学体系及其定位》(2000)等。这些论著大多对张载哲学进行了多角度的考察和研究,其中不少论著都将张载视为宋代"唯物论"的代表,其思想地位遂被凸显出来,关学也受到了前所未有的关注。更可喜的是,其中一些著作如侯外庐等著《中国思想通史》(第4卷上)、陈俊民的《张载哲学及其关学学派》、龚杰的《张载评传》、姜国柱的《张载关学》,已不限于张载学术思想本身,而涉及关学史研究的领域。

尤其值得一提的是,陈俊民对关学的系统研究做了许多开创性的工作,他所著《张载哲学及其关学学派》,不仅对张载哲学体系做了富有新义的阐释,且对关学学派的源流做了很有见地的疏理。龚杰的《张载评传》第一次设专章(第七章)系统地讨论关学,并涉及关学与洛学、关学与闽学、关学与反理学的关系等问题,许多见解发前人所未发。此外,这一时期不仅对宋代关学的研究有所推进,且对明清时期的关学研究也时有所获,如针对明末清初关学领军人物李颙的学术思想,已有数部研究著作面世。此外,发表有关张载以及包括李颙、冯从吾等关学史上重要学人的论文也在百篇以上,其中还有对学者并不关注的元代关学研究的论文出现。① 1991年和1999年,先后在张载故里眉县召开了两次有关张载及关学的全国性或国际性学术研讨会,并出版了《气化之道——张载哲学新论》《张载关学与实学》两部论文集,这两部集子可以反映20世纪90年代末张载哲学及关学研究的大致面貌。1996年,在李颙的故里陕西周至召开了李颙学术思想国际研讨会,会后出版了《李二曲学术思想研讨会论文集》。2000年还在西安召开了"关中三李"(李颙、李柏、李因笃)学术思想研讨会"。总之,关学研究出现了空前繁荣的局面。从方法论和特征上说,20世纪以来的关学研究大体经历了三个阶段:

第一阶段,即20世纪初至中叶,关学研究处于既受传统理学的束缚,但又力求走出理学窠臼的时期。其代表人物是包括冯友兰等人在内的现代新儒家的一些学者。他们一般承继南宋后诸儒的说法,将张载与周敦颐、"二程"、朱熹并称

---

① 请参见王晓清:《元代关学试探》,《孔子研究》1995年第1期;《元代关学探赜》,《内蒙古大学学报》1995年第4期。

为"濂洛关闽"四大流派,认同张载关学在宋代理学史上之地位。但也有某些变化,如 20 世纪三四十年代,冯友兰所著《中国哲学史》,称"在道学家中,确立气在道学中之地位者,为张横渠"(第 868 页),强调了张载的"气"学特点及其地位。冯友兰看到横渠之学与程朱有同有异,如说"'气质之性'之说,虽为以后道学家所采用","则在张横渠之系统中,颇难与其系统之别方面相融洽。但就横渠别一部分之言论观之,则横渠可维持其'气质之性'之说,而同时亦不至与其系统之别方面相冲突"(第 869 页)。值得注意的是,大约与冯氏同时的范寿康,在其所著《中国哲学史》中,已提到张载的"气一元论"和"天人合一"特征,如说"横渠以为宇宙的本体,乃是太虚一元之气"(第 342 页),并"认定吾人之体是宇宙的体,吾人之性就是宇宙的性"(第 344 页)。这些说法是张载"气本论"提法的先声。这些研究一面注意到张载关学的道德心性论特质,一面又注意到张载的"气"论思想,但没能把张载体系中论及的道德论与宇宙论进一步内在地加以贯通,可视为从传统理学方法向此后盛行数年的"对子模式"的过渡。

第二阶段,即中华人民共和国成立前后至 20 世纪六七十年代,学者们力图以恩格斯关于哲学基本问题的观点和方法为指导,去研究包括张载关学在内的中国哲学,却受到苏联日丹诺夫的哲学史定义和方法的极大影响,将张载哲学定位为"唯物主义气一元论",并将其与程朱的"理"本论、陆王的"心"本论对置起来。于是,围绕着张载是唯物论还是唯心论、一元论还是二元论等问题,展开了长达二十余年的争论。侯外庐等主张张载的哲学是"二元论",此后也有学者认同此说。张岱年等在中华人民共和国成立前后出版的关于张载的相关论著中,肯定了张载哲学的唯物论性质,并对其在唯物论发展史上的地位予以充分肯定。如他称赞"张载是宋代卓越的唯物论者,他对宋代唯物论的发展做出了巨大的贡献"(张岱年《中国哲学发微》),"张载的哲学体系是在与佛教唯心论进行斗争中建立起来的"(张岱年《张载——十一世纪中国唯物主义哲学家》)。这一观点在学术界产生了较大的影响。任继愈主编的《中国哲学史》(四卷本),基本坚持了同样的观点和方法。冯友兰于 20 世纪 80 年代末完成的《中国哲学史新编》,事实上也接受了这一方法,如说"道学也有唯心主义和唯物主义的斗争","气学是道学中唯物主义的派别"。这些研究,也使承继并发挥其"气"论的王廷相、王夫之等人在"中国古代唯物主义"思想史上的地位得以确立。不能否认,这些研究确实曾廓清了哲学史上一些历史迷雾,但也应该看到,受这种方法的影响,一些学者脱离张载关学旨在解决"性与天道合一"和"知礼成性""变化气质"的主题,而主讲其"气本论",逐渐离开或淡化了张载关于道德性命的宗旨、知礼成性的取向和天人合一的特征,虽说从一定意义上突破了传统的理学思维,然却走上了一条逐渐远离其思想本质的研究路向。如有的学者把张载与"二程"等人在学术上简单地对立起来,说成是"唯物论与唯心论的斗争",从而把关学与洛学之间既关联又矛盾的复杂关系简单化。顺便一提的是,此时在中国港台地区的一些新儒家学者,走的则是将传统理学与西学结合的路子,如牟宗三将康德哲学与张载的道德心性论结合起来加以研究,则与当时学者的普遍研究方法和理路很不相同。

第三阶段,进入20世纪80年代后的二十余年间,随着政治上的拨乱反正,"实事求是""一切从实际出发"的思想路线得以贯彻,反映在中国学术思想界,就是有学者主张真实地把握中国哲学的本质特征和规律,避免简单地以唯物主义与唯心主义"两军对垒"的思维模式解读中国哲学,避免以西方哲学的思维模式和概念套解中国哲学。如有的学者主张采用多序列、多层次认识的"螺旋式"结构,并将其运用于张载关学的研究中,如陈俊民《论中国哲学史的逻辑体系问题》。但是这一方法是否合理,还需要进一步研究,目前已有学者对此提出质疑,认为"实际上中国哲学中并没有合乎这种逻辑的发展和进步关系"(王中江《中国哲学的"原创性"叙事何以可能》)。近年出版的一些论著,已注意到从张载的道德心性论特质、天人合一特征、知礼成性的价值取向、经世致用的实学倾向等方面重新认识张载及其关学。但此一动向不是简单地向传统理学的回归,而是一种富于时代精神的超越。

与上述三个阶段的说法相近,葛荣晋按照20世纪关学研究的特点,也将其分为三个阶段,即:"将关学定位为理学的时期";将关学定位为"唯物主义气一元论"的时期;将关学定位为"实学"的时期。他认为,就宋明思想而言,"除了程朱理学与陆王心学外,还必须把张载、王夫之、戴震等人的以气本论为基础的'实学'作为一个独立的哲学形态来考察"(葛荣晋《试论张载关学与实学》)。前两个阶段的划分是有道理的,但将第三阶段定位为"实学时期"则值得商榷,因为从实学角度研究张载及其关学,只是近些年来学者们所探寻的多种方法、多种倾向中的一种,它尚不能成为关学研究一般意义上的阶段性特征的概括。

总之,关学研究不可能重蹈"两军对垒"的覆辙,同时也要突破传统的理学思维,它将随着整个中国哲学研究方法的科学化而有所创新,这将是现代学者要解决的难题之一。①

二、近十年关学研究新动态

近十年在学界的不懈努力与持续研究下,关学研究取得了丰硕成果,其中以文献整理与思想研究尤为突出。本小节拟对近十年关学研究形成的重要成果进行简述,明晰关学研究的新动态。

在文献整理方面,近十年的关学文献整理取得了长足的发展。其中具有代表性的成果有刘学智、方光华总主编的大型关学文献整理项目《关学文库》(西北大学出版社,2015年)、陈俊民校编《关学经典集成》(三秦出版社,2020年)和林乐昌主编《张载文献整理与关学研究丛书》(中华书局,2021年)。这三部大型关学文献整理丛书的问世,极大地丰富了关学的经典世界。以下就其各自特点与内容进行分别简述。

《关学文库》是我国第一部对关学史上重要文献进行系统整理与研究的大型丛书,由刘学智、方光华任总主编,是"十二五"国家重点图书出版规划项目、国家出版基金资助项目和陕西省出版资金资助项目,由陕西省人民政府参事室(陕西省文史研究馆)和西北大学出版社组织编撰,包括文献整理和学术研究两大系列,共40种47册,2300余万字,是由陕西师范大学、西北大学、中国人民大学、华东师范大学、郑州大学、河北大学、山西大学等十余所院校及科研单位的32位专家学者历时八载,协力攻关,广泛搜求,潜心研究而完成的重大学术成果。《关学文库·文献整理系列》涉及学人从宋代的张载到清末民初的牛兆濂共29位,编订文集从《张子全书》到《关学史文献汇校》共26种33册。纵向而言,文库所收文献囊括了关学历代的标志性著作,从中可以窥见关学历史链条上的各个节点;横向而言,文库所收文献,实际上构成了关学的坐标层次体系。例如明代中期关学的标志性人物吕柟,是关学转折时期的重要代表,文库此次全面整理其著作,既借鉴吸收了中华书局版《泾野子内篇》,又对其关于经学论述和诠释的相关散文和书信进行了分类,分别以《泾野经学文集》和《泾野先生文集》

---

① 转引自刘学智:《关学及二十世纪大陆关学研究的辨析与前瞻》,《中国哲学史》2005年第4期。

刊出,从中不仅可以详细了解吕柟的学术轨迹,亦可以点带面地把握明代中期关学的发展脉络。《关学文库》对一些学人的文集整理,属于第一次全面、系统的工作,包括宋代李复,明代南大吉、杨爵、韩邦奇、薛敬之、张舜典,清代李因笃、刘光蕡等人的著述。如李似珍点校整理的《南大吉集》,文献主要来源为重庆市图书馆所藏明嘉靖《瑞泉南伯子集》残本,存目的 84 首诗作则辑自西北大学图书馆所藏明崇祯贾鸿洙选编之《周雅续》,其抢救性意义重大。①

《关学经典集成》由陈俊民编校,该丛书选取宋元明清八百余年间关学自创立、发展到终结过程中,继承赓续关学思想、引领关学变轨转型的 10 余位代表人物的关学经典文献校点整理而成。共辑录整理了宋代横渠张载,蓝田吕大钧、吕大临,明代高陵吕柟、朝邑韩邦奇、长安冯从吾,清代周至李颙所撰经典 18 种,按时序和思想传承编次,共分 9 卷 12 册。仅就关学文献的辑录和整理来说,《关学经典集成》辑录文献较为全面。如《张载卷》,在中华书局《理学丛书》本、北京大学出版社《儒藏》精华本的基础上,特别补入了"横渠三说"——《论语说》《孟子说》《礼记说》和《文集辑存》,《文集辑存》共收录文 20 篇、诗 78 首,形成了迄今辑录最全的《张载全集》。《正蒙诠释卷》中的《朱熹正蒙释论》是首次出版面世。《吕柟卷》收录的《泾野先生文集》,采用台北"中央"图书馆所藏嘉靖本为底本,校以明万历二十年(1592)李桢刻本和清道光年间富平杨浚续刻本,并从两校本中吸收了底本中没有的 70 余篇佚文,作为《文集补》补入,形成了迄今为止辑录最全的《泾野先生文集》。

《张载文献整理与关学研究丛书》是林乐昌主持的国家哲学社会科学基金重大招标项目"张载学术文献集成与理学研究"成果之一。就文献整理方面而言,是张载著作《正蒙》宋明清注本的点校本、张载佚著《礼记说》的辑注本和张载著作《横渠易说》的校注本,合计十一部书稿,把其中篇幅较小的几部点校本书稿加以组合之后,作为七部书稿出版。已出版有:张载撰,魏涛辑注《横渠礼记说辑注》;张载撰、刘泉校注《横渠易说校注》;朱熹撰,张金兰辑录《正蒙朱熹解说汇录》;熊节、熊刚大撰,张金兰点校《性理群书句解正蒙》;刘玑撰,邱忠堂点校《正蒙会稿》;刘儓撰,邱利平点校《新刊正蒙注解》;高攀龙、徐必达撰,邱忠

---

① 转引自郑珂:《关学文化源流的丰富文本呈现——评〈关学文库〉的学术贡献》,《西北大学学报》(哲学社会科学版)2017 年第 2 期。

堂点校《正蒙释》;华希闵撰,张瑞元点校《正蒙辑释》;王植撰,邸利平点校《正蒙初义》;李光地撰,张瑞元点校《注解正蒙》;张棠、周芳撰,张瑞元点校《正蒙注》。可以看出,此套丛书更加关注历史上关于《正蒙》研究的文献资料,由此形成张载关学研究历代文献史,对于深化关学研究有重要意义。

随着关学经典文献的整理,关学思想研究也相应产生了丰硕的成果。关学思想研究成果的形成主要围绕三个方面展开:其一,关学的思想史研究。关学作为有历史传承的独立学派,其思想史的研究不仅涉及关学概念、内涵等基本问题,还涉及关学传衍与影响等重要内容。因此,这一方向始终是研究者关注的焦点。刘学智《关学思想史》系统而全面地对关学思想历史进行了深入的研究,关注关学思想从张载开宗延续至清末民初的八百余年,再现张载关学的传衍与发展脉络。林乐昌《关学源流》对关学始源等基本问题进行了深入探讨,除此之外,林乐昌主持的国家社会科学基金重大项目"宋明关学思想通论"(七卷本),对此问题还在持续关注与深化。

其二,关学与其他学派的学术交流研究。关学作为"濂洛关闽"四大理学学派之一,与其他学派多有交流。近年来,学界不断从学术交往史的角度勾勒关学学派的基本特点,拓展关学的学术影响。代表成果有许宁《朱熹对张载理学命题的再诠释》(《中国哲学史》2020年第6期)、常新《明代中期关中士人与阳明学的学术分歧》(《孔学堂》2020年第2期)、米文科《明代关学与朱子学之关系》(《中国哲学史》2017年第4期)、张金兰《张载与"二程"的学术交往》(中华书局,2021年)。除此之外,许宁主持有"关中王学研究"课题;常新主持有"阳明心学与关学融合汇通问题研究"课题;李敬峰主持有"关中朱子学研究"课题;等等。

其三,关学重要人物的个案研究。关学人物思想的个案研究近十年呈现出两个特点:第一,重要人物的研究不断深入。如对张载、吕大临、冯从吾、李颙等人的研究,代表成果有郑宗义《张载气学研究的三种路径》(《学术月刊》2021年第5期)、吴震《张载道学纲领》(《哲学研究》2020年第12期)、朱汉民《张载究天人之际的太虚论》(《人文杂志》2020年第11期)、丁为祥《张载对"形而上"的辨析及其天道本体的确立》(《哲学研究》2020年第8期)、杨立华《隐显与有无:再论张载哲学中的虚气问题》(《中国哲学史》2020年第4期)、林乐昌《张载心学论纲》(《哲学研究》2020年第6期)、曹树明《吕大临的〈大学〉诠释》——兼论其与张载、"二程"的关系》(《哲学动态》2018 年第 7 期)、邸利平《道由中出——吕大临的道学阐释》(中华书局，2020 年)、李敬峰《关学的心性化转向——以冯从吾的〈孟子〉诠释为中心》(《江淮论坛》2016 年第 5 期)等。第二，关学"冷门"人物的思想逐渐受到关注。代表成果有刘学智《张骥〈关学宗传〉的学术史意义》(《湖南大学学报》2017 年第 4 期)、林乐昌《论杨屾的儒学体系及关学史地位》(《中国哲学史》2020 年第 6 期))、许宁《马理实学思想发微》(《陕西师范大学学报》2016 年第 4 期)、李敬峰《吕柟对阳明心学的辩难及其思想史意义》(《中国哲学史》2020 年第 6 期)、李敬峰《刘古愚对〈大学〉的诠释及其思想史意义》(《人文杂志》2019 年第 12 期)、魏冬《关学近代重构的主体之维——基于党晴梵〈关学学案〉等文本的观念解读》(《天津社会科学》2020 年第 3 期)、王美凤《关学清麓一系在晚清民国的学术走向与特点——以孙迺琨、牛兆濂为中心》(《中国哲学史》2019 年第 6 期)等。第三，关学的经学、"四书"学研究。随着近年来学界对经典世界的关注，人们越来越重视理学中的经学与"四书"学，关学研究领域也相应形成了一批代表性的成果，如朱汉民《张载的义理经学及其关学学统》(《北京大学学报》2020 年第 3 期)、刘学智《吕柟的经学思想及其关学精神》(《唐都学刊》2016 年第 5 期)、陈战峰《李柏的〈诗经〉观与拟删诗》(《中国文化研究》2010 年第 3 期)。在"四书"学方面，李敬峰研究成果丰硕，代表性成果有《晚明阳明心学视域下的"四书"诠释——以冯从吾"四书"学为中心》(《陕西师范大学学报》2020 年第 1 期)、《清初尊朱黜王思潮中的〈孟子〉诠释——以李二曲〈孟子反身录〉为中心》(《现代哲学》2019 年第 4 期)、《明代朱子学的羽翼、修正与转向——以吕柟〈四书因问〉为中心》(《中国哲学史》2019 年第 3 期)。

总之，近十年的关学研究已经成为学术界关注的热点。关学经典的整理与出版为关学思想研究提供了坚实基础，而关学思想研究的深化也极大地凸显出地域性文化自身所蕴含的普遍性。所以，在近十年研究成果基础上，未来关学研究在文献整理与思想研究上一定会更加系统化、全面化和深入化。

第二节　关学文化资源的保护与传承

一个国家的强盛,离不开精神的支撑;一个民族的进步,有赖于文明的发展。习近平总书记赴陕西考察时强调,要弘扬中华优秀传统文化、革命文化、社会主义先进文化,培育社会主义核心价值观。人民有信仰,国家有力量,民族有希望。文化自信是更基础、更广泛、更深厚的自信。正如习近平总书记所说,中华民族历史上经历过很多磨难,但从来没有被压垮过,而是越挫越勇,在磨难中不断成长、从磨难中奋起。我们要从中华民族优秀传统文化中汲取力量与信心,不惧风雨、勇往直前,奋力谱写新时代追赶超越新篇章。

张载是北宋理学的奠基者和关学宗师,他的思想文化遗产相当丰富,包括"天人合一""民胞物与""尊礼贵德",尤其是"为天地立心,为生民立命,为往圣继绝学,为万世开太平"的名句,是中华民族永久的精神指引。作为开宗立派的大师,张载的思想产生于关中地域,其影响却是跨地域甚至跨国界的。张载逝世后的数百年间,关学仍不断焕发思想活力,紧随时代脉搏,创新发展。在中华优秀传统文化的当代传承发展体系中,关学具有重要意义。文化资源是人类社会中文化传统和精神成果的载体与凝结,具有民族性、地域性和时代性等特点。关学文化资源是陕西丰富历史文化资源的重要组成部分,这种地缘特征也决定了它的唯一性,是陕西独有的历史文化资源,显示出陕西突出的文化价值优势。

一、文以载道、文以化人

首先,关学是陕西文化的重要内容。从五千多年的中华文明史看,陕西不仅有大气磅礴、雄浑壮美的周秦汉唐,演绎了中华文明辉煌的上半场,而且在宋元明清时期也有推陈出新,出现了关学这样奠定古代社会后期主要意识形态的思想理论,赓续了中华文明精彩的下半场。张载是关学宗师、北宋"五子"之一,其创立的"关学"与周敦颐的濂学、二程的洛学和朱熹的闽学并称于世,是儒家思想的重要流派,在世界文明史上也有深远影响。关学文化薪火相传,形成了关中士人厚重质直、践履笃实、尚气节而重廉耻的特点。王阳明评价道:"关中自古多豪杰,其忠信沉毅之质,明达英伟之器,四方之士,吾见亦多矣,未有如关中之盛者也。"对关学文化资源的发掘整理,有利于改变陕西文化资源保护传承重前轻后的不平衡状态。

其次,关学精神是陕西精神的有机组成部分。2012 年,陕西省遴选出能够体现和诠释陕西精神的古今 149 位代表人物。其中,关学学者有张载、吕大防、同恕、王恕、吕柟、冯从吾、王徵、杨屾、刘光蕡、宋伯鲁 10 位,另外如于右任、张季鸾等深受关学思想影响的人物也为数不少。赵馥洁先生将张载关学的精神概括为"立心立命"的使命意识、"勇于造道"的创新精神、"崇礼贵德"的道德理想、"经世致用"的求实作风、"崇高节操"的人格追求、"博取兼容"的治学态度。这与"爱国守信、勤劳质朴、宽厚包容、尚德重礼、务实进取"的陕西精神在本质上是一致的。历经八百余年的传承,关学精神已经内化为陕西人的文化基因,渗透到陕西人的思维方式、为人处世方式和价值理念中,发挥着文以载道、文以化人的重要作用。

二、资源保护和文化传承相结合

关学文化资源主要包括四种类型:一是古籍类资源,以传统纸质文献为载体,包括关学学者的著述、书信、诗词、族谱、方志等,目前多散见于省、市图书馆及高校图书馆。二是遗址类资源,其特点是不可移动、富有历史文化内涵,例如关学学者的故居、书院、祠堂、牌坊和墓葬等。三是实物类资源,如雕版、碑刻、墓志、雕塑等,资源相对丰富但也较为分散。四是非物质文化类资源,其特点是与主体生命相关的活态文化,体现为与群众生活密切相关、世代相承的非物质文化样态,如北宋《蓝田吕氏乡约》贯彻了张载关学"以礼为教"的理念,其"乡约乡仪"具有重要传承价值。

关学文化资源的保护与传承有其特殊性,关键在于正确处理资源保护和文化传承的关系,即资源保护是前提和关键,文化传承不能以破坏资源为代价。同时,对待文化资源不能抱残守缺、墨守成规,不能为了保护而保护,而应该"在保护中传承,在传承中发展",让收藏在博物馆里的文物、陈列在广阔大地上的遗产、书写在古籍里的文字都活起来。讲好"横渠故事",弘扬关学文化。将博大厚重的关学思想文化与当代陕西人的生活世界和精神世界紧密结合起来,践行和弘扬社会主义核心价值观,实现关学思想的创造性转化和创新性发展。

三、利用现代手段予以保护和传承

首先，统筹推进"关学文献数据库"和"关学文化博物馆"建设。目前，关学文献主要以纸质形态保存。由于纸质文物的材料属性和环境因素等原因，保护现状并不令人乐观。要结合关学古籍资源的珍稀程度、文献价值、实际保存状况等，推动关学文献的数字化，建设"关学文献数据库"。其中，既包括关学文献典籍的数字化，实现可查阅、可检索、可复制，又包括海内外相关研究文献的搜集和收录。另外，要征集具有重要历史价值的相关文物，建设"关学文化博物馆"，深入整理、保护、展示关学文化遗存。让关学思想文化通过藏品陈列、场景复原、VR 技术等获得呈现，讲清楚关学的发展脉络、价值理念和人文精神。

其次，以关学特色乡镇为抓手，促进乡村振兴。要找准特色定位，沉淀乡镇独特的精神标识和文化基因，重点建设三个彰显关学人文底蕴的特色乡镇：一是陕西眉县横渠镇，该地是关学宗师张载居住讲学之所，现有张载祠、张载墓等关学文化遗存。二是陕西周至县二曲街道，此地是清代关学大师李颙居住讲学之所，有李颙墓等关学文化遗存。三是陕西蓝田县小寨镇。蓝田是吕大忠、吕大防、吕大钧和吕大临等吕氏兄弟的故里。吕大钧等所编写的古代第一部乡约——《吕氏乡约》，倡议"德业相劝""过失相规""礼俗相交""患难相恤"，对关中风俗移易起到了实际功效。如今编订的《蓝田新乡约》，更以社会主义核心价值观为指引。这些特色乡镇建设应当聚焦关学文化教育传承，将关学文化资源保护与特色小镇建设结合起来，与乡村振兴战略结合起来。

再次，打造关学主题书院，建设社区文化。书院是独具地方特色的儒学教育机构。宋代新儒学思潮兴起，讲学风气大兴。张载晚年归隐乡里，秉持"为往圣继绝学"的使命感，创办书院，使关中士风为之一变。宋元明清时期，陕西出现了一大批传统书院，不少书院保存至今。作为文化道场的书院不应停留于静态保护，而应侧重"活的传承"，成为新时代推动文化建设的有效载体。建议重点打造四个渊源有自的关学主题书院：一是西安市关中书院，由明代冯从吾创办，李颙、牛兆濂等在此讲学。该书院为明清两代陕西最高学府，讲学活动绵延三百余年，基本格局保存完好。二是三原县宏道书院，由明代王承裕创办，培养出吕柟、马理等人才，古建规制完整。三是眉县横渠书院，位于眉县横渠镇张载祠内，其乃关学创宗立派之始。四是泾阳县味经书院，曾由刘光蕡任山长，沟通中西文化,以匡时救世为务。建设和依托关学主题书院,可以有效推动社区文化建设。

最后,策划关学文旅项目,促进国际人文交流。陕西在"一带一路"上位于丝绸之路的东方起点,成为东西双向开放的重要承接地。要精心设计陕西地脉、史脉与文脉相贯通的主题,以人文性、休闲化、多样化、个性化为需求导向。在保护和彰显关学思想文化的同时,增强文化产品的吸引力、辐射力和精神魅力。针对学校和企事业单位,策划和设计关学专题研学研修线路,开展"横渠之旅"等体验式研学项目。同时,引导国内外游客在山水自然的行走中感悟和认知中华文化,打造国家级研学旅游目的地,促进"一带一路"国际人文交流。这不仅有助于我们更好地汲取关学思想智慧、传承中华文明,更有利于我们增强文化自信,推动不同文明交流互鉴。①

---

① 转引自许宁:《保护传承关学文化资源》,《中国社会科学报》2020 年 8 月 13 日第 7 版。

附　录

一、关学源流概略图[①]

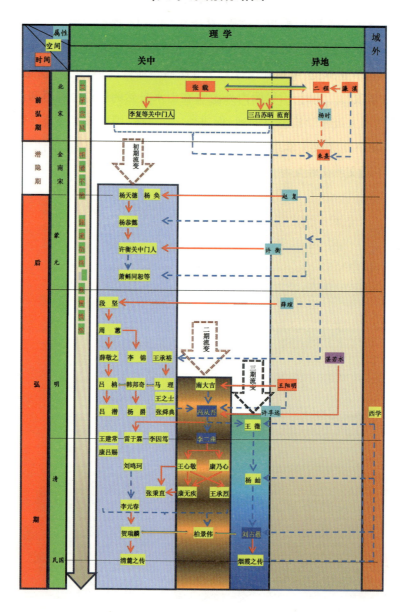

[①] 《关学源流概略图》与《读图小识》均转引自魏冬《新订关学编》，西北大学出版社，2020年，第367—368页。

二、读图小识

关学源流关系复杂,常人多不明就里。本图立足关学之时间、空间及属性三重维度,以历史顺序为经,关学流变为体,辅以关学与异地、域外之学术交往,略示关学源流之梗概与始终。为便学者使用,兹略述图中基本标识意义如下:

一、额上两栏为经,恒定不变,以表示理学之属性及关中与异地之分割。关中加理学,即关中理学,关学也。异地加理学,异地之理学也,程朱陆王是也。惟西学不属理学,故于右侧单开一列昭示。(关学之常,由此可见。)

二、左侧两列为纬,随时而迁,表示关学流变之基本分期及朝代更迭之关系。关学自北宋而下以至金末,潜隐百年。故以此百年潜隐期为界,仿照西藏佛教流传之例,略分为前弘、后弘两期。紧侧一列,为朝代更迭之序,更以黑色单虚线化界,庶几两相对照,不至淆然。(关学之变,于此了然。)

三、表中右侧三列,以关学流变为主,异地理学之相关者为辅,并及域外西学一列。关学一列,分别用框栏列出四部,即前弘期关学之根本张子学派,及后弘期关学流变中所呈现之朱子学、阳明学、西学体貌者也。每部略举关学干城,胪列其中。外部则以双虚线勾栏箭头,略示三期流变。异地一列,以时期列入与关学相关之理学流派代表,凡横跨关中、异地两列者,皆有入关授学之实。(关学之大体,略在于此。)

四、表中所列人物,凡学术关系有明确师承者,以深红色实线箭头标示;未有明确师承但有学问渊源者,以深蓝色虚线标示。有交往而各成派系者,如张载与二程、三原与河东,则以双色双向箭头标示。(关学承传,有依师承而受业自得者,有无师承而读书自求者,有相尚以友而互成者。)

五、关学面貌虽与时代潮流更迁,然其基本精神则恒定不变,此关学之所以为关学之根本也,故以竖向灰色箭头标示,自张子而下民国,其宗风承继不绝也。(关学之精神,尽在于此。)

参考文献

一、古籍类

[1](宋)张载著,章锡琛点校.张载集[M].北京:中华书局,1978.

[2](宋)张载著,林乐昌编校.张子全书[M].西安:西北大学出版社,2015.

[3](宋)程颢、程颐著,王孝鱼点校.二程集[M].北京:中华书局,1981.

[4](宋)吕大临著,曹树明点校.蓝田吕氏集(上下)[M].西安:西北大学出版社,2015.

[5](宋)朱熹撰.四书章句集注[M].北京:中华书局,1983.

[6](元)脱脱等撰.宋史[M].北京:中华书局,1977.

[7](明)冯从吾著,陈俊民、徐兴海点校.关学编[M].北京:中华书局,1987.

[8](明)冯从吾著,刘学智、孙学功点校.冯从吾集[M].西安:西北大学出版社,2015.

[9](明)吕柟著,赵瑞民点校.吕柟集·泾野子内篇[M].西安:西北大学出版社,2015.

[10](明)吕柟著,米文科点校.泾野先生文集(上下)[M].西安:西北大学出版社,2015.

[11](明)马理著,许宁、朱晓红点校.马理集[M].西安:西北大学出版社,2015.

[12](明)薛敬之、张舜典著,韩星点校.薛敬之张舜典集[M].西安:西北大学出版社,2015.

[13](明)韩邦奇著,魏冬点校.韩邦奇集(上中下)[M].西安:西北大学出版社,2015.

[14](明)南大吉著,李似珍点校.南大吉集[M].西安:西北大学出版社,2015.

[15](清)李颙著,张波编校.李颙集[M].西安:西北大学出版社,2015.

[16](清)王弘撰著,孙学功点校.王弘集[M].西安:西北大学出版社,2015.

[17](清)张廷玉等撰.明史[M].北京:中华书局,1997.

[18](清)王心敬著,刘宗镐、苏鹏点校.王心敬集(上下)[M].西安:西北大学出版社,2015.

[19](清)贺瑞麟,王长坤、刘峰点校.贺瑞麟集[M].西安:西北大学出版社,2015.

[20](清)刘光蕡著,武占江点校.刘光蕡集[M].西安:西北大学出版社,2015.

[21](清)牛兆濂著,王美凤、高华夏、牛锐点校.牛兆濂集[M].西安:西北大学出版社,2015.

二、著作类

[1]陈俊民.张载哲学思想及其关学学派[M].北京:人民出版社,1986.

[2]葛荣晋、赵馥洁、赵吉惠编.张载关学与实学[M].北京:地图出版社,2000.

[3]丁为祥.虚气相即——张载哲学体系及其定位[M].北京:人民出版社,2000.

[4]葛兆光.中国思想史[M].上海:复旦大学出版社,2001.

[5]陈俊民.三教融合与中西会通:中国哲学及其方法论探微[M].西安:陕西师范大学出版社,2002.

[6]吴震.明代知识界讲学活动系年:1522—1602[M].上海:学林出版社,2003.

[7]陈时龙.明代中晚期讲学运动(1522—1626)[M].上海:复旦大学出版社,2007.

[8]杨立华.气本与神化——张载哲学述论[M].北京:北京大学出版社,2008.

[9]文碧方.关洛之间——以吕大临思想为中心[M].北京:中华书局,2011.

[10]林乐昌.正蒙合校集释(上下)[M].北京:中华书局,2012.

[11]刘学智.关学思想史[M].西安:西北大学出版社,2015.

[12]赵馥洁.关学精神论[M].西安:西北大学出版社,2015.

[13]方光华、曹振明.张载思想研究[M].西安:西北大学出版社,2015.

[14]陈海红.吕大临评传[M].西安:西北大学出版社,2015.

[15]米文科.吕柟评传[M].西安:西北大学出版社,2015.

[16]魏冬.韩邦奇评传[M].西安:西北大学出版社,2015.

[17]何睿洁.冯从吾评传[M].西安:西北大学出版社,2015.

[18]张波.李颙评传[M].西安:西北大学出版社,2015.

[19]林乐昌.张载理学与文献探研[M].北京:人民出版社,2016.

[20]许宁.关学·儒学·国学[M].北京:中国社会科学出版社,2016.

[21]张波、米文科.关学研究探微[M].北京:中国社会科学出版社,2017.

[22]陈植锷.北宋文化史论[M].北京:中华书局,2019.

[23]张岂之.经学、理学与关学[M].西安:西北大学出版社,2020.

[24]魏冬.张载及其关学[M].西安:西北大学出版社,2020.

[25]王美凤整理编校.关学史文献辑校[M].西安:西北大学出版社,2015.

三、学位论文

[1]孙学功.冯从吾理学思想研究[D].西安:西北大学(博士),2005.

[2]房秀丽.李二曲思想研究[D].济南:山东大学(博士),2006.

[3]常裕.河东学派考论——兼论明初理学的转向[D].天津:南开大学(博士),2006.

[4]王帆.张载哲学体系[D].济南:山东大学(博士),2007.

[5]肖发荣.论朱熹对张载思想的继承和发展——以朱熹对《正蒙》的诠释为中心[D].西安:陕西师范大学(博士),2007.

[6]孔慧红.吕柟仁学研究[D].西安:陕西师范大学(博士),2009.

[7]王英.气与感——张载哲学研究[D].上海:复旦大学(博士),2010.

[8]张金兰.关洛学派关系研究[D].西安:陕西师范大学(博士),2010.

[9]董艺.张载易学思想研究[D].济南:山东大学(博士),2010.

[10]李如冰.宋代蓝田四吕及其著述研究[D].兰州:西北师范大学(博士),2010.

[11]米文科.王船山《张子正蒙注》哲学思想研究[D].西安:陕西师范大学(博士),2011.

[12]刑春丽.明中期关中四家易学研究[D].福州:福建师范大学(博士),2011.

[13]刘泉.张载《横渠易说》研究[D].西安:陕西师范大学(博士),2016.

[14]苗彦恺.贺瑞麟思想研究[D].西安:西北大学(博士),2017.

[15]肖平.吕柟哲学思想研究——以工夫论为中心[D].武汉:武汉大学(硕士),2006.

[16]刘永娟.张载工夫论研究[D].济南:山东大学(硕士),2013.

[17]郭峰.张载虚气关系思想研究[D].兰州:兰州大学(硕士),2013.

[18]高华夏.马理理学思想研究[D].西安:陕西师范大学(硕士),2013.

[19]李山峰.张载佛教观思想研究[D].西安:陕西师范大学(硕士),2014.

[20]张靖杰.张载"知"论研究[D].上海:华东师范大学(硕士),2015.

四、期刊论文

[1]李存山."先识造化"与"先识仁"——从关学与洛学的异同看中国传统哲学的特质及其转型[J].人文杂志,1989(5).

[2]刘学智.冯从吾与关学学风[J].中国哲学史,2002(3).

[3]孙萌.从"悔过自新"到"明体适用"——李二曲思想脉络的逻辑梳理[J].陕西师范大学学报(哲学社会科学版),2004(4).

[4]刘学智.关学及二十世纪大陆关学研究的辨析与前瞻[J].中国哲学史,2005(4).

[5]赵馥洁.论关学的基本精神[J].西北大学学报(哲学社会科学版),2005(6).

[6]文碧方.理心之间——关于吕大临思想的定位问题[J].人文杂志,2005(7).

[7]房秀丽.李二曲悔过自新说之诠解[J].山东大学学报(哲学社会科学

版),2006(2).

[8]林乐昌.张载礼学论纲[J].哲学研究,2007(12).

[9]林乐昌.张载两层结构的宇宙论哲学探微[J].中国哲学史,2008(4).

[10]丁为祥.宋明理学对自然秩序与道德价值的思考——以张载为中心[J].文史哲,2009(2).

[11]李存山."先识造化":张载的气本论哲学[J].中国哲学史,2009(2).

[12]刘学智.南大吉与王阳明——兼谈阳明心学对关学的影响[J].中国哲学史,2010(3).

[13]刘学智.张载"为天地立心"释义[J].西北大学学报(哲学社会科学版),2009(3).

[14]丁为祥.从"以经解经"到"以意逆志"——张载经典诠释的原则及其意义[J].复旦学报(社会科学版),2010(6).

[15]刘莹.冯从吾与明代关中理学[J].西安电子科技大学学报(社会科学版),2012(5).

[16]林乐昌.论"关学"概念的结构特征与方法意义[J].中国哲学史,2013(1).

[17]林乐昌.论张载对道家思想资源的借鉴与融通——以天道论为中心[J].哲学研究,2013(2).

[18]刘学智.关学源流特征与《关学文库》的编纂[J].孔子研究,2014(5).

[19]常新.李二曲"心体"论诸说——从对朱子理学与阳明心学的融摄说起[J].中国哲学史,2015(3).

[20]刘学智."关学洛学化"辨析[J].中国哲学史,2016(3).

[21]许宁.马理实学思想发微[J].陕西师范大学学报(哲学社会科学版),2016(4).

[22]杨国荣.关学的哲学意蕴——基于张载思想的考察[J].华东师范大学学报(哲学社会科学版),2017(1).

[23]林乐昌.张载性命论的新架构及其学术价值[J].陕西师范大学学报(哲学社会科学版),2017(2).

[24]贺红霞.王心敬"明亲止善"之学研究[J].地方文化研究,2017(3).

[25]米文科.论明代关学与朱子学之关系[J].中国哲学史,2017(4).

[26]刘学智.理学视域下的《吕氏乡约》[J].陕西师范大学学报(哲学社会科学版),2018(3).

[27]陈赟.张载哲学的本体论结构与归宿[J].江西社会科学,2018(4).

[28]常新.明末清初关学的学术面向[J].孔子研究,2018(6).

[29]曹树明.吕大临的《大学》诠释——兼论其与张载、二程思想的关联[J].哲学动态,2018(7).

[30]刘宗镐.论关学的心学化及其价值[J].人文杂志,2018(12).

[31]许宁.《西铭》现代诠释的三个面向[J].孔子研究,2019(1).

[32]刘莹、米文科.明代关学的形成与发展[J].甘肃社会科学,2019(1).

[33]李敬峰.清初尊朱黜王思潮中的《孟子》诠释——以李二曲《孟子反身录》为中心[J].现代哲学,2019(4).

[34]李云.论明代关学的基本特征[J].西北大学学报(哲学社会科学版),2019(6).

[35]王美凤.关学清麓一系在晚清民国的学术走向与特点——以孙迺琨、牛兆濂为中心[J].中国哲学史,2019(6).

[36]王美凤.论晚清关学的多元走向——以柏景伟的学术思想为中心[J].西北大学学报(哲学社会科学版),2019(6).

[37]魏冬.关学学人谱系文献中的"关学"观念及其意义指向——以《关学编》为中心的探讨[J].中国哲学史,2019(6).

[38]李敬峰.刘古愚对《大学》的诠释及其思想史意义[J].人文杂志,2019(12).

[39]丁为祥.张载"天人合一"思想的特殊进路及意义[J].河北学刊,2020(3).

[40]朱汉民.张载的义理经学及其关学学统[J].北京大学学报(哲学社会科学版),2020(3).

[41]常新.关学的原型、流变及其研究空间[J].深圳大学学报(人文社会科学版),2020(3).

[42]魏冬.关学近代重构的主体之维——基于党晴梵《关学学案》等文本的观念解读[J].天津社会科学,2020(3).

[43]杨立华.隐显与有无:再论张载哲学中的虚气问题[J].中国哲学史,

2020(4).

[44]李敬峰.关学的心性化转向——以冯从吾的《孟子》诠释为中心[J].江淮论坛,2016(5).

[45]林乐昌.张载心学论纲[J].哲学研究,2020(6).

[46]许宁.朱熹对张载理学命题的再诠释[J].中国哲学史,2020(6).

[47]李敬峰.吕柟对阳明心学的辩难及其思想史意义[J].中国哲学史,2020(6).

[48]丁为祥.张载对"形而上"的辨析及其天道本体的确立[J].哲学研究,2020(8).

[49]李煌明.论张载哲学的理趣与架构[J].哲学研究,2020(8).

后 记

我跟随著名关学研究专家刘学智先生、赵馥洁先生、王美凤先生等学习研究关学已经快八个年头了。这八年以来我的思想、情感、精神、工作无一日不与"关学"二字发生着联系。它就像我灵魂深处的一道光,在我生命中沉淀了下来。成为了我艺术创作与人格品质提升的一种力量。也成为了我的精神思想不致枯竭的源泉。

最初我读赵馥洁先生的著作《关学精神论》时,就被关学人物的精神思想、人格品质、学养气节所吸引感动。后来在收集历代关学人物的碑志、法书、著作典籍时,每有所得,常常夜不能寐,灯下研读到半夜。白日里邀来学者专家、文友同道一同品味,探讨其详。这样的时光成为生活日常。我用了三年多时间,探寻关学人物墓地遗址、故居祠堂。每临其地,如晤其人,对前贤的生活境遇感同身受。因此,历代关学人物的精神思想、气节操守对我精神情感的触动很大,影响很深。对我进入不惑之年的思想与灵魂起着重要的转变作用。如:张载为天地立心、为万世开太平宏阔的使命意识,乾父坤母、民胞物与的大爱精神;杨爵立志作第一等事、做第一等人的直节精忠和光启后世的关学人臣精神;冯从吾做好人、存好心、行好事的师者道尊;李二曲悔过自新、澄心返观,以心观心的大贤精神;李柏道继横渠,悟道太白成为关中元气的代表;李元春决志圣贤、著书立说、寡欲刚毅、誉满三秦的学者风范;贺瑞麟刻书兴学、学尊程朱、唯读书足以养心,为清末关中大儒。关学诸先贤大儒,讲学著书立说,传道授业,其事功人格、道德品质无不触动着人心良知。尤其在这个世人追求物质金钱,人心为利,道心为危的时代。关学文化、关学思想精神必将成为一剂济世良药。

《关学导引》一书的编写目的是为了普及关学文化,学习关学人物主要学术思想,传承关学精神。包含历代书院授业传道的情形,历代关学人物语粹。编写要旨乃在汇聚精华,简明扼要,端正学术,学风承传。以此为导向编写此书,以期广惠读者。书中所编文录主要来源于关学研究专家学者的观点和思想,引用出处在"参考文献"中都有注释说明。

我拟订了此书基本目录框架,经我们三人编写组商议分工合作。其中,清华大学哲学博士后孙德仁、陕西师范大学哲学博士王乐两位青年学者分别编写第一章到第六章、第十章到十二章。我编写第七章到第九章,最后由我统筹修订全稿,交付西北大学出版社。两位青年学者最辛苦,他们查阅资料,修改文稿,积极配合才玉成此书。再次深表感谢!

多年来,西北大学名誉校长、著名历史学家张岂之先生也特别关心、提携我的关学学习与研究工作。当给先生汇报我的书稿时,先生还特意提出了编写意见与建议。在此感谢张先生,他的学者风范、谆谆教导,使我如沐春风。在审稿中,西北政法大学赵馥洁先生,百忙之中审阅全稿,提出宝贵意见。还专门为此书亲题贺诗一首,嘉慧后学,使我终生难忘。八年来,赵先生对我不避门户之见,耳提面命,每次促膝长谈,言传身教,受益匪浅。陕西师范大学博导刘学智先生,审完书稿,发来赞语:"亚林同志对关学的挚爱至为真诚,对关学精神的践履尤为笃实,对关学学人遗墨遗迹的搜求更为执着,在这些方面他为关中学子树立了榜样。为弘扬关学精神而努力,为承继往圣绝学而著文。"刘老师多年来引导我入关学之门的恩情,我感激不尽,没齿难忘。西北大学关学研究院执行院长魏冬教授,辛苦审稿,提出修改意见。西北大学出版社朱亮编辑负责此书出版工作,他积极协助,来回奔波,组织审稿,申请书号等,诚挚敬谢!

在此特别感谢的是法门寺主持、佛学院院长宽严师父。当我将拙稿拿给师父过目后,师父以祥和的语气告诉我,"一定要赶快把此书稿付印出来,嘉慧读者。传播关学文化,承继关学精神。这也正是国家所倡导的,习总书记强调的坚持我国宗教中国化方向。这是好事,大事,利国,利教的好事。尤其我们法门寺佛学院,佛弟子也要了解我们陕西厚重的历史文化。"宽严师父的这番话,穆如清风,慧光昭古。宽严院长的厚爱与助力才使得《关学导引》这本书能够呈现于世,在此合十感谢!

最后还要对关心和帮助此书编撰出版的姜宏亮先生,张宪东先生,马国良先生,米公豪先生,王永平先生,杜鹏先生,叶向阳先生,张曼女士,高立先生,马伟先生等表示衷心的感谢!

最后我想强调,"关学"者,关中之理学,也可谓关中学风之表率。学风不正,乃天下之学、道具丧也。历代关学先贤其所以"道继横渠,学脉相传",便是希望关学学脉的星火代代相传下去,成为关中学人的文化精神信仰,刻苦求知的动力所在。它对关中学人的人格品质、精神思想,价值底蕴起着重要的作用和意义。关学文化是陕西思想文化底蕴的一张名片,是振兴陕西历史文化不可或缺的重要组成部分。希望关学之树长青,关学文化蓬勃发展。

经过两年多时间的辛苦,承蒙诸位学者、先生的赐教,《关学导引》这本薄书就要出版了,由于水平有限,错误之处在所难免,敬请读者、文友批评指正!

听雪轩主人张亚林记于南窗灯下
2022.7.13